本文库获得厦门大学哲学社会科学繁荣计划项目
"中国发展道路的理论与实践研究"（2013–2017年）的资助

厦门大学马克思主义与中国发展研究文库

# 劳动价值论的
# 时代化研究

庄三红 著

中国社会科学出版社

**图书在版编目(CIP)数据**

劳动价值论的时代化研究/庄三红著 . —北京：中国社会科学
出版社，2016.6
(厦门大学马克思主义与中国发展研究文库)
ISBN 978 - 7 - 5161 - 8351 - 9

Ⅰ.①劳…　Ⅱ.①庄…　Ⅲ.①劳动价值论—研究
Ⅳ.①F014.3

中国版本图书馆 CIP 数据核字(2016)第 133285 号

| | | |
|---|---|---|
| 出 版 人 | 赵剑英 |
| 责任编辑 | 田　文 |
| 特约编辑 | 陈　琳 |
| 责任校对 | 张爱华 |
| 责任印制 | 王　超 |

| | | |
|---|---|---|
| 出　　版 | 中国社会科学出版社 |
| 社　　址 | 北京鼓楼西大街甲 158 号 |
| 邮　　编 | 100720 |
| 网　　址 | http://www.csspw.cn |
| 发 行 部 | 010 - 84083685 |
| 门 市 部 | 010 - 84029450 |
| 经　　销 | 新华书店及其他书店 |

| | | |
|---|---|---|
| 印　　刷 | 北京君升印刷有限公司 |
| 装　　订 | 廊坊市广阳区广增装订厂 |
| 版　　次 | 2016 年 6 月第 1 版 |
| 印　　次 | 2016 年 6 月第 1 次印刷 |

| | | |
|---|---|---|
| 开　　本 | 710 × 1000　1/16 |
| 印　　张 | 15.75 |
| 字　　数 | 250 千字 |
| 定　　价 | 59.00 元 |

凡购买中国社会科学出版社图书,如有质量问题请与本社营销中心联系调换
电话:010 - 84083683

# 马克思主义是引领中国发展的理论指南
## （总序）

近代以来，面对中国"二千年未有之大变局"，种种迥异的思潮和主义粉墨登场，又纷纷黯然退去了，唯有马克思主义在复杂多变的国内外形势下成长壮大并取得最终胜利。这不是偶然因素造成的结果，而是具有历史必然性的社会发展规律之体现。在马克思主义的指引下，我国确立的社会主义基本制度为当代中国一切发展进步奠定了根本政治前提和制度基础，随之而来的社会主义建设道路探索为新的历史时期开创中国特色社会主义提供了宝贵经验、理论准备、物质基础，改革开放以来，我国成功开创并坚定不移地沿着中国特色社会主义道路前进，取得了史诗般的成就。在可以预见的今后很长时期内，马克思主义将是继续引领中国发展的理论指南。回望过去，展望未来，我们可以毫不夸张地说，不了解马克思主义，就不了解中国二十世纪以来的历史、现状和未来。

马克思主义的引领不是马克思主义的简单套用，而是要求我们必须把马克思主义与发展变化的时代特征和中国实际相结合，与时俱进，不断推进马克思主义的理论创新，从而使得马克思主义始终保持旺盛的生命活力。苏联解体的深刻教训之一就是把马克思主义教条化了。马克思主义经典作家反复强调，任何固守本本的思想都是要不得的，马克思主义基本原理的实际应用随时随地都要以当时的历史条件为转移。当然，修正主义以发展马克思主义的名义放弃马克思主义的基本立场和基本观点的做法是我们绝对不能同意的。

目前，中国特色社会主义现代化和中华民族的伟大复兴已经不是遥远的梦想，而是现实可期的事业。然而，我们必须充分估计到面临的困难和问题。如何加快完善社会主义市场经济体制和加快转变经济发展方式，如何坚持走中国特色社会主义政治发展道路和推进政治体制改革，如何扎实推进社会主义文化强国建设，如何在改善民生和创新管理中加强社会建设，如何大力推进生态文明建设等等，这些都需要我们从马克思主义的基本立场和基本观点出发给予理论的解答。

厦门大学《马克思主义与中国发展研究文库》基于马克思主义与中国的紧密联系，试图贡献自己绵薄的力量，深化马克思主义理论研究。《文库》的基本思路之要点在于：一是坚定的马克思主义立场。我们坚决反对种种否定马克思主义和要求埋葬马克思主义的错误观点，力求阐扬马克思主义的当代意义，为马克思主义的合法性辩护。二是强烈的创新意识。我们偏重于深入研究马克思主义经典文本并突破成见的创新之作，偏重于结合时代新特征新情况创造性地发展马克思主义的前沿研究。三是凸显中国问题。我们聚焦于中国新形势下的各种深层矛盾和话题，青睐于从马克思主义角度对中国问题的深入分析和研究。四是倡导"让马克思主义说中国话"。我们竭力避免食古不化和食洋不化的作品，始终不渝地追求具有中国特色、中国风格、中国气派的学术话语体系之佳作。

**编者**

2013 年 5 月

# 目　　录

# 导　　论

## 一　研究背景与意义

之所以要进行劳动价值论的时代化研究主要基于以下几点考虑：

首先，劳动价值论的时代化是马克思主义时代化的重要组成部分。2009 年 9 月，中共十七届四中全会通过了《中共中央关于加强和改进新形势下党的建设若干重大问题的决定》，第一次鲜明地提出了推进马克思主义时代化的重大命题，将马克思主义 "时代化" 与 "中国化" "大众化" 相并列。所谓马克思主义时代化，就是把马克思主义同当前时代的发展和特征结合起来，使之能够适应时代需要、把握时代脉搏、回答时代课题。这既是时代主题转换的内在要求，也是中国特色社会主义建设的现实需要，更是马克思主义理论内在特质的逻辑必然。价值理论历来是经济理论的基石，经济理论的差异往往都源于价值理论的分歧。与其他经济理论相比，劳动价值论在马克思政治经济学中的基础地位和作用更加突出，马克思政治经济学的大厦就建立在劳动价值论的基石上。作为马克思主义经济理论的基石，劳动价值论是马克思主义经济理论的组成部分，马克思正是在完成了劳动价值论的科学化进程的前提下，才揭示了其经济学说中的一系列基本问题。在当代，劳动价值论仍具有顽强的生命力，是与时俱进的科学理论。

其次，劳动价值论的时代化是劳动价值论自身发展的理论要求。以往，人们对劳动价值论的发展问题一般认为，劳动价值论的产生具有时代的烙印，而人类社会发展至今，发生了许多重要而深刻的变化。因此，这种产生背景与时代演进之间的矛盾，促使劳动价值论必须依据现实情况的变化而不断发展。一般来看，这种看法并无错误之处，但这种看法暗含着这样的一个假定：劳动价值论本身没有内在矛盾或者没有根本性的内在矛盾。这样的一种想法，会使得人们不是从马克思劳动价值论本身基本范畴的反思中去寻找突破和发展，相反是在已有的概念、范畴构造的理论框架内尝试通过修补的方法来解决理论和现实之间的矛盾。事实上，劳动价值论从诞生以来就面临多方的责难和挑战，这些责难和挑战不仅有经济学家出于阶级立场不同而提出的，也有基于合理扬弃的成分而提出的。劳动价值论本身也有其内在的矛盾或局限性，不是万能的。随着科学技术的迅猛发展、经济全球化的日益加深、市场经济的不断推进，新情况、新问题涌现出来，劳动价值论的发展面临前所未有的挑战，这只说明劳动价值论进一步发展的内在必然性更加凸显。即使没有这些新变化和新发展，劳动价值论自身也有向高级理论形态发展的要求，这是理论自身内在矛盾或局限性所必然引发的。因此，劳动价值论亟待通过对其基本范畴，如劳动、物化劳动、生产性劳动、价值、使用价值、交换价值等概念的深入研究，走出困境，实现突破和发展，这是劳动价值论时代化的理论要求。

再次，劳动价值论的时代化是劳动领域新变化和新发展的现实需要。今天，知识经济初现端倪，科学技术、服务劳动、生产要素创造价值的观点随之加剧，劳动价值论面临着前所未有的挑战和机遇。劳动价值论是否具有科学性，能否适应现代社会的需要，能否解释社会现象等问题都需要我们进一步去思考。在当代，社会劳动发生多方面的变化：一是劳动主体多元化，除了从事物质生产的劳动者外，还有从事科技研究与开发的劳动者、从事管理的劳动者、从事服务的劳动者、从事信息收集与处理的劳动者等等。劳动的主体已不再是单一的传统意义上的产业工人，而是包括一切从事生产活动的劳动者；二是现代劳动形式与马克思时代相比，也发生了一系列的变化，如体力劳动为主逐渐转向脑力劳动为主、服务业或"第三产业"的形成、管理劳动的作用突出、除了传统的生产劳动、基础劳动、实体劳动，还出现了非生产劳动、创新劳动、虚拟劳动等。劳动范畴的丰富化使得有人以此为依据进而对劳动价值论持否定态度。如何认识知识经济、如何解释劳动价值论面临的一些难题、如何在新的时代条件下回答劳动与价值的关系问题，不仅关系到马克思主义的生存与发展，而且也关系到社会主义生产力的发展。因此，有必要对劳动价值论进行时代化研究，这是劳动价值论时代化的现实需要。

最后，劳动价值论的时代化是分配领域新问题和新情况的现实需要。当前，收入分配不平等问题受到了全世界的关注，而在收入分配不平等的趋势背后，劳动收入占比（即劳动收入在国民收入中的比重）更是持续下降。在中国，由于市场经济体制不完善，尤其是收入分配机制不完善，近十多年来，劳动收入占比也呈现出显著的下降之势，2003 年以后降幅更大。"现在，中国的劳动收入占比仅为40% 左右，已跻身劳动收入占比最低国家之列。"① 此外，在初次分配中，各省劳动者收入比重总体上也呈下降趋势，各省劳动者收入的平均水平从1990 年的53% 下降为2005 年的48%，且各省之间的劳动收入占比差距也逐渐加大。这一问题不仅影响着不同地区、不同群体、不同产业、不同行业之间的收入问题，也影响着居民消费水平的提高和经济结构的转型问题。因此，有关劳动收入占比持续下降的问题已经引起广泛关注。党的十八大报告明确指出，必须深化收入分配制度改革，努力实现居民收入增长和经济发展同步、劳动报酬增长和劳动生产率提高同步，提高居民收入在国民收入分配中的比重，提高劳动报酬在初次分配中的比重；"十二五规划"也就调整收入分配关系进一步提出意见，指出要"坚持和完善按劳分配为主体、多种分配方式并存的分配制度……努力提高居民收入在国民收入分配中的比重，提高劳动报酬在初次分配中的比重……努力扭转城乡、区域、行业和社会成员之间收入差距扩大趋势"②；党的十八届五中全会坚持共享发展的理念，指出"劳动报酬提高和劳动生产率提高同步"，这也是在当前经济体制改革过程中重视收入分配改革的体现。价值创造者的收入要和价值实现者的收入相匹配，否则价值就成了空话。但价值创造者如果得不到认可和尊重，人类价值创造的源头就会枯竭。劳动价值论指出，劳动是价值创造的唯一源泉，这就更需要我们在当前的经济体

---

① 祁毓：《我国劳动收入份额持续下降原因的研究述评》，《财经政法资讯》2010 年第2 期。

② 《中共中央关于制定国民经济和社会发展第十二个五年规划的建议》，《求是》2010 年第21 期。

制改革中给予劳动和劳动者充分的尊重和体现。但是，在现实的初次分配中，居民收入占比和劳动报酬占比偏低的现象却日益明显。因此，我们需要借助于劳动价值论时代化的研究，不仅揭开劳动收入分配份额下降之谜，更要为提高劳动收入分配份额提供实践上的解决之道，这也是研究的实际意义所在。

## 二　国内外研究状况综述

劳动价值论①是一个老话题，但却又是一个热点问题，因此对于它的研究，不管是国外还是国内，都不曾停止。马克思以劳动价值论为理论基础，对资本主义生产关系进行了全面深入解剖，耗费了毕生的心血，写出了被誉为工人阶级"圣经"的理论巨著《资本论》。对劳动价值论这一理论基石的动摇，会导致对马克思主义的全盘否定。正因如此，自马克思主义诞生以来，所有怀疑和反对马克思主义的人都把主要力量集中到劳动价值论上，形成了一次又一次的大论战。伴随着这一次又一次的论战，劳动价值论也越来越备受瞩目。

学界关于劳动价值论的研究较多，研究成果也颇丰，既有相应的文章，也有相应的专著。在期刊网上，以 1979 年到 2012 年为时间界限，输入"劳动价值论"的主题词，共有 8138 篇文章，直接以"劳动价值论"为题名进行搜索，则有 2238 篇文章。基于劳动价值论时代化的角度，我们将时间界限缩短为 2000 年至 2012 年，即自 21 世纪以来，则以"劳动价值论"为主题的文章有 5432 篇，以其为题名的文章也有 1762 篇。此外，学界关于劳动价值论的专著也不少，有百余本之多，这其中还不包括某些论著的分章节中对劳动价值论的论述，例如在马克思主义经济理论研究的著作中，劳动价值论的内容均会有所涉及。由此

---

①　广义上的劳动价值论是指包含古典劳动价值论，即从威廉·配第提出"劳动决定价值"到亚当·斯密和大卫·李嘉图对劳动价值论的论述，均包含在内。为了区别于这一广义的劳动价值论，我们将古典学派的劳动价值论称为古典劳动价值论，而将马克思的劳动价值论称为"劳动价值论"或"科学的劳动价值论"，因为在劳动价值论的发展史上，是马克思将古典劳动价值论科学化。劳动价值论在马克思那里得到了最为完整和成体系的表达，因而，文中"科学的劳动价值论"在其内涵上等同于马克思的劳动价值论。

可见，学界对于劳动价值论的研究由来已久、持续不断、数量众多，这也从侧面反映了劳动价值论研究的学术价值。下面笔者从国内和国外两个角度分别对劳动价值论的研究状况、研究热点及研究难点等问题作一综述。

　　首先，劳动价值论在国外的研究，主要见于国外学者们对马克思经济学的研究著作及国内学者对西方经济学的研究著作和部分文章中。在西方，对于劳动价值论的研究，代表性著作主要有庞巴维克的《卡尔·马克思及其体系的终结》一书，该书被认为是集当时资产阶级经济学家攻击和否定马克思经济理论之大成的代表作。① 此外，比利时经济学家埃内斯特·曼德尔的《论马克思主义经济学》② 一书也研究了劳动价值论的部分内容，涉及劳动、商品、价值、货币等范畴，并从经济思想发展史的视角，揭示了马克思劳动价值论的科学意义。美国的伊恩·斯蒂德曼等写的《价值问题的论战》③ 一书，就国外价值理论展开的论战进行了详述，分别介绍了伊恩·斯蒂德曼、保罗·斯威齐、埃里克·奥林·赖特等数十位经济学家的看法，并对价值、生产、劳动等诸多劳动价值论的问题进行了研究。伦敦大学经济学院教授森岛通夫在其著作《马克思的经济学》④ 的第一章中，专门论述了"劳动价值论"的问题，就价值的定义、相对价值的量的决定、价值、使用价值和交换价值等问题进行探讨。萨缪尔森先后发表三篇专论马克思劳动价值论的文章，分别是《工资和利息：马克思模型的现代剖析》（1957）、《从马克思的价值到竞争价格的转化》（1970）和《理解马克思的剥削概念：马克思的价值与竞争的价格间的所谓转化问题》（1971）。这三篇文章表达的是同一个观点，即马克思的劳动价值论不适于对现实经济生活的

---

　　① 关于该书主要内容，笔者在后文国外论战部分会集中介绍，故此处便不再详细论述。

　　② 详见［比］埃内斯特·曼德尔《论马克思主义经济学》，廉佩直译，商务印书馆1979年版。

　　③ 详见［美］伊恩·斯蒂德曼等《价值问题的论战》，陈东威译，商务印书馆1990年版。

　　④ 详见［日］森岛通夫《马克思的经济学：价值和增长的双重理论》，袁镇岳译，上海人民出版社1990年版。

分析。①

除了西方学者的专著和文章论述外，国内学者在对西方经济学的研究中，也述及国外劳动价值论的研究状况。例如，杨玉生、杨戈著的《价值·资本·增长——兼评西方国家劳动价值论研究》、吴易风的《外国经济学的新进展兼论世界经济发展的新趋势和劳动价值论》及其《马克思主义经济学与西方经济学比较研究》等论著，均对国外劳动价值论的研究状况作了介绍。同时，也有学者撰文评述国外劳动价值论的研究状况，例如，刊登在《中国人民大学学报》（2002 年第 6 期）的曾枝盛的《国外学者关于劳动价值论的百年论争回顾和思考》一文，就从"资产阶级经济学发难攻击马克思的劳动价值理论""劳动价值理论讨论的深化关于'转形问题'的讨论"及"斯拉法《用商品生产商品》挑起的论争"三个方面，对劳动价值论在国外的百年论争作了回顾，并对此作了思考。此外，杨玉生也撰写了《评西方经济学界关于劳动价值论的争论》②一文，详细介绍了西方经济学界对马克思劳动价值论的研究，从庞巴维克、萨缪尔森、斯蒂德曼、斯威齐、德赛等人对劳动价值论的反对意见到多布、曼德尔等人对劳动价值论的肯定意见，都作了全面阐述。

总体上看，国外关于劳动价值论的研究可以分为对立的两大派，这两大派在劳动价值论本身的意义、价值转形及劳动价值论本身的逻辑等问题上持有截然相反的看法。反对派多是以微观经济学的研究方法，在价值转形问题上，对劳动价值论提出反对意见，并以此来质疑和否定马克思劳动价值论的意义；而支持者则以劳动价值论方法论上的科学性和逻辑体系的严密性对反对者加以反驳，并就价值转形问题提出了不同的看法，由此掀起了西方百年来关于劳动价值论的大论战③。

其次，在国内，关于劳动价值论的研究成果也颇多，发表的论文已近万篇，关于劳动价值论的专著也不乏其数。在这些著作中，代表性的有郭京龙、李翠玲主编的《聚焦劳动价值论在中国理论界》、刘永佶的

---

① 杨玉生：《评西方经济学界关于劳动价值论的争论》，《广播电视大学学报》（哲学社会科学版）2002 年第 1 期，第 58 页。

② 该文刊登于 2002 年第 1 期的《广播电视大学学报》（哲学社会科学版）。

③ 这部分内容将在本书第一章详细论述，作为对劳动价值论发展的脉络梳理。

《现代劳动价值论》、顾海良的《马克思经济思想的当代视野》、罗雄飞的《转形问题与马克思劳动价值论拓展》、何炼成等编的《社会主义社会劳动和劳动价值论新探》等。此外，在一些论著中也可散见关于劳动价值论的论述，如洪远朋主编的《经济理论比较研究》、吴易风、程恩富等人主编的《当代经济学理论与实践》等。前人对于劳动价值论的研究，为本研究奠定了坚实的基础，也拓宽了研究的视野。国内的研究主要集中于以下问题：

（一）劳动价值论的由来和演进

这一部分内容主要探讨劳动价值论的历史演进，研究了劳动价值论的由来及各个阶段的演进，其中着重介绍各个阶段代表人物关于劳动价值论的思想，分析其不足与贡献。对于这一问题的研究，近年专著极少，但关于劳动价值论的书籍均有专门列出相应的章节加以论述。例如，由陈永志所著的《劳动价值论的创新与发展研究》一书中就将劳动价值论的由来与演进放在了书中的第一章，阐明了古典学派劳动价值论的由来与发展。另外，还有专门的文章对这一问题加以论述，代表性文章主要有王书文的《试论劳动价值论的演进历程》（《经济师》2003年第8期）、邱兆祥的《浅论古典学派在劳动价值论上的贡献》（《中央财政金融学院学报》1990年第3期）、慈斌的《从配第到李嘉图析古典经济学劳动价值论的历史贡献及其局限性》（《经济理论研究》2008年第3期）等。这些文章各自论述的重点有所不同，但是都对劳动价值论的由来和演进过程作了说明，并对相应代表人物的观点也作了评析，具有参考意义。同时，还有部分学位论文在对价值理论的回顾中，也涉及了劳动价值论的演进及其主要观点，例如东北师范大学张鹏侠的博士学位论文《劳动价值论研究——构建马克思劳动价值论的现代形式》一文，专列第二章来讨论这个问题。

归纳起来，学界对于这一问题，大致都认为劳动价值论是古典政治经济学的伟大发现，主要经历了三个阶段的演进。

第一阶段是威廉·配第的提出阶段。他在《赋税论》一书论述什么是自然价格①时，提到"假如一个人在能够产生一蒲式耳谷物的时间

---

①　此处的"自然价格"事实上就是价值，就是生产一种商品所消耗的劳动。

内，将一盎司白银从秘鲁的银矿中运来伦敦，那么，后者便是前者的自然价格。如果发现了新的更丰富的银矿，因而获得二盎司白银和从前获得一盎司白银同样容易，那么，在其他条件相等的情况下，现在谷物一蒲式耳十先令的价格，和以前一蒲式耳五先令的价格，是一样便宜"①。配第在这里已经指出一种商品的价值是由生产它的劳动时间所决定的，价值量的大小，取决于所花费的劳动时间的长短。并且指出了价值量和劳动生产率之间的关系，认为价值量随着劳动生产率的变化而反向变化。这些观点对劳动价值论的创建具有重大的意义。但配第仅仅看到劳动是物质财富的源泉，而没有看到决定价值的真正源泉，导致土地和劳动共同决定价值的错误结论。

　　第二阶段是亚当·斯密的继承阶段。斯密在继承配第的价值理论研究基础之上，指出了价值是由生产商品所耗费的劳动创造的，劳动是价值的源泉和尺度。斯密指出："任何一个物品的真实价格，即要取得这物品实际上所付出的代价，乃是获得它的辛苦和麻烦。对于已得此物但愿用以交换他物的人来说，它的真正价值，等于因占有它而自己省免并转加到别人身上去的辛苦和麻烦。"② 这里的"辛苦和麻烦"就是指劳动。此外，斯密指出价值决定于生产商品所必要的劳动量，认识到商品相互交换的比例，取决于生产各种商品所必要的劳动时间。并且在斯密那里，决定价值的劳动已经是一般的劳动，"在亚当·斯密的著作中，创造价值的，是一般社会劳动（不管它表现为哪一种使用价值）"③。但斯密认为劳动价值论只适合于简单的商品经济，对于资本主义社会是不适用的。资本主义社会商品的价值则是由工资、地租和利润三大收入构成的。

　　第三阶段是李嘉图的发展阶段。李嘉图的价值理论是古典政治经济学发展的最高峰，"作为古典政治经济学的完成者，李嘉图把交换价值

---

　　① ［英］威廉·配第：《赋税论献给英明人士货币略论》，陈冬野等译，商务印书馆1963年版，第52页。

　　② ［英］亚当·斯密：《国民财富的性质和原因的研究》（上卷），郭大力、王亚南译，商务印书馆2007年版，第26页。

　　③ 马克思：《剩余价值理论》，《马克思恩格斯全集》第26卷Ⅰ，人民出版社1972年版，第64页。

决定于劳动时间这一规定作了最透彻的表述和发挥"①。李嘉图把使用价值看作交换价值的物质承担者，指出价值是由生产一种商品所必需的劳动决定的，"商品的价值或其所能交换的任何其他商品的量，取决于其生产所必需的相对劳动量，而不取决于支付这种劳动的报酬的多少"②。他还指出，作为价值唯一源泉的劳动是人的，而且是社会规定的人的活动。在考察劳动决定价值的这一过程中，李嘉图还看到了劳动熟练程度的差异和劳动强度的不同，对商品价值量大小是有影响的。这些都是他在劳动价值论上的重要贡献，然而，在价值向生产价格转化问题上，他由于不理解价值规律在简单商品生产和资本主义商品生产中的不同表现形式，因而遇到了两大难题，导致其体系的解体。

总而言之，古典学派不同时期的几位代表人物在劳动价值论方面坚持不懈的探索，是劳动价值论发展历史上的重要阶段。对于这些研究，我们要辩证地看待，既批判，又要借鉴其合理成分，才能把握其中的历史线索和内在逻辑。

（二）关于深化对劳动的认识

关于深化对劳动的认识的研究，是探讨当代条件下价值形成新特点的理论基础。这一研究主要围绕当代劳动的新特点展开，集中于以下方面：

一是当代劳动出现的新情况研究。这是深化对劳动认识的前提，只有认清了当前劳动的新特点、新情况，才能更好地深化劳动价值论。关于这个问题，学者们都认为当代的劳动与马克思时代所分析的劳动发生了很大的变化，具体来说有：劳动主体的多元化，当代的劳动主体不再仅限于体力劳动者，也包括脑力劳动者，并且后者日益成为主要的主体；劳动形式多样化，即当代的劳动形式不仅包括体力劳动，还包括科技劳动、管理劳动、服务劳动等多种形式；三是劳动领域的丰富化，即当代的劳动领域不仅局限于物质生产领域，还有非物质生产领域，更有虚拟生产的领域。这些新特点都对当前的劳动价值论提出了挑战，同时

---

① 马克思：《政治经济学批判》，《马克思恩格斯全集》第 13 卷，人民出版社 1962 年版，第 51 页。

② ［英］大卫·李嘉图：《政治经济学及赋税原理》，周洁译，华夏出版社 2005 年版，第 1 页。

也提供了发展机遇。

二是关于创造价值的劳动的外延问题。这是结合当代劳动的新特点（例如价值创造由体力劳动为主转变为脑力劳动为主，科学劳动、管理劳动和服务劳动的重要性日益凸显等情况）提出的。有的学者主张将劳动拓宽为既包含物质财富创造的劳动，也包括精神文化产品创造的劳动，从而扩大了生产劳动的外延；而有的学者则反对扩大生产劳动的外延，认为生产劳动仅仅指物质领域的劳动。这就引起了关于生产劳动与非生产劳动的争论，并进而形成了"宽派""中派"和"窄派"三种不同的观点。①

三是关于对各种劳动的理解。这一问题涉及怎样看待科技劳动、管理劳动和服务劳动在价值创造中的作用。对于这个问题，学界没有统一的答案。有学者主张，科技劳动和管理劳动也属于生产性劳动，因而也创造价值，并且作为复杂劳动形式，它们创造的价值更大更多；而有学者则认为，这两种劳动不属于生产劳动，它们仅仅是以科技、管理等要素的形式参与价值创造，不是价值的源泉。另外，关于服务劳动，学者们的看法更是纷繁复杂。有的学者还将服务劳动作了分类，认为一种是可以物化的服务劳动，这种劳动属于生产劳动，创造价值；而另一种则是纯粹的服务，它提供的消费品是一种无形产品。在这类服务中，艺术家、教师和医生又归入生产劳动领域，而国家机关、政府工作人员的劳动则不属于生产劳动。② 当然，关于这个问题，学界意见不一，也有学者认为政府和国家公务员的劳动也是创造价值的劳动。

（三）关于价值创造问题的研究

这里对价值创造问题的研究，不同于前面所论述的探讨价值创造源泉的问题，而是探讨价值创造与使用价值创造之间的关系、价值创造与价值分配之间的关系、价值分配与使用价值分配等一系列问题。

首先，关于价值创造与使用价值创造的研究，主要有两种观点：一种是认为，使用价值的创造与价值的创造是统一的，因而不能分离出具体哪些要素创造了使用价值，哪些要素创造了价值；另一种则是认为，

---

① 这三个派别的具体观点，将在本书第一章国内论战部分具体分析。
② 参见赵凌云《劳动价值论新探》，湖北人民出版社 2002 年版。

两者有区别，即坚持价值的源泉是唯一的，只有劳动，而财富的源泉才与各种生产要素相关。

其次，关于价值创造与价值分配的关系研究。这一问题一直是理论界讨论的焦点和难点。经过长期的讨论，学界形成基本的共识，即认为社会主义实行按劳分配和按生产要素相结合是合理的，有其理论依据。但是在具体的理论依据是什么的问题上，仍存在着分歧：一派将价值创造与价值分配完全分开，认为两者之间没有联系，进而认为按劳分配和按要素分配的理论依据不在于劳动价值论，而在于生产资料所有制；另一派的观点则认为价值分配不同于分配制度，但它与价值创造之间不是毫无联系的，后者是前者的基础，但同样否认价值创造是分配制度的理论依据；还有一派的观点认为，价值创造最终决定着价值归属，只不过在劳动生产能力未能冲破生产资料归不同所有者占有这一生产关系限制的情况下，由生产关系直接决定价值的分配关系。

最后，关于价值分配与财富分配的研究。这一研究的代表性观点同样有两种：一是认为价值分配与财富分配是从不同角度理解的两个概念，前者是从生产财富的人类活动角度看的，是人类劳动的分配；而后者是从物理角度看，是一定物质量上的分配。二是认为两者完全统一，价值分配是不可以量化比较的使用价值分配在市场经济条件下的表现形式。

（四）关于劳动价值论与我国收入分配的相关研究

目前，国内学者对收入分配体制问题基本达成共识，即按劳分配与按生产要素分配相结合的分配制度。但对于这一分配制度与劳动价值论之间的关系，则观点不一。有的学者主张劳动价值论是按劳分配的理论依据，有的学者则表示反对。总体而言，目前学界较为一致的观点是认为劳动价值论是马克思主义经济理论体系的关键枢纽点，但不是按劳分配的理论基础，然而，按劳分配原则与劳动价值论之间是存在着一定的联系的。[①]

近来研究的重点是收入分配关系问题。20 世纪 90 年代以来，国内

---

① 刘德庚：《"马克思主义劳动价值论与收入分配问题"学术研讨会观点综述》，《理论视野》2001 年第 3 期，第 23 页。

许多学者（例如李杨、向书坚、李稻葵等人）观察到了劳动收入占比持续下降的趋势，从不同角度对此进行解释，认为主要原因有：一是资本积累与技术进步，认为资本和技术与劳动力之间存在着某种替代关系，资本和技术导致劳动的弱化。二是劳动力市场的变化，认为劳动力市场上的竞争性劳动供求关系形成了对劳动力市场供给的正向冲击，劳动力市场的分割形成的劳动力资源得不到有效配置、对劳动力的保护程度下降等均是劳动收入占比下降的重要原因。三是财政收支与财政分权，认为过高的财政收入会形成对劳动收入的"挤出效应"，财政分权会加剧社会不公，导致更为恶化的劳动弱势局面。四是经济结构，认为经济结构的改变是劳动收入占比持续下降的原因。五是收入分配制度，认为收入分配制度的改革是劳动收入占比下降最重要的制度性影响因素。这些研究都对劳动收入占比下降的原因作了一定程度上的解释，但更多是从经济学角度进行解释的。劳动收入占比下降、劳动收入份额减少这一现象，不仅仅是一种经济现象，更是一种社会现象，需要从社会层面对这一现象进行深层次的分析；劳动价值论作为伸张劳动者利益的理论，恰好能为其提供一种新的理论视角。当前关于劳动价值论与收入分配之间的研究热点就在于此，归结起来，亟待探讨的问题主要有：一是按生产要素分配与劳动价值论之间的关系；二是如何运用劳动价值论正确对待各行各业的收入性质；三是如何运用劳动价值论对收入分配的公正问题提供指导。这些均是需要加以研究的时代课题。

# 三　研究方法与思路

本研究是运用基础理论解释现实问题的研究，因而在研究中，既需要对理论本身加以挖掘和梳理，也需要对现实问题进行分析，这就决定了在研究中，主要采取的方法有：

（一）历史与逻辑相统一的方法

这一方法主要运用于对基础理论本身的分析过程中，既有以劳动价值论发展的历史进程为线索，回顾其发展的历程，也有以理论的主要观点为依据，分析各个发展阶段理论的具体观点在逻辑上的继承与发展。具体而言，主要有：

第一，通过对劳动价值论的历史回顾，厘清劳动价值论的发展历程，并在其中对各个代表人物的观点进行归纳和演绎相结合的分析；

第二，通过对马克思劳动价值论的历史梳理，厘清劳动价值论的科学化进程，并对其中的不同阶段进行逻辑分析。

（二）文献法

劳动价值论是蕴涵于马克思主义经典著作中的基础理论，因而，对于这一理论的挖掘和梳理，需要通过文献资料解读的方法加以完成。因此，在论文写作过程中，需要通过阅读马克思主义经典著作，如《资本论》《政治经济学批判大纲》《反杜林论（政治经济学编）》《哲学的贫困》等相关著作文献，从中归纳出马克思劳动价值论的丰富内涵，为其时代化研究打下理论基础。

（三）比较分析的方法

有比较才能有鉴别，要说明劳动价值论在现时代的生命力，需要我们将它与其他价值理论的观点作一比较分析；同时，要对现实存在的情况有个准确把握，也需要我们将其与以往的情况作一比较，更需要对其本身存在的不同差别进行比较分析。因而，在本书中，比较分析方法的运用十分重要。主要有：

第一，将马克思的劳动价值论与古典政治经济学的劳动价值论、西方价值理论的主要流派进行比较，从中得出异同；

第二，将恩格斯、马克思各自对劳动价值论研究的不同阶段进行比较，理顺劳动价值论的发展进程；

第三，将不同劳动形式进行比较，分析劳动价值论基本范畴的丰富内涵及各自的作用；

第四，将不同行业、不同地区、不同主体之间的收入分配份额进行比较，揭示收入分配份额的变化趋势。

（四）定量分析与定性分析相结合的方法

这一分析方法，主要运用于对收入分配问题的分析中。通过搜集数据，尤其对不同地区、不同行业和不同主体收入之间的数据进行定量分析，并运用相关理论加以解释，从而达到定性分析的目的。

（五）文本解释学的方法

理论是一个历史文本，它有特定的视界即视看的区域。视界同历史一样总是不停地运动。随历史进程，我们现在的视界比当时的视界又有新的发展。我们现在学习理论，实际上就是两个视界的相遇、交融，即解释学中的"视界融合"，通过融合形成新的理解、新观点。

在上述研究方法的基础上，本书以古典劳动价值论的珍贵理论贡献为基础，以马克思的劳动价值论为研究对象，以马克思主义劳动价值论不断完善的历史过程为资料，以百年来劳动价值论的争论为参照，以中国社会主义建设历史进程为实践依托，以马克思主义经济学中国化成果为理论依据，以马克思主义劳动价值论的时代化问题为主题展开研究。具体而言，本书的研究思路如下：

第一，本书先对国内外关于劳动价值论百年论争的观点进行回顾和梳理，从中梳理出劳动价值论在国内外研究中曾涉及的主要问题及其在当下研究中的热点和难点问题。这一论战的介绍和观点的评析，一方面，有助于在当前对劳动价值论时代化的研究中，不再重复过去论战中已经涉及并有结论的问题；另一方面，延续论战中尚未解决的问题，从而推进劳动价值论的时代化研究。这是研究的前提。

第二，本书从劳动价值论时代化的必然性、重要性与可能性的分析中，引申出劳动价值论时代化的命题，进而指出劳动价值时代化的基本任务之所在。这是提出劳动价值论时代化研究这一命题的起点。

第三，本书对研究的主题——劳动价值论的发展进程作了介绍，对马克思劳动价值论的形成进程和内容进行梳理，从而做到尊重理论前提、回归理论真相和挖掘理论精髓，这是对研究对象本身的理论基础分析。

第四，本书分析了推进劳动价值论时代化的现实必要性，从理论和现实两个角度指出劳动价值论在当前遭受到的巨大挑战和面临的难题，这既是对劳动价值论时代化的现实必要性分析，也是对劳动价值论时代化主题的必然提出。挑战和难题，恰好是时代化需要解决的问题，也指出了理论的局限性所在。

第五，本书从社会劳动论、价值生成论、价值实现论、价值分配论等四个角度，分析了劳动价值论时代化的具体内涵与启迪，从而紧扣主题，即劳动价值论的时代化，这是主题的深化。

第六，本书对坚持和推进劳动价值论作了理论与现实的思考，这是本书小结部分，也是对本研究的总结，有助于指导我们继续推进劳动价值论的时代化研究。

## 四　研究重点与研究创新

社会科学研究的任务不是仅仅指出现实社会存在的问题和指责这些问题，而是寻找这些问题存在的深层原因，并且尽力寻求解决这些问题的途径和方案。因而本书的研究重点主要集中在以下三个方面：

一是对劳动价值论的基本范畴和基本内涵重新梳理，准确理解和把握劳动价值论，为其时代化研究打下铺垫；

二是劳动价值论的时代化研究，包括劳动范畴丰富、劳动形式划分、劳动性质界定和劳动地位确定等内容，也包括价值创造与分配关系的厘清、分配制度的时代认识、收入分配的多元因素研究等问题；

三是劳动价值论时代化的启迪，包括深化劳动价值论中关于劳动的论述的重要借鉴意义、深化劳动价值论中关于分配的论述的重要指导意义，力求为当代经济发展过程中的新情况、新现象提供理论的解释和实践的回应。

在这些研究重点中，本书的创新之处主要在于：

一是研究视角不同。当前学术界对劳动价值论的研究多从劳动价值论本身或是从劳动价值论与价值创造、价值分配问题入手，但在这些研究视角中，将劳动价值论时代化与劳动收入占比下降的现实进行结合分析的不多。因此本书通过劳动价值论时代化的相关研究，除了进一步丰富和发展劳动价值论之外，更在于要用时代化的劳动价值论解释和解决劳动收入占比的问题，进而为我国收入分配问题提出新的思路，这是创新之一。

二是研究内容不同。时代化是一个新的命题，不同的研究可以对劳动价值论的丰富和发展作出不同的论述。本书则以劳动论和价值论为视角，对劳动价值论时代化的内涵作一阐述。在劳动论方面，关于劳动的分析内容，本书从十组概念出发，对社会主义劳动形式进行了丰富化的认识和分析，这些划分和分析是一种创新；在价值论方面，关于收入分配的依据，本书从直接因素、间接因素、伦理因素和偶然因素等方面，对社会主义收入分配问题进行了分析。此外，关于马克思劳动价值论与西方价值理论，尤其是其与效用价值论之间的区别分析，笔者站在时代演进的高度，提出了自己的管窥之见，也是一个创新之处。

三是研究落脚点不同。目前在劳动价值论的研究方面，有的学者是侧重论述劳动价值论本身的科学性、适用性等问题；有的学者侧重论述其在当下面临的主要挑战及其需要深化之处；有的学者则侧重论述其与收入分配原则之间的关系问题。这些分析自有其合理之处，然而这些论述本身不是本书的研究目的和落脚点。本书的研究目的在于通过劳动价值论时代化的研究，不仅实现劳动价值论在当下的生命力，更意在真正弘扬和彰显劳动和劳动者的主体地位，在生产、交换、消费和分配领域真正做到以人为本，这才是劳动价值论的精神实质之所在，也才是科学发展观背景下，劳动价值论的时代使命之所在。因此，研究的落脚点与其他研究有所区别。

## 五　研究难点、不足与研究展望

由于劳动价值论的时代化研究是基础理论与现实问题相结合的研究，因而既需要掌握并解读大量的文献资料，又需要了解并分析复杂的现实情况，还需要运用不同的研究方法，这些都加大了研究的难度。本书的研究难点主要有：

一是由于西方价值理论的研究多是以微观经济学的数量分析方法为主，因此，对西方价值理论的分析难度较大，需要经济学的相关知识和范式；

二是劳动价值论时代化的标准及其如何实现时代化不好把握，目前尚未有定论，因此本书只能力求在时代背景下，做到劳动价值论理论上的深入和实践上的深化；

三是由于现存数据的缺失与失真，有关不同地区、不同行业、不同主体之间的劳动收入份额的现状及其发展趋势方面的数据较难搜集、统计和分析。

囿于笔者理论功底不够，分析能力有限，加之上述的研究难点，因而在写作过程中，存在着不足之处，具体有：一是由于自身学科的需要和研究的目的，因而使得研究较为侧重宏观分析，对于劳动价值论的微观分析则较为不足；二是研究过程中，具体分析样本和数据的选择上，出于研究的需要和资料搜集的限制，侧重选取了对研究有用的样板和数据，研究结论难免有偏颇之处。此外，由于自身水平的局限，对于劳动价值论基本范畴的界定和基本内涵的挖掘不够深入和系统。

　　研究的不足，恰好说明了劳动价值论的时代化研究这一命题在今后的可延续性。这是一个古老的话题，但同时也是一个持久的话题，它需要我们结合新时期的发展形势和新时期的研究手段，更深刻地说明劳动价值论在当前的生命力，更加坚定和有力地发挥其在当前实践中的指导作用。今后的研究希望能够从劳动价值论的基本范畴和基本内涵入手，在当前的背景下探讨劳动价值论需要完善和发展之处，进而以完善和发展了的劳动价值论为当代社会经济问题出谋划策。

# 第一章　劳动价值论论战的观点评析

　　劳动价值论的发展历史，是一部围绕其地位与内容展开论战的历史。劳动价值论的研究是伴随着不同学派之间的争论展开的，在西方如此，在中国也不例外。自马克思主义诞生以来，怀疑和反对它的人都把主要力量集中在批判劳动价值论这一理论基础上，并形成了一次又一次的大论战。正是在这一次次的论战中，劳动价值论的研究拉开了序幕，并且越来越深入。在这个过程中，一派学者对马克思的劳动价值论采取了基本否定的态度，认为劳动价值论是一种脱离实际的抽象，存在着深刻的矛盾和严重的缺陷。另一派学者则主张在坚持马克思劳动价值理论的基础上对劳动价值理论进行补充和发展，既要深化对马克思主义关于劳动和劳动价值理论的理解和把握，又要从国内外新的社会经济发展形势出发，结合新情况、新问题深化认识与研究。因此，要研究劳动价值论，必须先对关于它的论战作一回顾，从中弄清质疑与拥护的各自观点，进而加以评析，才能真正推进劳动价值论的时代化。

## 第一节　劳动价值论论战的历史回顾

　　要评析国内外关于劳动价值论论争的观点，首先需要从纵向角度对国内外展开的几次关于劳动价值论的大论战进行脉络梳理。

## 一　国外关于劳动价值论论战的历史回顾

在这个问题上，学界作了系统且全面的研究①，笔者在参考前人著述的基础上，简要回顾国外劳动价值论论战的历史进程。国外关于劳动价值论的论战始于 19 世纪二三十年代，当时主要是围绕李嘉图学说展开的一场拥护与反对之战。② 伴随着这一场论战，古典劳动价值论濒临"死亡"，正是在这样的背景下，马克思与西方主流经济学背道而驰。他坚持活劳动创造价值这一古典劳动价值论的基本思想，解决了李嘉图体系未能回答的两大理论难题，完成了劳动价值论的科学化。这一论战虽不能归结为关于马克思劳动价值论的内容，但它却是马克思劳动价值论确立的时间起点，也是后面论战得以展开的前提，因此对它也作一说明。

目前学界较为统一的看法，认为国外关于劳动价值论的大论战主要有三次：一是 19 世纪末 20 世纪初爆发于庞巴维克和希法亭之间的争论，争论的焦点在于价格理论（《资本论》第三卷）与价值理论（《资本论》第一卷）之间在逻辑上是否存在矛盾；二是 20 世纪四五十年代中期爆发于以萨缪尔森为首的反对派和以鲍莫尔为首的赞成派之间的争论，争论的重点在于劳动价值论能否解释商品之间相对价格的决定；三是 20 世纪七八十年代盛行的关于商品价值理论的争论，争论的焦点在于转形问题以及劳动价值论本身是否成立等方面。按照论战的时间顺序，我们对三次论战分别作一概括性介绍。

---

① 武汉大学教授颜鹏飞曾于 2001 年在《经济学动态》杂志上发表《关于一个多世纪以来劳动价值论大论战的回顾与反思》一文，介绍了国外劳动价值论论战的情况。此外，赵振华、王璐等人也分别在有关杂志上发表《国外学者关于劳动价值理论讨论综述》和《西方学者关于马克思劳动价值论百年论争研究综述》等文介绍了国外劳动价值论的研究情况。

② 在这一场论战中，反对李嘉图学说的学者，如马尔萨斯、罗伯特·托伦斯、萨米尔·贝利等，抓住了李嘉图学说的两大理论难题，即不能在价值规律的基础上说明资本和雇用劳动的交换以及等量资本获得等量利润的规律，炮制所谓包括机器在内的蓄积劳动创造价值的观点，力图推翻李嘉图的价值学说和剩余价值学说。而李嘉图学派的詹姆斯·穆勒和麦克库洛赫则以浅薄的捏造用语和诡辩的手法来掩盖李嘉图体系的矛盾，进而认为畜力和自然力能够劳动和创造价值，从而彻底背叛李嘉图关于人的活劳动创造价值而机器和自然力不能创造价值的观点，严重地促成李嘉图体系的解体。

**（一）国外第一次大论战：19 世纪末 20 世纪初的大论战**

国外真正意义上关于劳动价值论的论战始于 19 世纪末 20 世纪初，这一时期，马克思《资本论》第一卷至第三卷先后出版，资产阶级学者被《资本论》所引证的翔实材料和严密逻辑所震惊，于是出于不同立场和观点的各种针对马克思劳动价值论的评论随之展开。这场大论战的主战场是第二国际工人运动内部，反对者主要有庞巴维克、阿基尔·洛里亚、伯恩斯坦等人，而反批判者主要有恩格斯、希法亭、考茨基、布哈林等人。在反对者中，最为突出的是奥地利经济学家庞巴维克。在其著作《卡尔·马克思及其体系的终结》中，他攻击和否定了马克思的劳动价值论，主要表现在：一方面，否定《资本论》第一卷关于劳动价值论和第三卷关于生产价格问题的论述，认为马克思没有提供任何经验上或心理上的证明来证明价值的本质，并认为第三卷中关于现实经济现象的描述与第一卷中关于劳动价值论的抽象说明，是相互矛盾的；另一方面，他还指出马克思只考虑了劳动创造价值，而对于其他生产要素的贡献则未加考虑。

针对庞巴维克的批评，希法亭在《驳庞巴维克对马克思的批评》（1904 年）一书中，对庞巴维克的边际效用价值论作了系统的批判。他在驳斥中深刻阐述了马克思关于熟练劳动与非熟练劳动转化问题的观点，分析了从《资本论》第一卷的"价值"范畴到第三卷的"生产价格"范畴的转化问题。这是在经济学说史上关于"转形问题"的第一次争论。此外，布哈林也在《食利者政治经济学》一书中，从方法论角度着重揭示庞巴维克理论的逻辑矛盾和阶级实质。①

**（二）国外第二次大论战：20 世纪四五十年代的大论战**

之所以在这个时间段又兴起了关于劳动价值论的论战，主要是由于这一时期西欧的经济繁荣消逝，与此同时，马克思主义在西欧、美国、日本和中国得到传播和发展，并且出现一批西方激进经济学家。这些国家兴起了对劳动价值论的研究热潮，有研究就会有争论，因此这一时期

---

① 颜鹏飞：《关于一个多世纪以来劳动价值论大论战的回顾与反思》，《经济学动态》2001 年第 11 期，第 5 页。

又是论战的集中期。①

这一时期的论战，导火索是经济学家保罗·斯威齐。他在《资本主义发展理论》一书中，将马克思的经济理论介绍到美国，用了整整一章内容（第七章）系统阐述了"价值向价格转化"的问题。于是战火重燃，针对马克思价值理论的第二回合大论战拉开序幕。这一时期，生产价格"转形问题"成为西方马克思主义经济学研究的热点。在论战中，反对者主要有米尔达尔、琼·罗宾逊等，而捍卫方的主要代表有英国"老左派"的多布和米克、温特尼茨等。反对者中，米尔达尔主要倡导价格理论，从而否定任何价值理论；而英国的主流经济学家琼·罗宾逊则就斯威齐的《资本主义发展理论》一书发表书评，对马克思的理论抱以极其蔑视的态度。捍卫方中，多布和米克则在论战中对米尔达尔、琼·罗宾逊等人的观点进行了批判。多布在其著作《政治经济学和资本主义》（1937年）中，阐述了马克思劳动价值论在政治经济学体系和结构中无可争议的重要地位；米克则在其代表作《劳动价值学说的研究》（1956年），考察梳理了劳动价值论的发展史，批判对马克思价值学说的各种非难，并力图澄清西方经济学界长期以来对马克思价值理论的误解。

### （三）国外第三次大论战：20世纪七八十年代的大论战

这一阶段的论战与"凯恩斯主义失势、西方深刻的政治经济危机、马克思一系列经济学手稿出版以及社会主义各国经济改革的背景有着不可分割的联系"②。

论战主要围绕"转形问题"及劳动价值论本身能否成立等问题展开。在第三场大论战中，最先发难的是萨缪尔森。他在《理解马克思

---

① 这一阶段较有影响的与劳动价值论紧密相关的大论战主要有：20世纪20—30年代在西欧围绕社会主义经济核算、社会主义计划可行性及资源配置有效性的论战，这场争论对以后计划经济和商品经济即计划和市场相互关系理论的发展产生重大影响；1922—1930年间在日本关于劳动价值论的论战；30年代末40年代初一直延续到50年代在欧洲关于劳动价值论的论战，以及40年代末50年代初围绕鲍特基维茨联立方程组展开的关于"转形问题"的争论等（参见颜鹏飞：《关于一个多世纪以来劳动价值论大论战的回顾与反思》）。

② 颜鹏飞：《关于一个多世纪以来劳动价值论大论战的回顾与反思》，《经济学动态》2001年第11期，第6页。

的剥削概念：马克思的价值与竞争价格之间所谓转化问题的概观》① 一文中，深入批判了马克思的劳动价值论。这篇文章主要观点有两点：一是"认为价格本身可以直接由技术上的生产函数引出，因此价值不必要向生产价格转化"；二是指出以"马克思劳动价值论为基础的生产价格理论，只是在整个社会的资本有机构成都相等的情况下才有效，而现实中资本主义各生产部门的有机构成是不同的，因此，劳动价值论的基本命题也就失去意义，缺乏一般性"②。针对萨缪尔森的批判，伦敦经济学院的日本学者森岛通夫首先进行回应。他通过复杂的数学推导，证明了马克思的价值体系与价格体系之间是可以相容的③，否定了萨缪尔森的观点。

这一阶段的论战还有一个重要的问题是围绕着劳动价值论本身是否成立的问题展开的。这一问题的中心是围绕两本著作而展开的，即斯拉法的《用商品生产商品》（1960 年）和斯蒂德曼的《依照斯拉法来看马克思》（1977 年）。在《依照斯拉法来看马克思》一书中，英国曼彻斯特大学教授斯蒂德曼集中攻击了马克思的劳动价值论，认为劳动价值论是一种内部连贯不一致的理论，不应该让它"缠着脖子妨碍思考"④，应该转而发展另外一种资本主义发展理论。比利时马克思主义学者曼德尔则突出强调了劳动价值论的重要地位，他在《论马克思主义经济学》中指出，"经济科学发现了价值这一组成因素，便掌握了解决一系列实际问题的钥匙。没有劳动价值论便没有剩余价值论，也就没有办法把利润、利息和地租归到唯一的根源上来，也就没有办法理解最近一百五十年来工农业生产神秘的波动"⑤。

这一时期关于劳动价值论的争议总体上是以往争议的继续。我们可

---

① 该文发表在《经济学文献杂志》（1971 年 6 月号）上。

② 王璐：《西方学者关于马克思劳动价值论百年论争研究综述》，《财经科学》2004 年第 4 期，第 105—106 页。

③ ［日］森岛通夫：《马克思的经济学：价值和增长的双重理论》，袁镇岳译，上海人民出版社 1990 年版。

④ ［美］伊恩·斯蒂德曼等：《价值问题的论战》，陈东威译，商务印书馆 1990 年版，第 10 页。

⑤ ［比］埃内斯特·曼德尔：《论马克思主义经济学》（下卷），廉佩直译，商务印书馆 1979 年版，第 353 页。

以把这一过程的主要争论者划分为三种类型：一是公开反对劳动价值论的凯恩斯主义者，如萨缪尔森、琼·罗宾逊；二是用斯拉法理论来重建包含劳动价值理论的马克思理论体系的广义激进经济学派，如配克、霍吉森、斯蒂德曼等；三是用西方经济理论改写或改造劳动价值论的变相的支持者，如科威齐。

　　与此同时，苏联东欧经济学界也开展了"关于在过渡时期和社会主义时期劳动价值论"① 的适用性、变化、地位和作用等问题的讨论。

　　通过上述国外论战可以看出，劳动价值论的争论焦点在于价值转形的问题，集中在价值的决定因素、价值与价格之间的关系以及劳动价值论本身能否成立等问题上。在这几场论战中，讨论的具体问题涉及面广且复杂，但总体上看，论战双方的基本立场是截然对立的：反对者的基本立场是批判和质疑，或是批判马克思劳动价值论的观点、体系，或是质疑劳动价值论存在的意义，并且大多主张用效用价值论或价格论来加以替代；支持者则是采取始终坚持的基本立场，主张要坚持劳动价值论的基本观点及其逻辑体系，反对用效用价值论或是其他理论加以替代。除了基本立场的区别外，论战双方在分析方法上也有不足之处。总体上，双方主要采取的方法主要是逻辑分析和数理分析的方法，这使得论战本身更符合科学的特征，但是马克思习惯的历史方法和辩证方法在论战中却被忽视，这就造成论战双方在各自的逻辑论证上并不完善，彼此都能互相指责、互相批判，以致价值论战持续百年而不断。

### 二　国内关于劳动价值论讨论的历史回顾

　　与国外价值论战的大背景相一致，国内学者对劳动价值论的讨论也一直持续不断。同样按照时间顺序，国内学界关于劳动价值论的讨论可以划分为以下四次：

**（一）国内第一次讨论：20 世纪 50 年代中期至 60 年代中期的讨论**

　　之所以在这一时期对劳动价值论进行讨论，主要由于此时生产资料所有制的社会主义改造在我国基本完成，人们开始关注商品生产和价值规律在社会主义条件下的地位、作用问题。毛泽东于 1958 年发表了

---

　　①　主要涉及商品货币关系、价值规律、市场经济、市场与计划关系和相关经济政策。

《价值法则是一个伟大的学校》一文，强调要探索社会主义经济规律，更是推动了对劳动价值论的研究。这一阶段的讨论主要围绕着马克思的生产劳动理论来进行的，主要涉及社会主义条件下生产劳动与非生产劳动的划分、两种含义的社会必要劳动时间、价值决定、价值范畴和价值规律是否永恒等问题。代表人物主要有何炼成。

1963 年，何炼成在《试论社会主义制度下的生产劳动与非生产劳动》一文中，认为，生产劳动就是能够满足整个社会的物质和文化需要的劳动，这种劳动创造价值，而政府行政部门、纯商业部门、教育卫生部门等不和物质生产直接联系，因而是非生产部门，这些部门的劳动不创造价值。归纳其观点，他主要认为，只有直接创造物质产品的劳动，才是生产劳动。一些学者不赞同这种看法，因而形成争论。这一时期争论的焦点在于如何理解马克思的生产劳动学说，争论双方纷纷引用马克思关于生产劳动的论述作根据进行讨论。后来，争论被"文化大革命"打断。

**（二）国内第二次讨论：20 世纪 70 年代末至 80 年代初期的讨论**

"文化大革命"结束之后，在解放思想、实事求是思想路线的指导下，经济学界再次针对劳动价值论展开讨论。这一次的讨论不仅涉及第一次讨论中的所有问题，还围绕着机器人、生产资料、服务等是否也创造价值展开激烈争论，并对现代西方经济学的价值理论也开始加以关注。

这一时期经济体制改革刚刚开始，人们开始考虑以往国民经济核算体系的合理性问题。这就涉及究竟哪种劳动创造价值、哪种劳动创造的价值能够被纳入国民经济核算体系等一系列问题。于是，"什么劳动才创造价值"的问题再次引发争论。这次论争，依据对生产劳动界定范围的宽窄，形成了三种不同的派别及观点，分别为"宽派"、"中派"和"窄派"。宽派的主要代表人物是于光远。他于 1981 年发表了《社会主义制度下的生产劳动和非生产劳动》一文，认为由于社会主义以公有制为基础，从本质上说，社会主义的生产是全社会的生产，因此，只要是在全社会范围内参与物质产品生产的，便都是生产劳动。具体包括："生产物质产品的劳动、生产能够满足社会消费需要的劳务的劳动、从事产品分配和交换的劳动、生产精神财富的劳动、教育的劳动、用于保护环境、改善环境的劳动等。"① 随后孙冶方撰文②表示反对。他认为，生产劳动只能是物质生产的劳动，即只有物质生产领域的劳动才能形成价值。该文的观点代表了窄派的观点。中派则是介于两者之间，认为生产劳动不能只以物质产品生产为限，应该扩大其外延。中派与宽派唯一的区别在于将国家机关的公共管理活动排除在生产劳动范围之外。这次论战的实质，是如何认识社会主义条件下劳动的生产性问题，这一问题不仅涉及价值创造，也涉及社会财富创造。因此，问题的解决对认识社会主义条件下价值形成的源泉，意义重大。

### （三）国内第三次讨论：20 世纪 90 年代初的讨论

就讨论的具体内容来看，国内研究的前期主要集中在劳动的生产性问题界定方面，直到 20 世纪 90 年代，关于劳动价值论的研究视角才转到价值问题上来。这一主题转变的大背景是这一时期我国开始由计划经济体制向市场经济体制转变。在原先的计划经济时期，商品交换不发达，市场机制作用不明显，价值问题尚未凸显，因而这一时期经济学研究的主要议题是生产劳动问题。但伴随着社会主义市场经济的建立过程，商品交换日益发达，市场机制作用逐渐明显，价值问题也就逐步凸显出来。这一时期的研究视角自然转到了价值问题上来。

这一时期讨论的导火索是"苏、谷之争"，并由此引发了学术界关于价值"一元"和"多元"的大讨论。1989 年南开大学教授谷书堂在其《社会主义经济学通论》书中提出，非生产劳动和生产要素也创造价值；1992 年，中央党校苏星教授发表《劳动价值一元论》一文，对谷书堂的观点表示反对，认为价值的唯一源泉只有活劳动。随后，谷书堂再次发表《新劳动价值一元论》一文与苏星进行商榷，在文中，他把创造价值的劳动扩展为既包括创造物质财富也包括创造精神产品的劳动。

---

① 此处参考于光远《社会主义制度下的生产劳动与非生产劳动》一文，该文刊登于《中国经济问题》1981 年第 1 期。

② 孙冶方撰写了《关于生产劳动和非生产劳动、国民收入和国民生产总值的讨论——兼论第三次产业这个资产阶级经济学范畴以及社会经济统计学的性质问题》一文，对生产劳动与非生产劳动问题发表自己的见解，集中批评了宽派的观点，该文刊登于 1981 年第 8 期的《经济研究》上。

此次讨论中除了苏、谷之争外，其他代表人物及其主要观点也值得关注。具体有：一是钱伯海的社会劳动价值论①，他认为第三产业和物化劳动都创造价值；二是程恩富的新的活劳动价值一元论，其基本观点是：凡是直接为市场交换而生产物质商品和精神商品以及为直接劳动力商品的生产和再生产服务的劳动，其中包括自然人和法人实体的内部管理劳动和科技劳动，都属于创造价值的劳动或生产劳动②；三是钱津的劳动整体价值论③，阐述了"主客体统一的整体性劳动创造价值"的观点，以区别于传统劳动价值论只将劳动归于劳动主体活动的认识；四是蔡继明与李仁君的广义价值论，认为"传统的劳动价值论由于只承认劳动是价值的唯一源泉，从而对非劳动要素在价值性成长的作用以及所得到的收入难以作出令人满意的数量分析"，他们将分工与交换作为价值决定的内生要素，充分考虑机会成本在价值决定中的作用，从而将传统的价值理论作为特例纳入自己的价值体系。④

**（四）国内第四次讨论：2000 年至今的讨论**

2000 年中共十五届三中全会和 2001 年江泽民的"七一"讲话中均提出要对劳动和劳动价值理论深化认识，这再一次掀起了劳动和劳动价值论的大讨论和研究热潮。这次讨论有两个鲜明特点：一是一改过去那种纯学术式的争论，而是依据我国社会主义初级阶段的历史条件，探讨社会主义市场经济实践中价值形成的源泉问题；二是特别注重研究当代劳动的新特点，如科技劳动、管理劳动与服务劳动等问题，为深入研究劳动价值论提供基础性的前提条件。这一时期学术界开始探讨劳动价值论与现实问题（尤其是与价值问题）的结合，探讨了价值创造、价值分配、价值与使用价值创造、使用价值与分配等问题。大家在关于这些问题的讨论中，争论的焦点有二：一是劳动价值论是否与当前的社会主

---

① 钱伯海的观点详见其著作《社会劳动价值论》，中国经济出版社 1997 年版。
② 具体内容可详见程恩富、顾钰民《新的活劳动价值一元论——劳动价值理论的当代拓展》一文，刊登于 2001 年第 11 期的《当代经济研究》上。
③ 可参见钱津《劳动价值论》一书，社会科学文献出版社 2005 年版。
④ 参见蔡继明《广义价值论初探》一文（《商业经济与管理》1998 年第 2 期）及蔡继明、李仁君《广义价值论》一书（经济科学出版社 2001 年版）。

义市场经济相适应；二是我国现阶段的收入分配制度的理论依据是
什么。①

## 第二节　国外劳动价值论论战的主要观点及其评析

总的来说，国外学者关于劳动价值论的世纪论战是"沿着《资本
论》一、三卷是否'矛盾'——'转形问题'能否求解——劳动价值
论是否'必要'这种思路由表及里地进行，争论的实质关系到是否要
坚持马克思的劳动价值论"②。在这场论战中，各方观点相互激荡，众
说纷纭，现将这些观点按照各自争论的主要问题作一简要述评。

### 一　关于劳动价值论本身的意义

论战的第一个主要问题是劳动价值论本身是否有意义的问题。关于
这个问题，主要的质疑有：

第一种质疑是从"转形问题"入手，代表人物有庞巴维克、萨缪
尔森、斯蒂德曼等等。他们认为马克思的关于从价值转形为价格的理论
不能成立，由此全盘否定和彻底抛弃劳动价值论，认为其完全没有必
要。针对这种观点，必须认清西方主流经济学与马克思政治经济学在研
究上的本质区别。西方主流经济学主要研究人和物质财富的相互关系，
其理论核心是资源配置的技术关系，对现实问题的解释排除了特定的经
济制度或社会关系；而马克思的政治经济学始终强调特定的资本主义经
济关系，他的经济学研究的"不是物，而是人与人之间的关系，归根
结底是阶级与阶级的关系"③。马克思的劳动价值论表明，他所探求的
是在资本主义经济制度下，雇佣劳动与剩余价值之间的真正关系。因
此，他所涉及的是资本主义经济中的所有概念，例如劳动、价值、产

---

①　牛田盛：《新中国50年劳动和劳动价值论研究综述》，《南阳师范学院学报》（社会科
学版）2003年第2期，第86页。

②　王璐：《西方学者关于马克思劳动价值论百年论争研究综述》，《财经科学》2004年
第4期，第106页。

③　马克思、恩格斯：《政治经济学批判。第一分册》，《马克思恩格斯选集》（第2卷），
人民出版社1995年版，第44页。

出、工资、成本、利润等，而不是直接联系到技术关系。这就使得，在庞巴维克等反对者那里，价值分析成为了多余的东西，是应该被否定和抛弃的；而在马克思那里，价值分析则是其必不可少的强大的思想武器。

第二种质疑则贬低马克思劳动价值论的实际地位，认为其与古典政治经济学的劳动价值论没有什么区别。如熊彼特就认为马克思在劳动价值论的论证上与李嘉图的论证十分相似，"就纯粹理论而言，必须把马克思看作是一个'古典'的经济学家，更明确地说，是李嘉图学派的一个成员"[1]，并据此得出结论，认为马克思劳动价值论在"用语、演绎方法和社会学涵义方面"与李嘉图的价值理论有不少的区别，"但在核心定理方面区别是没有的"[2]。因而，他主张用边际效用论取代劳动价值论。众所周知，马克思的劳动价值论是在古典劳动价值论的基础上发展而来的，它坚持了活劳动创造价值这一古典劳动价值论的基本思想，但同时也完成了劳动价值论的科学化。这就意味着，马克思的劳动价值论中必然会有李嘉图价值理论的合理成分，如李嘉图关于使用价值和交换价值的区分，但并不能就此认为马克思的劳动价值论与李嘉图的劳动价值论完全等同。相反，马克思的劳动价值论在关于价值的源泉、劳动的区分以及使用价值与交换价值的辩证关系、劳动和劳动力的区分、价值与生产价格之间的转换问题上，都对古典政治经济学的劳动价值论做出巨大的创新和发展。

第三种质疑是直接贬低劳动价值论的作用或认为劳动价值论有害。这种质疑的观点最为强烈，直接将劳动价值论排出经济学的范畴之外。例如，罗尔就对马克思的劳动价值学说提出了质疑，并进行了猛烈的抨击。他认为劳动价值学说是一种最为原始的价格学说，它仅适用于充分竞争和静止平衡这样的极为特殊的条件，因此，这样的学说"作为一般的学说，它是不够的"。他还认为，劳动价值论的提出是马克思为了说明剩余产品或剩余价值的分配而提出的，这"就不必要，甚至不可

---

① ［美］约瑟夫·熊彼特：《经济分析史》（第二卷），商务印书馆 1996 年版，第 18—19 页。

② ［美］约瑟夫·熊彼特：《资本主义、社会主义与民主主义》，绛枫译，商务印书馆 1979 年版，第 32—33 页。

能"，因为在这个问题上根本不存在争论的必要性和可能性。他据此认为马克思的劳动价值论对于"理解经济过程是没有贡献的"，"他的整个体系被证明主要是贫弱的"①。琼·罗宾逊也对劳动价值论展开攻击，认为它是简单的教条主义和纯粹的神秘化，不能够答复实际中的问题。针对这个问题，马克思主义的支持者提出了反驳。他们认为，马克思的劳动价值论不仅没有过时，相反仍具有巨大的活力。例如，比利时的经济学家埃内斯特·曼德尔就论述了在理论分析和实际经济问题分析中坚持马克思劳动价值论的重要意义。他认为，"没有劳动价值论，也就没有办法把利润、利息、地租归到唯一的根源上来，也就没有办法理解最近一百五十年来农业生产神秘的波动。没有劳动价值论，平均利润率下降趋势的理论便不能自圆其说，经济危机也不能有首尾一贯的理论。没有劳动价值论，便无法理解价格的长远趋势。价格的长远趋势归根还是决定于生产商品所必要的劳动量的变化。生产价格论即'生产成本论'，如果离开了劳动价值论，便变成了单纯的经验主义，什么问题也说明不了。……在科学领域内，任何人不考虑根本性的理论问题终究是要吃亏的。这里已经充分证明了坚持劳动价值论，坚持构成一个整体的完整的经济学说的'益处'"②。

在劳动价值论本身意义这个问题上，应该看到，劳动价值论不仅是一种经济分析的工具，更是一种不同于西方经济学的经济分析工具，它着眼于生产关系的解放和改进的研究，从而分析了生产力和生产关系之间的矛盾运动及其推动社会发展的作用。就这一点而言，它与西方经济学的纯粹研究生产率提高的问题有所区别。此外，劳动价值论也研究了生产什么、为谁生产及如何生产的问题，所不同的是，它是站在工人阶级的立场来分析问题的，因而得出的是与西方资产阶级经济学家们完全不同的结论。这就可以看出劳动价值论的作用并不亚于西方经济学，更谈不上有害，相反，它恰恰对广大的劳动者是有益的。

---

① ［英］埃里克·罗尔：《经济思想史》，陆元城译，商务印书馆1981年版，第287—288页。

② ［比］埃内斯特·曼德尔：《论马克思主义经济学》（下卷），廉佩直译，商务印书馆1979年版，第353—354页。

## 二　关于价值创造源泉的问题

争论的第二个焦点在价值创造源泉的问题上，质疑者否认劳动创造价值，主要有以下几种代表性的观点：

一是生产要素创造价值论，其代表人物主要有萨缪尔森等。生产要素创造价值的理论，表达形式不一，但其核心观点均认为，价值创造是由生产要素实现的，而非由劳动决定的。例如，萨缪尔森就认为在资本主义经济生活中，现实的价格"并不能单独地按照生产商品所需要的劳动量决定，从而并不能按照马克思的从价值分析开始的论证方法来解释"[1]。他在《经济学》一书中还专门写了"劳动价值论的终结"一节，主张用生产费用论来代替马克思的劳动价值论，认为"无论在有计划的社会主义制度下，还是在依靠市场起作用的资本主义制度下，我们都不能单独地按照商品所需要的劳动量来决定商品的价格，而不考虑爱好和需求的形式以及它们对稀缺的非劳动的生产要素的影响"[2]。这里无非是强调非劳动的生产要素对商品价格的决定作用。而关于生产要素在价值创造过程中的作用，马克思早在批判萨伊的"三位一体公式"时就已经作了说明，土地等生产要素是财富创造的源泉，但是不能将其等同于是价值创造的源泉。这里实际上混淆了使用价值与价值两者的区分，也混淆了价值创造与价值转移的概念。

二是知识和技术创造价值论。代表人物有英国的卡特勒、美国的丹尼尔·贝尔、约翰·奈斯比特等。这一质疑观点的兴起，主要缘于当代科学技术的发展，许多新形式的劳动，如科技劳动、管理劳动等日益在经济发展中发挥了巨大作用。这些劳动的形式与人们传统意义上理解的"物质劳动"或"生产劳动"相差甚远，于是，西方学者便转而用创新价值论、知识价值论和信息价值论等理论来取代劳动价值论。这些理论的核心观点认为，在当前的经济发展过程中，由于机器、知识、信息、技术等的大量使用，直接劳动者在生产过程的作用日益减少，在无人车

---

① 赵振华：《国外学者关于劳动价值理论讨论综述》，《青海社会科学》2003 年第 3 期，第 34 页。

② ［美］保罗·萨缪尔森：《经济学》（下册），高鸿业译，商务印书馆 1982 年版，第 133 页。

间中，他们甚至已经不是生产过程的主体，并据此认为，劳动价值论的基础已不复存在。在这种形势下，价值的创造则不再是由劳动实现的，而是机器、知识、信息、技术等创造价值。正如西方未来学家奈斯比特所说的，"在信息经济社会里，价值的增长不是通过劳动，而是通过知识实现的。劳动价值论……必须被新的知识价值论取代"①。关于这个问题，有学者提出了不同的看法，如美国经济学家柯里。他认为劳动是人类的创造，这一点即使在知识经济时代也依然没有改变，在知识经济时代改变的只是知识和信息的数量、质量、密度及其在生产经营中所占的份量和作用。②在这个问题上，首先应该指出的是，西方学者对于马克思的"生产劳动"概念本身认识不清，忽略了"总体工人"这一概念，并且不能正确地对待科技、机器及知识等要素与劳动本身的关系，因此用知识和技术创造价值来否定劳动创造价值是不能成立的。

　　三是效用价值论。这种质疑的观点认为价值是内含主、客观因素的一个概念，因而综合构成物品价值的要素主要有自然属性的物质"有用性"、有用性与心理属性的主观需求结合的"效用"以及以效用作为单位要素同社会属性的有用物品数量的"稀缺性"。在这种理论看来，效用是价值的质，稀缺性规定了价值的量，从而否定了劳动是价值源泉的观点。例如，弗·冯·维塞尔就指出，"在社会主义者的价值理论里，几乎所有的理论都是错误的。关于价值的来源的论点是错误的。价值本来源于效用而非劳动"③，进而对劳动价值论持全盘否定的态度，并主张用边际效用价值论来代替劳动价值论。在效用价值论中，效用本身就是无法具体量化的，运用效用来衡量商品的价值，无疑是不可行的，同一种商品对于不同个体的效用会因其自身心理的主观需求不同而产生不同的效用。效用价值论归根到底还是无法否定劳动价值论。

### 三　关于劳动还原的问题

　　在价值量决定问题的考察过程，马克思曾指出复杂劳动可以简化或

---

　　①　[美]约翰·奈斯比特：《大趋势：改变我们生活的十个新方向》，梅艳译，中国社会科学出版社1984年版，第15—16页。

　　②　详见陈征等《评介部分国外学者对〈资本论〉的研究》，福建人民出版社1986年版。

　　③　[奥]弗·冯·维塞尔：《自然价值》，陈国庆译，商务印书馆1982年版，第114页。

还原为多倍的简单劳动，这一简化或还原过程是在生产者背后进行并由社会过程决定的。许多西方学者针对这一复杂劳动向简单劳动的还原问题提出了质疑，认为这是马克思的劳动价值论首要解决却未能解决的问题。这些质疑具体表现在：1. 质疑还原时倍加系数的确切计量问题。主要涉及复杂劳动向简单劳动转化的过程中，如何确定两者之间的还原倍数。批评者认为，在异质劳动转化为同质劳动的问题上，马克思对于具体劳动还原为抽象劳动较为重视，作了篇幅较大的分析，并把它作为劳动价值论与古典政治经济学的根本区别；但却忽视了复杂劳动与简单劳动之间的转化，而复杂劳动还原为简单劳动的问题却是关系到劳动价值论能否应用的关键。他没有清楚说明如何确切地计量倍加系数，只是含糊地主张，依靠经验和凭借社会习惯来加以确定。2. 质疑按工资率来确定倍加系数的做法。庞巴维克在与希法亭论战时，就曾经提出，可以按工资率来确定倍加系数。但是，反对者们恰好利用这一做法来质疑劳动价值论。例如伦敦经济学院的毛利西马就认为，这一做法会导致一个两难问题。如果按工资率来确定倍加系数，商品的价值就会变成由工资率来决定，这与"商品价值由劳动时间决定"的原理相悖；另外，如果不按工资率来确定倍加系数，熟练程度不同的工人又会有不同的剥削率，这又显然与马克思所作的"全社会剥削率到处都一样"的假设不相符合。他据此主张应该放弃劳动价值论。

　　针对这一批评，许多马克思主义者作了回应。希法亭就指出，复杂劳动力潜在地包含着许多简单劳动，当这些复杂劳动力开始劳动时，它所蕴含的潜在的能力就通过复杂劳动发挥作用，这样在同样的时间内，复杂劳动会比简单劳动创造出更多的价值，它也就可以转变为多倍的简单劳动。[①] 这种方法本质上是主张采用间接劳动还原法，即先根据每个劳动力的再生产成本来衡量他是否属于熟练工人。一般来讲，熟练劳动力的再生产时间包括："一是生产该工人的生活必需品所需要的劳动时间；二是教育该工人所需要的全部直接和间接的劳动时间。因此，熟练工人可看作是一定的生产技术加上非熟练工人。其次，熟练工人运用生

_____

　　① 冯春安、韩金华：《西方学者对马克思主义劳动价值论的研究综述》，《求是》2001年第2期，第27页。

产技术创造价值，这一过程实际上包含了两部分的价值：一是作为一个非熟练工人创造的那一部分价值；二是作为一个使用生产技术的非熟练工人，在运用技术时转移物化在技术中的另一部分价值。并且这个价值比作为一个非熟练工人所创造的第一部分的价值还要大，这是因为，技术中物化的劳动本身是熟练劳动的成果，它们是由另一些熟练工人创造的。往前追溯，这些熟练劳动本身又可分解成再前一时期的非熟练劳动与熟练劳动两部分，如此循环就可以把全部熟练劳动分解为各个时间所创造的非熟练劳动的加总了。"①

　　事实上，马克思关于劳动简化问题确实论证得不多，因此也就为西方学者提出质疑留下了很大的空间。但是总体上，马克思在这个问题上的认识是清楚的。因为复杂劳动和简单劳动两者的区分是一个理论问题，在现实中两者的区分只能是相对的。尤其是当下随着科学技术的广泛运用，很多劳动变得日益简单，并趋于一致。因此，在当下复杂劳动，与其说复杂，不如说是更需要一定程度上技术先进的劳动。关于复杂劳动和简单劳动的转化问题，在当下，我们要认识到两者创造的价值不同，至于两者具体的转化系数，我们更多可以按照不同劳动的生产效率来进行。这也是当前理论界需要进一步研究的问题之一。

## 四　关于价值转形的问题

　　价值转形问题，即价值向生产价格的转化问题，是劳动价值论论战中争议最大、持续时间最长的一个话题，争论至今仍未结束。关于转形问题，总体上可以归结为两个方面：一是按照价值规律，商品的价值量由不变资本（C）、可变资本（V）和剩余价值（M）三部分构成，商品以价值为基础，进行等价交换；而依照生产价格规律，商品的生产价格由成本价格和平均利润构成，商品以生产价格为基础，进行交换，如果生产价格和价值不等，那么，商品交换以什么为基础，是否存在生产价格规律与价值规律的矛盾？二是从马克思分析的转化过程看，作为生产资料和劳动力的商品是以它们的价值购买的，因此，总价值与总生产

---

　　①　赵振华：《国外学者关于劳动价值理论讨论综述》，《青海社会科学》2003 年第 3 期，第 34 页。

价格、总利润与总剩余价值是相等的，但是如果严格地计算，生产资料和劳动力应以生产价格来购买，那么，这两个等式是否依然成立？如果不成立，马克思的价值转形理论是否正确？针对这两个方面的问题，西方学者们提出了众多的反对意见。其中代表人物主要有萨缪尔森、斯蒂德曼等。归根结底，学者关于这个问题的批评，主要集中于认为马克思在《资本论》第一卷中关于价值的分析与第三卷中关于生产价格的分析之间存在着矛盾，并认为在各部门资本有机构成不同的现实中，价值转形问题的研究就是多余的，从而否定劳动价值论。这些观点根本错误在于没有区分出劳动的价值和劳动力的价值，并且运用数量分析的方法来研究马克思的转形问题，就走了一条与马克思完全不同的道路。马克思曾说过："分析经济形式，既不能用显微镜，也不能用化学试剂。二者都必须用抽象力来代替。"[1]

价值转形问题在劳动价值论中一直都占据着重要地位，古典政治经济学的破产，其中一个重要原因就是没有解决价值规律和等量资本获得等量利润之间的矛盾。马克思在创造性地划分了不变资本和可变资本的基础上，分析了剩余价值转化为利润、利润转化为平均利润、价值转化为生产价格等一系列过程，终于解开了古典政治经济学的死结，实现了价值理论的科学变革。从揭示利润、平均利润的本质这个目标看，马克思基本完成了，因而他的价值转形问题也基本上是完整的。[2]

综上，我们对待西方学者关于马克思劳动价值论的研究和争论，不应当采取全盘否定的态度，而应该批判地加以吸收借鉴。

## 第三节　国内劳动价值论讨论的主要观点及其评析

伴随着国内四次大的讨论，国内学界关于劳动价值论的主要争论焦点及观点有以下几方面：

---

① 马克思：《资本论》（第一卷），人民出版社 2004 年版，第 8 页。
② 曹亚雄：《知识经济与马克思主义劳动价值论》，中国社会科学出版社 2010 年版，第 47 页。

## 一　生产劳动与非生产劳动之争

这一问题是在劳动价值论讨论初期就开始，并一直持续到第二次大讨论时期。现今，生产劳动发生了很大变化，劳动性质、劳动领域、劳动复杂程度、劳动表现形式等方面都出现了新的特点和变化，对生产劳动的界定必然引起争论。争论中主要的观点有以下几种：一是认为，只有从事物质产品的劳动才是生产劳动，反之就不是生产劳动；二是认为，生产劳动主要限于物质生产领域，这一领域的劳动既生产物质形态产品，也提供不具有物质实在形态的某种能量或提供某种物质性服务和生产性服务，但不包括与物质生产没有直接关系的劳动，比如科教文卫活动等；三是认为，各种劳动都是生产劳动，不能以物质产品生产为限，而应该扩大生产劳动的外延。前三种观点归根到底都是以物质生产为标准，第四种观点则不同，它认为生产劳动应该以其产品为社会创造的财富或具有国民经济统计意义的社会有效劳动作为判断标准，据此认为"科学技术、教育、管理和社会科学"等劳动都具有生产属性。这其实是在争论中"窄派"、"中派"和"宽派"各自的观点。除了上述观点，还有一种观点认为，"创造价值劳动的规定性与生产劳动的规定性没有必然联系，因为两者反映的经济关系内涵不同。创造价值的劳动是为社会创造使用价值的劳动，所包含的是一般商品经济关系，而生产劳动所包含的却是人与自然的关系"①。

这些争论的观点，各有道理，需要指出的是，在马克思看来，生产性劳动是在不同社会经济制度和不同社会经济发展阶段上具有不同内涵和外延的概念，因此是可变的。当下，关于生产劳动的内涵和外延可以也应该发生变化和扩大，但是不能随意扩大，否则也就无所谓划分生产劳动与非生产劳动了。

## 二　劳动是否价值创造唯一源泉

"苏、谷之争"之后，学术界争论的焦点在于劳动价值论的一元与多元，并且延续至今。争论的主要问题有：劳动是否是价值创造的唯一

①　卞彬：《劳动和劳动价值理论研究综述》，《探索》2002 年第 2 期，第 86 页。

源泉？价值创造与生产要素之间是何种关系？关于这个问题，学界的代表性观点主要有：

### （一）一元劳动价值论

持这种观点的学者坚持劳动是价值创造的唯一源泉，但是加以细分，还可以将其分为以下三种观点。一是"活劳动说"。这一观点的代表人物有苏星等，他们坚持认为，价值的源泉是唯一的，只有人类的活劳动才是其唯一创造者，物化劳动和其他生产要素都不能创造价值。他们反对扩大劳动的外延，认为若是将各种生产要素也视为价值创造的源泉，会混淆价值和使用价值、抽象劳动和具体劳动的区别。[①] 二是"新的活劳动价值一元论"。这一观点是由上海财经大学程恩富教授在 2001 年中国海派经济论坛第 12 次高级研讨会上系统提出的。这种观点与"活劳动说"的区别就在于它扩大了劳动的外延，认为凡是直接生产物质商品、直接生产文化商品（精神商品）、直接为劳动力商品的生产和再生产服务的劳动，都属于创造价值的劳动或生产劳动，这其中包括管理劳动和科技劳动。[②] 这种观点，既不赞成传统观点，即把创造价值的生产劳动局限在物质生产领域，也不赞成无限制地扩大生产劳动外延，即既把创造价值的生产劳动扩展到纯粹买卖、纯粹中介之类的经济领域，又把生产劳动延伸到党政军之类的非经济活动领域。他认为，此观点不仅没有否定马克思的基本思想和方法——"活劳动在价值创造中的一元性"，而且还是将马克思研究物质生产领域价值创造的思维方法扩展到一切社会生产部门进行科学分析得出的必然结论。三是"智力劳动说"。这一观点坚持活劳动是价值创造的唯一源泉，但是认为价值创造过程中有一大部分是由脑力或者智力劳动所物化的知识转化而来，因此认为，智力劳动才是价值的主要源泉。

### （二）多元劳动价值论

持这一观点的学者关于价值源泉的说法表达不一、众说纷纭，但都认为决定价值的不仅仅有活劳动，还包括物化劳动和其他生产要素。这

---

① 此处可参见刊登于《经济纵横》1995 年第 7 期的苏星的《再谈劳动价值论一元论》一文。

② 周肇光：《"如何深化劳动和劳动价值论研讨会"综述》，《经济学动态》2001 年第 7 期，第 38 页。

一派的代表观点主要有："社会劳动创造价值说"、"劳动整体创造价值说"、"生产要素创造价值说""知识创造价值说"、"联合劳动创造价值说"①，等等。

"社会劳动创造价值说"的代表人物是厦门大学的钱伯海教授。他发表了一系列文章，并于1997年出版了专著《社会劳动价值论》，阐述了社会劳动创造价值的基本内容。他认为价值是社会劳动创造的，这一社会劳动包括活劳动和物化劳动，其中绝对剩余价值主要由活劳动创造的，相对剩余价值和超额剩余价值则主要是由物化劳动创造的。这里的物化劳动主要表现为先进的设备、材料、工艺等等，科学技术通过物化劳动创造价值。因此，从社会看是活劳动创造价值；从企业看则表现为物化劳动和活劳动共同创造价值。

"劳动整体创造价值说"是由中国社会科学院研究员钱津在其《劳动价值论》一书中加以阐述的。他认为，劳动整体性的确定是发展劳动价值论的关键。对于这一问题，他将劳动整体性界定为两个方面：一是全人类的劳动是抽象的统一体；二是劳动是包含劳动主体和客体的统一。据此，作者认为，将劳动只归结为劳动主体的活劳动，是传统理论的认识偏差，因而他着重论述了劳动客体的作用。劳动整体价值论就是认为劳动整体（即包含主客体的统一）创造价值。

"生产要素创造价值说"的主张者大都是我国经济学界的一些中青年学者，代表人物有晏智杰。他们认为除劳动之外，土地和资本以及企业经营管理、科学技术、知识信息等要素都具有生产性，它们对商品使用价值和价值的形成、增加都是不可缺少的。

"知识创造价值说"的核心观点是：在信息经济社会里，价值的增长不是通过劳动而是通过知识实现的，因而主张用知识价值理论来取代劳动价值理论。

纵观这些观点，可以看出，不论是坚持一元劳动价值论的观点，还是坚持多元价值论的观点，归根到底都是要探讨价值创造过程中活劳动

---

① "生产要素创造价值说""联合劳动创造价值说"在此不再一一展开，可参见晏智杰《劳动价值学说新探》（北京大学出版社2001年版）一书和吴朝霞《〈资本论〉的辩证法与联合劳动价值论》（《当代经济研究》2001年第6期）一文。

与物化劳动及生产要素之间的关系。关于这个问题，双方都有需要完善的地方。今后学界要做的应该是在坚持马克思主义劳动价值论的前提下，更好地解释当前经济发展过程中物化劳动和生产要素的作用，对价值与财富、价值源泉与财富源泉加以区别，只有这样才能更好地解释现实经济现象，也才能更好地发展劳动价值论。

### 三　劳动价值论的适用范围界定

在我国学界存在关于劳动价值论适用范围的讨论，通过这一讨论，得出劳动价值论的分析条件是有限的结论，从而质疑劳动价值论的适用范围。这一问题的代表人物有北京大学晏智杰教授等。

晏智杰的《劳动价值论反思与争论》一书，提出了"劳动价值论仅适用于说明简单的实物交换经济，不能说明市场价格决定的普遍法则"的观点。这一观点的得出，是基于马克思价值分析暗含的三个前提条件：在简单的物物交换条件下，第一个前提条件是假定劳动之外的要素都是无偿的；第二个前提条件是假定生产劳动都是简单劳动；第三个前提条件假定即便是复杂劳动也可以化为倍加的简单劳动。因此，他认为只有在这三个前提下，马克思劳动价值论才有适用余地，一旦超出它们，劳动价值论便失去了说服力。马克思对于价值形式发展史的分析的确是从物物交换开始的，但是他并没有将物物交换的假设一直套用。在价值实体的分析中，马克思已经有所改变。同时设定生产要素都是无偿使用这一假设也是不恰当的，马克思后来构建的价值增殖理论、生产价格理论、地租理论都印证了这一点。最后，马克思把简单劳动作为各种不同劳动生产的商品进行比较的单位，并不意味着他分析的仅仅是简单劳动，并且即使是简单劳动也不能简单地等同于科学技术和经营管理等要素不包含在内，这与马克思"总体工人"和"资本主义管理二重性"的论述也是不符的。

还有学者，例如中山大学的李江帆教授，以劳动价值论提出背景为依据，质疑劳动价值论的适用范围。他们认为劳动价值论是以物质生产领域为研究对象的，这样一种理论在大工业初期并无大碍，然而在今天，第三产业迅猛发展，劳动价值论关于物质领域创造价值的分析就不再适宜了。此外，谷书堂等学者认为只有物质生产领域里的劳动才创造价值的传统一元论，已经不能解释现实当中的诸多现象和问题了，应该为马克思劳动价值论增加新的因素，使之更有说服力，这一新的因素便是把非物质生产和非生产劳动要素也视为价值创造的源泉。

关于这个问题，我们应该看到，马克思劳动价值论提出的背景确实是在大工业初期，因而，它较为侧重分析物质领域的劳动。但这并不意味着这一理论在当前就不再适用了，相反，它所揭示的一般规律及其对商品经济的一系列分析，在当前社会主义市场经济建设中仍有着重要的意义。另外，当前非物质生产领域的劳动的兴起，也不意味着我们一定要否定物质领域的生产，物质领域的生产具有重要的基础地位。因为非物质生产领域劳动的价值实现要通过物质生产领域所创造价值的转移，即国民收入二次分配来实现，非物质生产领域对生产领域具有依赖关系，非物质生产领域的收入要依赖于生产领域的价值创造。至于生产要素的作用分析，马克思的劳动价值论已经有了准确地分析，它是财富创造或者使用价值创造的重要源泉，但它不能成为价值创造的源泉，这一点毋庸置疑。

### 四　劳动价值论的理论内核存在偏颇

劳动价值论的理论内核，是指商品的二重性和劳动二重性学说。质疑这一理论内核的观点认为，商品二重性学说将商品的使用价值与交换价值界定为"商品"的两种属性，并加以严格区分，进而认为它们的创造源泉各有不同，一为多元化的源泉，一为活劳动。而使用价值与交换价值不过是财富或商品的两种不同用途和不同存在形式而已。即，一个是实物形式（使用价值），一个是价值形式（交换价值），两者不过是一个事物的两种形式或两个方面，从而使"等价的关系"，没有所谓的性质之分，因此，两者的创造源泉更没有分化的可能，即认为价值源泉与财富源泉是一致的。① 事实上，劳动价值论是严格区分商品的二因素和商品的二重性的。所谓商品的二重性，指的是使用价值和交换价值，两者的关系是：使用价值是交换价值的物质承担者，交换价值则是

---

① 此处可参考晏智杰《应当承认价值源泉与财富源泉的一致性》一文，载《北京大学学报》2003 年第 3 期。

两种不同使用价值相交换的量的关系或比例。商品的二因素则是指使用价值和价值。这两者之间是有着本质的区别的，它们构成了商品的自然属性和社会属性两种不同性质。因此，在这里不能把商品的二重性和商品的二因素混淆起来，从而否定劳动价值论。

其次，这种观点还认为，与商品的二重性学说一样，劳动二重性对"抽象劳动"的分析也存在着偏颇。"抽象劳动"这一概念原本是属于思维范畴的，而劳动二重性学说则不恰当地赋予了它实体范畴的意义。认为，劳动是具体的，没有具体形式和内容的劳动是不存在的，抽象劳动这一概念只是人的思维对实际存在的劳动的某种共同点的一种认识和理解，并不意味着它是可以脱离各种劳动而独立存在的实体，更不意味着它还能同实际存在的劳动实体平起平坐，共同构成"劳动"。这种观点本质上就是否认劳动本身的二重性，认为劳动仅指具体劳动，已经是一个完整的概念，劳动二重性学说将抽象劳动视为商品的实际属性，并赋予它创造价值的功能，这同现实经济生活相脱节。关于这个问题，首先要指出，抽象劳动不是指人的思维或脑力劳动，不是指人的一种思维范畴，而是马克思对形成商品价值的劳动的一种科学意义的划分，目的是要指出不同使用价值可以进行交换的原因。抽象劳动是客观存在的理论反映，在现实经济生活中，不同的具体劳动撇开它们的劳动差别，是能够抽出其劳动的共同点，即人的体力和脑力的支出或劳动力的支出，这是经济生活中的客观事实。

## 五　劳动价值论历史局限性的观点

这一观点认为劳动价值论存在着历史局限性。这一局限性主要表现为：

一是认为劳动价值论的分析逻辑是有缺陷的。这种观点断定两种不同的商品能够交换的共通物只能是抽象劳动是不合理的，认为如果能将商品交换的基础归结为抽象劳动，那同样也可以归结为一般的抽象的效用这个"共通物"。强调这是犯了混淆类概念和这种类概念的具体形式的错误，误以为商品交换的基础同各种具体效用无关也就是和一般效用无关。事实上，之所以只能以抽象劳动生产价值，并成为商品交换的"共通物"，是因为抽象劳动存在于商品交换普遍存在的条件下，是一个历史范畴，而效用（或使用价值）是商品的自然属性，它是一个永恒范畴，不能成为历史范畴——价值的决定因素。同时抽象劳动是在客观经济条件下形成的，具有客观性，而效用不过是主观思维的产物，它无法准确衡量，也不能反映生产关系，因而更无法决定商品的价值。

二是认为劳动价值论的功能是有缺陷的。这一缺陷表现在：一方面，它与生产力论相脱节，即认为劳动价值论不能说明社会生产力和财富的决定要素和发展规律；另一方面，它与市场价格论也相脱节，即认为劳动价值论所揭示的商品价格由劳动决定只是特例，不是通则，不足以说明市场价格的各种决定要素及其变动的普遍规律。针对第一个缺陷，需要指出的是，劳动价值论并不与生产力相脱节，恰恰相反，两者还有着密切的关系。马克思的劳动价值论正是在生产力发展的基础上建立和发展起来的。只有当生产力发展到社会分工，私有制出现了，商品生产也才随之产生；随着生产力的发展，才有了商品交换的扩大，货币转化为资本，劳动力转化为商品，才有了生产社会化和生产资料私人占有之间的矛盾。这一资本主义基本矛盾，正是由商品使用价值和价值的内在矛盾发展而来的。因此劳动价值论的发展与深化，都与生产力密不可分，它能够说明社会生产力和财富的决定要素、发展规律等问题。第二个缺陷，归根到底是转形问题，通过转形问题，尤其用市场价格的变动来否定劳动价值论，无疑是不妥的。正是在劳动价值论的基础上，《资本论》分析了劳动二重性，揭示了价值的本质、源泉和剩余价值的生产问题，并在此基础上，创立了生产价格理论。价值转化为生产价格这一现象并没有否定价值规律的作用，只是价值规律作用的形式发生了变化。市场价格由原来的围绕着价值波动变成了围绕生产价格波动，但是究其实质，市场价格的变动还是受价值规律的支配，并且生产价格总额与商品价值总额是一致的。

## 第四节 国内外劳动价值论论争的现实启迪

国内外关于劳动价值论的论战史及各方各派的观点，都表明了劳动价值论的理论的重要性及其生命力，只有一个在当下还有生命力的理论，才会引起各方的争论，哪怕其中不乏有质疑的观点。同时，"真理越辩越明",通过这一论战,我们能够更好地理解、坚持和发展劳动价值论。尤其是在当代全球化和社会主义市场经济的新背景下,论战对推动劳动价值论时代化,提供了许多宝贵的现实启迪。

## 一 坚持与发展的辩证关系

国内外关于劳动价值论的论战史,启示我们在劳动价值论时代化的进程中要正确处理好坚持与发展的关系。要发展劳动价值论,应该在坚持劳动价值论理论内核的基础之上进行,所有的发展都不能抛弃劳动价值论的硬核,否则不能称之为是劳动价值论的发展。只有尊重劳动价值论的理论前提,才能实现其深化和发展。当然,坚持劳动价值论的理论内核,并不意味着要将劳动价值论教条化。我们同样要结合现实的新情况和理论的新发展来深化和发展劳动价值论,例如借鉴西方主流经济学的分析模式、研究成果,尤其是在转形问题上,可以实现马克思主义经济学关于生产关系分析与西方经济学资源配置分析方法的视域融合;在大工业初期和当代资本主义发展的时间间距中,分析劳动及价值创造出现了哪些新特点、哪些变化是本质性的、哪些变化是形式上的、哪些变化是时代的新特征、哪些变化是被时代遮蔽了的真相,从而在坚持基本原理的前提下,寻求劳动价值论新的发展。

## 二 理解与反思的辩证关系

从学术研究的角度,对于劳动价值论,我们首先要站在科学的角度正确理解,理解马克思劳动价值论出场的历史场域,理解马克思劳动价值论百余年来不断经历出场、退场、再出场的必然性所在。用历史唯物主义和辩证唯物主义原理理解劳动价值论的真理性;用理论本身的奠基和继承关系理解劳动价值论的发展,用时代提出的新挑战和出现的新问题,分析劳动价值理论精髓的科学性。我们还必须重视对劳动价值论的反思,因为,任何一种理论都是时代的产物,尽管马克思进一步完善了劳动价值论,但是并不意味着这一理论从此以后便毫无缺点了。在国内外论战的进程中,我们可以发现劳动价值论有待完善之处。例如在价值转形问题上的进一步深化,尤其是应对西方经济学研究模式的质疑;社会主义市场经济条件下的价值决定问题,尤其是应对当前的生产要素参与分配的现象；知识经济形势下，如何正确对待科技劳动、管理劳动和服务劳动等问题。在这个过程中，我们不能固步自封，将劳动价值论神化，相反，应该进一步地反思与批判劳动价值的理论局限，从而实现发展。

### 三　整体与分篇的辩证关系

国内外各派学者关于劳动价值论的论战，无一不是围绕着马克思著作中的论述展开讨论的，这对于当前深化和发展劳动价值论有着重要的启示。我们必须要从原著入手，正本清源，从整体上把握马克思的劳动价值论体系，既不要断章取义，仅就其某些论断加以批判或支持，也不要完全抛开马克思的相关论述，尤其是《资本论》及经济学手稿中的论述，更不要局部地看待马克思的劳动价值论，跳过某些必要的理论中介，扩大劳动价值论的使用范围。只有回归到劳动价值论的理论真相，挖掘理论的精髓，才能指出理论的局限，进而丰富理论的内涵。因此，不能单独地理解劳动价值论的某些观点，单独地看待劳动价值论的某些结论，而应该在对马克思《资本论》（包括剩余价值理论以及此前的《1844 年经济学哲学手稿》、《1857—1858 年经济学手稿》）及其马克思的整体理论角度来全面理解和诠释劳动价值论。比如，把对劳动价值论的理解和马克思劳动异化理论、科技异化理论、人学思想、人的解放理论、人与自然关系理论等结合起来，处理好整体与分篇的关系，以便从具体观点和整体理论的解释学循环中科学理解马克思劳动价值论的真谛。

### 四　恪守与追问的辩证关系

对马克思劳动价值论的基本原理要从巨著《资本论》全篇总体理解，理解其灵魂与实质，在坚守劳动是价值创造的唯一源泉的基本原理的同时，还要善于发起追问。比如，对比劳动价值论与效用价值论，我们可以追问：引发泡沫经济的深层原因是什么？劳动力成本不断上升说明了什么？世界范围内的两极分化证明了什么？普通劳动者的利益得到体现了吗？从而看到，劳动价值论是价值的基础生成论，效用价值论是价值的现实决定论；劳动价值论是商品生产的规范价值论，效用价值论是商品实现的实证价值论；劳动价值论是基于生产成本的价值论，效用价值论是基于市场需求的价值论；劳动价值论是尊重劳动和投入的价值论，效用价值论是服从欲望和需求的价值论；无限夸大效用价值论得益的是垄断企业和少数富有阶层，根本否定劳动价值论受害的是诚信企业和多数工薪阶层；价值论从根本上反映的是人与人之间的经济利益博弈关系，虚拟经济泡沫产生的终极原因是对劳动价值论的全盘否定。

# 第二章 劳动价值论时代化的提出

党的十七届四中全会首次提出了推进马克思主义时代化这一重大命题,把马克思主义"时代化"与"中国化""大众化"相提并论。马克思主义时代化既是时代主题转换的内在要求,是中国特色社会主义建设的现实需要,更是马克思主义理论内在品格的逻辑必然。在马克思主义时代化的大背景下,我们提出劳动价值论的时代化研究,这不仅仅是由马克思主义自身品格决定的,更是由劳动价值论在马克思主义理论中的重要地位决定的。

## 第一节 劳动价值论时代化的必然性源自 马克思主义的四大品格

马克思主义时代化是马克思主义自身内在品格的逻辑必然,它所固有的理论品格、实践品格、批判品格和开放品格,决定了马克思主义绝不会在某一时间或某一时期停顿下来,其内在品格决定了它必然要不断地时代化:与时俱进的理论品格,决定了马克思主义的时代化;不断创造新的理论生命的实践品格,促动了马克思主义的时代化;不断促进理论新陈代谢的批判品格,推进了马克思主义的时代化;不断汲取新的营养的开放品格,丰富了马克思主义的时代化。作为马克思主义重要组成部分的劳动价值论,也必然具备这四大品格,要求自身实现时代化。

### 一 理论品格:与时俱进开拓创新

理论是时代的产物,任何理论都有其特定的适用范围,因而当其产生的特定时代发生变化后,理论本身也要随之进行改变。若是理论无法面对新的实践环境，那么其理论的生命也就此终结。马克思主义理论之所以能够历经百年沧桑仍透射着真理的光芒，就在于它具备了与时俱进的内在品质。正是这种与时俱进的理论品格，决定了马克思主义必然要时代化，必然要随着时代特征、实践主题、矛盾状况和主客观条件的变化而变化，必然要随着实践的推移开拓创新，揭示出事物的本质。

一般意义上，我们对于"与时俱进"的理解，更多的是停留在时间层面。然而，这里的"时"不仅仅是纯粹的时间概念，而是一个包含时空的范畴。这就意味着，理论的与时俱进，既要满足社会历史时间的推移即时代的变迁，也要符合社会实践空间的转换即实践的变化，两者都推动着理论的创新与飞跃，构成了"与时俱进"的两翼。具体到马克思主义理论的时代化，也同样表现为这两个方面。一是马克思主义要随着社会历史的变迁而改变其内容和形式，以适应时间的变化引起的社会实践主客观条件、主次要矛盾等情况的变化。这一过程就是马克思主义的时代化。例如从革命"同时胜利论"到"一国胜利论"，就突出地反映了马克思主义随着时代变迁而发展自身的品质。二是随着地域、空间的变动，马克思主义还要改变其实践的内容和形式，以适应面临的不同地缘特点，例如不同的生产力水平、民族文化风格、社会心理等等。这就是马克思主义本土化的过程，具体到中国，就是马克思主义的中国化。

劳动价值论也不例外，一方面，由于社会历史的演变，劳动价值论发展至今，出现了许多与它提出时代不同的新特点、新问题；另一方面，劳动价值论是以西欧国家为样本进行研究的，当这一理论运用到不同空间地域会面临不同的问题，具体到中国，就会受到中国实际国情及其经济体制等因素的影响。时空双方面的因素，都使得劳动价值论一方面亟待通过对当代新情况的研究，对其基本范畴（如劳动、活劳动、物化劳动、生产劳动、价值、使用价值、交换价值等）进行拓展研究，实现突破和创新；另一方面也亟待通过对中国生产力发展水平、收入分配情况等的研究，深入挖掘其基本理论内核，应对挑战，走出困境，实现丰富和发展。因而，劳动价值论的时代化是其自身发展的理论要求，更是与时俱进理论品质的内在要求。

## 二  实践品格：直面现实改造现实

马克思主义哲学较之于以往的一切旧哲学的不同之处，就在于它从一开始就建立在实践的基础之上。"社会生活在本质上是实践的。凡是把理论导致神秘主义的神秘东西，都能在人的实践中以及对这个实践的理解中得到合理的解决。"① 马克思主义不同于其他理论的地方，就在于它是以实践为基础的，它的活力只能蕴含在和实践的有机结合中。因此可以说，实践性是马克思主义最重要的内在品质。无论是从赖以生存的物质基础、理论价值的体现，还是未来的生存和发展，马克思主义都离不开实践。马克思主义创始人的理论分析和研究，不是坐在书房里冥思苦想的，它们都是建立在对社会的长期调查研究和自己社会实践基础之上的；马克思主义发展过程中每一个划时代的成果，既不是纯粹的理论臆断，也不是凭个人智慧创造的，而是在无数次的尝试、无数次的实践中取得的。马克思主义中国化就是一个最好的例证。

马克思主义的产生和发展都是与实践活动密不可分的，这一实践不仅仅是停留在感性层面的"具体再现"，更是一种最终上升为理论层面、将实践的经验教训加以总结的实践活动。正是在一次又一次的实践过程中，正是在一次又一次的理论总结中，马克思主义的理论观点得以产生，马克思主义的理论体系得以形成，马克思主义的理论成果得以延续，马克思主义的理论魅力得以彰显。因此，马克思主义不断创造新的理论生命的实践品格，推动了马克思主义的时代化。

劳动价值论作为马克思主义经济理论的重要组成部分，它更不是一种束之高阁的纯粹理论臆想，它更要在实践的基础上，直面现实、解释实际情况，改造现实，解决实际问题。当前西方各种理论对劳动价值论形成了冲击，熊彼特的创新价值论、约翰·奈斯比特的知识价值论、托夫勒的信息价值论等都对劳动价值论提出了挑战。同时，当前劳动领域出现的新情况，如劳动主体多元化、劳动形式的变化、劳动范畴的丰富化等，也对劳动价值论提出了难题。这些现实情况的变化，都使得劳动

① 马克思：《关于费尔巴哈的提纲》，《马克思恩格斯选集》第 1 卷，人民出版社 1995 年版，第 56 页。

价值论必须要直面现实,应对挑战。这是马克思主义实践品格的必然
要求。

### 三 批判品格:勇于反思善于扬弃

马克思主义时代化,就是把马克思主义同当前时代的特征、时代的
发展结合起来,紧扣时代脉搏,反映时代精神,回答时代课题,使之能
够适应时代需要,引领时代潮流。要解决上述问题,必然要先进行理论
的创新。而要进行理论创新就必须要勇于反思、自我批判,善于扬弃、
自我否定,这样才能为理论的提升和创新创造条件。

唯物辩证法的本质就是革命的,批判的。在唯物辩证法面前,它不
承认任何永恒的,一成不变的,永远正确的东西。它在对任何事物和对
象的肯定的理解中包含否定的理解;对任何事物和对象的状况的理解中
包含有过程的理解;对任何事物和对象都理解为动态变化的,而不是凝
固不变的。这就是马克思主义的批判品格,这种批判品格要求马克思主
义不断进行理论内部的新陈代谢,持续吐垢,纠正自身的错误观点。马
克思主义不断促进理论新陈代谢的批判品格,推进了马克思主义的时代
化。它不仅以批判的态度对待各种社会思潮、思想体系,而且以批判的
精神对待自己,随时准备修正自己某些"已经过时"的结论或"当时
的错误看法"。

正是由于马克思主义的批判品格,劳动价值论也必然要进行自我反
思,扬弃自身。以往,人们在对待劳动价值论发展的问题上普遍认为,
劳动价值论诞生以来,人类社会发生了许多新的变化,所以需要根据现
实情况的变化对劳动价值论进行发展。然而,这种看法更多是从外部环
境的变化入手得出的结论,这种看法暗含着一种假定,即劳动价值论本
身并无局限性。显然,这样一种看法是不完全正确的,正如前面提到与
时俱进理论品质时所说的,任何一种理论都有其时代性,劳动价值论也
不例外,它也有它的自己存在的时空界限。即使没有当代的新变化和新
发展,马克思劳动价值论自身也有向高级理论形态发展的要求,这是其
理论自身内在矛盾或局限性所致。因此,我们必须要运用马克思主义的
批判品格,从劳动价值论内部进行自我反思和自我扬弃。

## 四　开放品格：海纳百川永不自封

当今时代，在世界范围内，人类社会正处于由现代工业文明时代向全球化时代的转变中，全球化转型对于一个国家来说，便是与其他国家之间联系日益紧密，一个国家不再能孤立封闭地搞建设；而对于一种理论来说，它也不能不在与其他理论的交流碰撞中寻求自身的立足点和价值。作为一种着眼于全人类的学说，马克思主义是一种开放的思想体系，它像大海一样，海纳百川永不自封。正是由于具备了开放的品格，马克思主义才能用宽广的眼光来审视世界历史的客观进程，才能用博大的胸怀来吸纳人类文明的一切优秀成果，也才能始终站在历史的前列，把握时代的脉搏，与时俱进。

马克思正是站在无数巨人的肩膀上才有他的两大发现——唯物史观和剩余价值学说。列宁曾说过："马克思主义同'宗派主义'毫无相似之处，它绝不是离开世界文明发展而产生的一种固步自封、僵化不变的学说，而正是哲学、政治经济学和科学社会主义极伟大的代表人物的学说的直接继续……"[1] 因此，它在不断实现自我超越的过程中，必然要把人类的新思想、新观点和新方法都纳入其批判的视野，以其开放品格成就其批判品格，以其批判品格推进其实践品格，以其实践品格推动其与时俱进的理论品格，从而最终实现马克思主义的时代化。

马克思的劳动价值论自诞生以来就面临多方面的责难和挑战，正如前文所述，在国外，针对劳动价值论的"转形问题"、劳动价值论的适用性等问题，西方学者进行了一个多世纪的论战；在国内，针对生产劳动与非生产劳动的划分、价值的源泉问题、活劳动的界定等问题，也展开多次大的讨论。每次讨论既有非马克思主义学者的责难，也有马克思主义者自身对劳动价值论的完善。在这一过程中，他们正是抓住马克思主义的开放品格，海纳百川，汲取他人新的研究方法、新的研究观点，完善和丰富劳动价值论，从而用发展的劳动价值理论来解释现实。

---

① 列宁：《马克思主义的三个来源和三个组成部分》，《列宁全集》第23卷，人民出版社1990年版，第41页。

## 第二节　劳动价值论时代化的重要性源自
## 其理论地位与实践价值

### 一　时代化与劳动价值论的理论地位

劳动价值论的时代化之所以重要，体现在其丰富内容的重要理论地位上。它所包含的劳动二重性理论、价值形式理论、价值规律学说和劳动价值论本身等都对马克思主义政治经济学起着重要的作用。

#### （一）理解政治经济学的枢纽——劳动二重性理论

劳动价值论问题的出发点在于对劳动二重性的研究。因此，劳动价值论的理论地位首先体现在劳动二重性理论的提出。劳动二重性理论，是马克思为政治经济学提供的重要的崭新内容，也是他在政治经济学史上所建树的巨大功劳，正如马克思自己所说的，他的书第一个"最好的地方"就是"着重指出"了"劳动二重性"问题。[①]

马克思通过研究资本主义经济中最简单的细胞——商品，阐明商品二因素即使用价值和价值之间的意义及其相互关系，并在此基础上进而分析商品二因素的来源，即劳动的二重性。劳动二重性，简单来讲，主要是指生产商品的劳动具有两重性质，即具体劳动和抽象劳动。对于劳动二重性及它与商品二因素的关系，马克思曾经作过概括："一切劳动，从一方面看，是人类劳动力在生理学意义上的耗费；作为相同的或抽象的人类劳动，它形成商品价值。一切劳动，从另一方面看，是人类劳动力在特殊的有一定目的的形式上的耗费；作为具体的有用劳动，它生产使用价值。"[②] 在分析完劳动二重性与商品二因素关系的基础上，马克思进一步研究了为什么只有生产商品的劳动才具有二重性，从而指出了私人劳动和社会劳动之间的矛盾。具体来讲，就是私人劳动首先表现为具体劳动，而私人劳动只有通过商品交换才能对社会有用，才能得到社会承认，才能转化为社会劳动。要进行这一交换，各种具体劳动之

---

① 马克思：《致恩格斯（1866 年 8 月 24 日）》，《马克思恩格斯全集》第 31 卷上册，人民出版社 1972 年版，第 331 页。

② 马克思：《资本论》（第一卷），《马克思恩格斯全集》第 23 卷，人民出版社 1972 年版，第 60 页。

间因性质不同无法进行比较，因此，必须要把具体劳动还原为抽象劳动才能确定交换的比例。这才有了生产商品的劳动的双重性质。

劳动二重性理论的基本内容，决定了它在理论上具有极为重大的意义。马克思曾指出劳动二重性是理解政治经济学的枢纽，是对其政治经济学理论的全部理解的基础。这一枢纽作用主要体现在以下几个方面：

首先，劳动二重性理论的提出为劳动价值论学说的建立奠定了坚实的基础。它解决了古典经济学家无法理解的难题，即为什么生产商品的劳动的具体形式各不相同，却可以进行相互比较。马克思运用劳动二重性学说，一方面揭示了商品经济的内在矛盾，回答了价值的形成，说明了价值的本质问题，解决了商品价值的质的规定性；另一方面还解决了商品价值量的规定性问题，即商品价值量是由生产商品所耗费的一般人类劳动量决定的，它是由社会必要劳动时间决定的。劳动二重性理论使得价值实体、价值量及价值形式等问题得到说明，从而阐释了劳动价值学说的最重要理论，实现了劳动价值论的科学化。理解了劳动二重性理论，也就理解了商品的全部秘密所在。因此，从这个意义上讲，劳动二重性理论，是理解劳动时间决定商品价值这一原理的钥匙，是整个劳动价值学说的核心问题。

其次，劳动二重性理论为剩余价值理论奠定科学的基础。剩余价值理论的核心问题是剩余价值的来源问题。要对这一问题进行揭示，必须要以劳动二重性的原理为基础加以阐述。马克思正是运用具体劳动和抽象劳动的划分，从而指出了在生产过程中，具体劳动是转移和保存了耗费掉的生产资料的原有价值，即旧价值；而抽象劳动则形成了一部分新价值，这部分新价值不仅用来补偿劳动力本身的价值，还产生了剩余价值。它指出在资本主义生产中，正是抽象劳动创造的新价值中，包含了被资本家无偿占有的剩余价值，从而揭示了剩余价值的真正来源是雇佣工人的剩余劳动。剩余价值的来源正是运用劳动二重性理论加以说明得到的，因此，劳动二重性理论是阐明剩余价值来源的关键。

最后，劳动二重性理论是阐明政治经济学中许多极为复杂的问题的出发点。劳动二重性学说，不仅仅对于劳动价值学说有着重要的意义，对于其他重要经济问题也是极为重要的。它既是说明劳动价值论的钥匙，也是用劳动价值论来说明资本主义社会其他经济现象和经济过程的钥匙。它为马克思主义政治经济学的资本积累理论、资本有机构成、社会资本再生产理论、平均利润率理论、资本主义地租理论等提供了科学依据。例如不变资本和可变资本的区分，就是依靠劳动二重性理论来阐明的。运用劳动二重性理论，根据资本的各个因素在价值增殖过程中的不同作用，马克思把资本划分为不变资本和可变资本，这是马克思的功绩之一。在此基础上，才能更好地说明剩余价值是由可变资本带来的，才能更好地揭示资本家对工人的剥削程度。此外，对于社会资本再生产的问题，也与劳动二重性理论有着密切的联系。马克思依据劳动二重性理论，对社会总产品在价值上划分为不变资本（C）、可变资本（V）和剩余价值（M）三部分，进而指出在再生产过程中，这三个部分都必须在价值上和实物上得到相应的补偿，否则再生产就不能顺利进行。因此，对社会总产品的划分是研究再生产问题的一个重要理论前提，而劳动二重性对于正确分析社会总产品又是至关重要的。因此，恩格斯也认为对于劳动二重性的揭示，是"马克思最细致的分析之一"[1]，在劳动二重性问题上，马克思的见解是"在劳动发展史中找到了理解全部社会史的锁钥"[2]。

### （二）商品经济的基因发掘——价值形式理论

价值形式理论是马克思劳动价值论的一个重要组成部分，价值形式理论说明了商品价值是怎样表现出来的，因此，只有研究价值形式，才能完成对价值本身的研究。马克思认为，价值形式问题是《资本论》一书中最难懂的一部分，"除了价值形式那一部分外，不能说这本书难懂"[3]。马克思在《资本论》中运用抽象法对价值形式进行了分析，从理论上描述了人类从最初以物易物的交换到小商品生产和交换的发展过程中价值形式的演变脉络（如图1—1所示），从而建立了价值形式理论。

---

[1]    恩格斯：《不应该这样翻译马克思的著作》，《马克思恩格斯全集》第21卷，人民出版社1965年版，第273页。

[2]    恩格斯：《路德维希·费尔巴哈和德国古典哲学的终结》，《马克思恩格斯全集》第21卷，人民出版社1965年版，第353页。

[3]    马克思：《资本论》（第一卷），人民出版社2004年版，第8页。

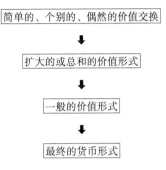

**图1—1　价值形式的演变脉络**

　　这一理论的基本内容主要包括以下几个方面：

　　第一，关于价值和价值形式的对立统一。关于价值和价值形式之间的关系，马克思在《政治经济学批判》当中蕴含了这一思想，但是在表述上还未能明确地加以区分，他把价值和交换价值都称为交换价值。在马克思那里，从内容上即从作为抽象劳动的表现来研究交换价值，指的就是"价值"，而从形式上，即用一种商品作为另一种商品的价值表现来研究交换价值，指的就是"价值形式"。在《1861—1863年经济学手稿》中，马克思才明确地区分了价值和价值形式，分别用"价值"和"交换价值"来表述。在《资本论》中，马克思对价值和价值形式的辩证关系进行了更为全面和充分的研究，说明了交换价值中怎样隐藏着价值，而价值又是怎样通过交换价值表现出来的，从而指出了价值是交换价值的内在本质，交换价值是价值的必要形式这一对立统一的关系。这一关于价值和价值形式关系的揭示，批判了那些认为价值可以直接由劳动表现出来等观点，为揭示价值本质开辟了道路。

　　第二，价值表现的两极，即相对价值形式和等价形式的辩证关系。这也是价值形式理论的基本内容之一。马克思在阐明价值与价值形式之间关系的基础上，进一步分析了相对价值形式和等价形式之间的辩证关系。他指出，"相对价值形式和等价形式是同一价值表现的互相依赖、互为条件、不可分离的两个要素，同时又是同一价值表现的互相排斥、互相对立的两端即两极；这两种形式总是分配在通过价值表现互相发生关系的不同的商品上"①。这就说明了相对价值形式和等价形式之间的对立统一关系。在此基础上，马克思还进一步研究了相对价值形式和等价形式。他先从质的方面对相对价值形式作了研究，揭示了相对价值形式的质的规定性，即一种商品的价值要通过另一种商品的使用价值表现出来，这一过程的实现是依赖于不同物的量作为同一单位的表现，即人类的抽象劳动。其次，他又从量的方面对相对价值形式作了分析，指出价值形式不仅要表现价值，也要表现价值量，这一价值量是通过商品耗费的必要劳动时间来衡量的，然而，价值量与相对价值量之间的变化并不完全一致。最后，马克思考察了等价形式，指出等价形式的三个特征，即使用价值成为价值的表现形式；具体劳动成为抽象人类劳动的表现形式；私人劳动成为直接社会形式的劳动。关于相对价值形式和等价形式相互关系的研究，在理论上阐明价值形式是怎样表现价值的，从而深刻揭示了价值的本质，即价值是一种社会生产关系，是商品的社会属性，它要通过与另一种商品相等的方法，通过不同商品之间的交换关系即价值形式，才能相对地表现出来。

第三，关于简单价值形式的分析。马克思认为"最简单的价值关系就是一个商品同另一个不同种的商品的（不管是哪一种商品都一样）的价值关系"②，据此他揭示出 "20 码麻布 = 1 件上衣，或 20 码麻布值 1 件上衣" 这个简单的、个别的、偶然的价值形式。马克思指出："一切价值形式的秘密都隐藏在这个简单的价值形式中。"③ 简单价值形式所阐明的原理，适用于其他任何一种价值形式，弄清楚了简单价值形式，对其他各种价值形式的理解也就迎刃而解了。

马克思先从质的分析中，揭示了人们在 "20 码麻布 = 1 件上衣" 的交换活动中相互联系又相互对峙的状态，指明了在等价形式的一边，是用劳动产品的使用价值表现另一个人的劳动产品的价值，用具体劳动表现另一种劳动产品包含的抽象劳动，用私人劳动表现他人劳动产品的社会劳动。在社会交换关系中，商品二属性的内部矛盾不断地外化为两

---

① 马克思：《资本论》（第一卷），人民出版社 2004 年版，第 62—63 页。
② 同上书，第 62 页。
③ 同上。

大商品之间的矛盾。接着，他又从量的方面分析了"20 码麻布 = 1 件上衣"的价值关系随着劳动生产率的改变而发生变化的几种情况。从质和量的双重分析中，我们不难发现这个简单的价值形式，"不仅隐藏着价值形式的奥秘，而且隐藏着商品经济的最基本原则和要求的奥秘"①，因而被称为是商品经济的文明基因。

　　"20 码麻布 = 1 件上衣"这一简单的、个别的、偶然的价值形式是伴随着社会分工和私有制在小商品经济时代出现的，但是它身上已经隐藏着商品经济文明基因的优秀遗传密码——等价交换、互惠互利、公平竞争、自愿选择。具体而言，"'等价交换'是商品经济运行的最基本原则；'互惠互利'是商品经济发展的最基本动力；'公平竞争'是商品经济维持的最基本条件；'自愿选择'是商品经济伴随的最基本精神。这些原则和精神是几千年人类文明的共同成果"②。在马克思看来，这一价值形式所承载的文明基因，意味着市场上交换双方，是以凝聚在产品中的自己的心血、劳动、汗水和希望来与别人相联系和相对峙的。产品要不要与他人交换、何时交换、怎样交换、以什么价格交换，这些都要取决于交换双方的意愿和选择，而不依赖于任何外在的力量，这就是商品经济的进步。当然，这一基因也包含着基因的缺陷，即私人劳动和社会劳动的矛盾。这一矛盾是商品经济发展的内在动力，要解决这一缺陷，需要从所有制关系和商品经济运行机制两个层面展开。从所有制关系层面，我们需要解决社会化大生产和狭隘的占有关系的矛盾；从商品经济的运行机制层面，我们需要解决宏观经济与微观经济的矛盾。这一商品经济文明基因的发掘，对于我们当前认识市场机制的"双刃剑"作用有着重大的意义。

　　第四，关于价值形式的历史发展。关于价值形式的历史演变是价值形式学说的又一基本问题，这一发展过程主要是指价值形式由简单价值形式到货币价值形式之间的演变。马克思指出，商品交换最早是以物物交换的形式出现的，与之相适应，这一阶段的价值形式是简单的或偶然

---

　　①　王维平：《商品经济文明基因与对市场机制的积极扬弃》，《科学经济社会》2008 年第 1 期，第 35 页。

　　②　同上书，第 36 页。

的形式，其基本特点是一个商品的价值通过另一个商品的使用价值表现出来。随着生产的发展，交换也变得更为经常和扩大了，与之相适应的价值形式是总和的或扩大的价值形式。这一阶段，商品的价值已经不仅仅通过一种商品的使用价值表现出来，而是通过更多起等价物作用的商品的使用价值表现出来了。随着交换的更加经常和扩大，物物交换的形式已经不能满足交换的需要了，于是逐渐分离出一种一切商品都能与之相交换的商品，即起一般等价物作用的商品。与这一阶段相适应的便是一般的价值形式，其特点在于一切商品都能同起一般等价物作用的商品相交换。伴随着交换的进一步发展，一般等价物开始固定在某一种商品上，即贵金属的自然形式上，于是货币的价值形式产生了。从等价形式上分析，以上四种价值形式的演变，是等价物的形式经历了"个别等价物——特殊等价物——一般等价物——货币"的发展过程。这就是价值形式发展的基本内容。这一分析，科学地说明了货币的起源和本质，即揭露了货币的"谜一般"的实质。它使我们认识到货币是一种特殊的商品，它执行一般等价物的职能。马克思研究价值形式的发展，就是要揭示"货币形式的起源"。对于货币来源的揭示，为我们提供了反对"货币名目论"① 和"货币金属论"② 的武器。同时，对价值形式发展的分析，还说明货币和商品生产是密切联系的，没有商品生产的发展，就不可能出现货币；同理，货币也只有在商品生产消亡之后才能消失。这为批判蒲鲁东主义和考茨基等人的货币观点③提供了理论武器，彻底解决了商品怎样、为什么变成货币的问题，阐明两者的内在联系，也就解决了古典学派所不能解决的问题。

### （三）商品经济的一般规律——价值规律学说

价值规律是理解资本主义社会经济制度的基础，所以马克思认为，如果"商品价值由其中包含的劳动量来决定"这一规律遭到破坏，那

---

① 货币名目论：割裂货币和商品之间的关系，认为货币是一种与商品没有任何联系的符号。

② 货币金属论：把货币和一定的商品贵金属等同起来，忽视货币商品同其他商品相区别的特殊社会性质。

③ 蒲鲁东主义主要认为可以在保留商品生产的条件下消灭货币；考茨基等人则认为货币同机器一样，是永恒存在的一种技术工具，否认货币的社会属性和历史属性。

么，"政治经济学的整个基础就被推翻了"①。由此可见价值规律的重要性所在。

恩格斯在为《雇佣劳动与资本》写的1891年单行本的导言中，曾指出这样一个事实：一切商品的价值都在不断地发生变动，"它们由于那些往往与商品本身的生产毫不相关的各种各样的情况的影响，忽而上涨，忽而下降，因而使人觉得价格通常是由纯粹的偶然情况来决定的"②。因此，政治经济学作为科学出现时的首要任务之一，"就是要找出隐藏在这种表面支配着商品价格的偶然情况后面，而实际上却自己支配着这种偶然情况本身的规律"③。这一规律就是我们一般意义上所讲的价值规律。价值规律的研究具有重大的意义，正如马克思在《资本论》第一卷中指出的那样，"后来科学发现，劳动产品作为价值，只是生产它们时所耗费的人类劳动的物的表现，这一发现在人类发展史上划了一个时代。"④

价值规律是指商品的价值由生产该商品的社会必要劳动时间决定。对于这一规律，古典经济学家们已经发现并给予了肯定，然而他们仅仅满足于解释商品的价值是由商品所包含的、为生产该商品所必需的劳动决定的。将价值规律的研究仅仅停留在社会劳动决定商品价值的这一层面，不去解决价值规律的表现形式或作用形式问题，劳动价值论就不能真正建立起来。马克思第一个彻底研究了劳动所具有的创造价值的特性，进一步指出并非任何生产某一商品所必需的劳动，都会在任何条件下给这一商品追加一个与所消耗的劳动量相当的价值量。他进一步研究了价值规律是怎样表现出来的、怎样贯彻下去的、发生作用的形式是怎样的等问题，这些问题也是劳动价值论的重要问题。"科学的任务正是在于阐明价值规律是如何实现的"⑤，马克思从解决价值规律的作用形式问题入手，来确认劳动价值论的。他指出，价格是以价值为基础的，但是由于

① 马克思：《剩余价值理论》（第二册），《马克思恩格斯全集》第26卷Ⅱ，人民出版社1973年版，第269页。

② 《恩格斯写的1891年单行本导言》，《马克思恩格斯选集》第1卷，人民出版社1995年版，第323页。

③ 同上。

④ 马克思：《资本论》（第一卷），人民出版社2004年版，第91页。

⑤ 马克思：《致路·库格曼（1868年7月11日）》，《马克思恩格斯全集》第32卷，人民出版社1975年版，第541页。

影响价格变动的因素是多种多样的，因此，价格经常出现与价值背离的情况。而价值规律正是通过价格同价值互相背离来实现的，因为商品价格的上下波动，商品价值才由生产该商品所花费的社会必要劳动时间所决定，价值规律才得以贯彻下去。这就是价值规律具体发生作用的形式。

马克思还进一步论证了价值转化为生产价格的理论，论证了在资本主义生产方式下价值规律怎样以生产价格的形态发生作用。在资本主义生产方式下，市场价格的波动不再围绕着价值而是围绕着生产价格进行的，这一表象掩盖了价值决定价格的基础。古典学派的经济学家由于未能探究到这一表象背后的被指，即生产价格也是以价值为前提的，因而放弃了劳动价值论或将这一表象称为例外。只有马克思指出了生产价格规律就是价值的规律，它只不过是另一种形式的规律。价值转化理论进一步论证了，价值规律不仅仅是简单商品生产的规律，也是资本主义商品生产的规律。它的方式和内涵在不同领域有不同的表现，在不同阶段也有着不同的表现。具体而言，第一，在交换领域中，它在商品经济和发达商品经济（即市场经济）的不同时代，始终表现为等价交换的规律；第二，在生产领域中，它在简单商品经济时代，表现为小生产者追求价值回归的必然性；而在市场经济时代则表现为追求价值增值的必然性（这就是被马克思发现的剩余价值规律）；第三，在不同的关系领域中，它的表现也是不同的（见表1—1）。尽管价值规律内容和形式在变化，但其本质不变。价值规律的嬗变是和商品经济或市场经济的发展相一致的。因此，价值规律是商品经济的基本经济规律。

表1—1　　　　　　　　价值规律在不同关系中的不同表现

| 不同的关系领域 | 具体表现形式 |
| --- | --- |
| 资本和劳动的关系 | 剩余价值规律 |
| 资本家之间的对抗关系 | 生产价格规律（其深层规律是等量资本等量利润规律或平均利润率规律） |
| 垄断资本家及其集团之间的关系 | 垄断利润规律（可理解为优势资本优势利润规律） |

资料来源：根据《马克思主义基本原理当代价值研究》一书的有关内容①整理而来。

①　王维平、庄三红等：《马克思主义基本原理当代价值研究》，中国社会科学出版社2011年版，第74—75页。

### （四）引发剩余价值学说的诞生——劳动价值理论

剩余价值学说在马克思主义政治经济学中的地位尤为重要，被喻为是"核心"，然而这一学说本身，又是建立在劳动价值论的基础之上的。正如恩格斯所指出的那样，"要知道什么是剩余价值，他就必须知道什么是价值"①。因此，必须以劳动价值论为基础，才能说明剩余价值是从何产生、如何产生的。马克思正是在分析劳动价值论的基础上，进一步分析了"劳动力"这一特殊商品的特殊性质，从而揭示出剩余价值的起源和本质。

在劳动价值论的分析中，马克思将劳动的一般概念区分为具体劳动和抽象劳动，并进一步指出具体劳动转移旧价值，抽象劳动创造新价值，这就指出了价值的源泉。在此基础上，他进一步分析了剩余价值的来源。要从理论上说明剩余价值的起源，关键就在于把"劳动力"和"劳动"区分开来，马克思对"劳动力"这一特殊商品的价值和使用价值的特殊性质进行了分析，指出，剩余价值来源于劳动力在使用过程中能够创造出比它自身价值更大的价值。这样就阐明了剩余价值"从何而来"。因此，马克思所建立的"雇佣劳动学说"，是理解剩余价值之谜的一把金钥匙。② 此外，剩余价值的生产、实现、分配等问题，也都是以劳动价值论作为立论和阐述的前提。针对剩余价值"如何产生"的问题，马克思指出，"资本不能从流通中产生，又不能不从流通中产生。它必须既在流通中又不在流通中产生"③。在这里，剩余价值首先是在生产领域中由工人的劳动创造出来的，从这个角度看，剩余价值不是在流通领域中产生的，但是它的产生也离不开流通领域，因为它需要的"劳动力"这种特殊商品就是在流通领域购买的。同时，剩余价值的实现也需要依赖于流通领域来卖出产品，只有通过这样的过程，剩余价值才能实现。这些关于剩余价值"从何而来"和"如何产生"的揭示，关键就在于区分了"劳动力"和"劳动"，在于在劳动价值论的基

---

① 马克思：《资本论》（第二卷），人民出版社 2004 年版，第 22 页。

② 李善明、周成启：《马克思主义政治经济学的创立》，上海人民出版社 1979 年版，第 132 页。

③ 马克思：《资本论》（第一卷），人民出版社 2004 年版，第 193 页。

础上说明了劳动力的特殊性质。

同时，劳动价值论中关于价值转化的理论还论证了，在简单商品交换转化为资本主义商品交换的条件下，以等价交换为特征的价值规律，怎样在资本主义生产过程中从商品生产所有权规律转化为资本主义占有的规律，为揭示资本主义生产方式内部隐藏着的剩余价值学说奠定了理论基础。因此，剩余价值学说实际上是劳动价值论被应用到资本主义关系上，是劳动价值论逻辑发展的必然结果。

## 二　时代化与劳动价值论的实践价值

劳动价值论是一种倡导尊重劳动、保护劳动和不断提高劳动者素质的具有重大实践价值的理论。

### （一）充分尊重劳动

劳动价值论突出了劳动的作用，它既承认了劳动与物的共性，都是人类财富的来源，也表明了劳动与物的区别，指出劳动是价值的唯一源泉。这就揭示出劳动在创造财富过程中与物的作用的区别。物在生产过程中是一个被动的因素，它是旧价值的转移；只有人的活劳动才是主动的因素，它不仅使得物化劳动转移了旧价值，而且还创造出了新的价值，这才是人类财富增加的主要来源。马克思指出，劳动"不是作为价值本身，而是作为价值的活的源泉存在……劳动作为主体，作为活动是财富的一般可能性"①。因此，对于人类的活劳动，我们要给予充分的尊重。强调劳动和劳动者的作用，对于当前建设社会主义有着重大的现实意义。社会主义初级阶段的市场经济，要充分解放和发展生产力，这就要求所有劳动都应从属于社会主义商品生产，都应从属于中国特色社会主义建设事业。凡是从事社会主义商品生产经营、推动我国生产力发展及其他有利于中国特色社会主义建设事业活动的人员，都是中国特色社会主义事业的建设者和社会主义劳动者。因此在当前的社会主义建设中，要尊重各种合法的劳动，不分贵贱，让各种劳动在财富创造中各尽其能，推动生产力的发展。

---

① 马克思：《1857—1858 年经济学手稿》（上册），《马克思恩格斯全集》第 46 卷上册，人民出版社 1979 年版，第 253 页。

### （二）充分尊重劳动者

马克思的劳动价值论突出了劳动力商品的特殊性质，指出了价值和剩余价值正是由劳动力这一特殊商品带来的。马克思指出，劳动力作为一种商品让货币的占有者资本家购买后，劳动力的所有者——工人"战战兢兢，畏缩不前，像在市场上出卖了自己的皮一样，只有一个前途——让人家来鞣"①。在资本主义生产关系下，劳动者得不到真正的尊重，仅仅被看作是资本家用货币购买来的商品而已，他的主要任务就是替资本家赚钱。而马克思的劳动价值论恰好揭示出劳动力在价值和剩余价值创造过程中的重要地位，并进而对资本家对工人无情的剥削作了揭露和批判。这一对劳动者的尊重，对当前的实践也有着重要的启迪。在社会主义市场经济条件下，我们必须区别于资本主义制度对待劳动者的态度和做法。在社会主义市场经济条件下，劳动力是有尊严的而非一般的商品。这一尊严体现在以下几个方面：第一，劳动力商品的流动虽然也必然受市场波动和供求关系的影响，但这种流动和配置是管理有序的；第二，在公有制企业里，占主体地位的社会主义生产关系决定了劳动者之间的平等关系，劳动者是企业的主人；第三，即使是在非公有制企业里，劳动者也是有尊严的生产要素，因而他和企业主之间也不能是赤裸裸的剥削关系。因此，国家和企业要通过各种途径最大限度地保护劳动者的利益，杜绝各种对劳动者的侵权行为。对劳动者的充分尊重，不仅仅意味着让劳动者获得尊严，也意味着要实现劳动者的自主劳动，使劳动者不再像"逃避瘟疫那样逃避劳动"②，使他能够在自己的劳动中找到自身。

### （三）坚持劳动人民当家作主的价值观

马克思的劳动价值论突出劳动和劳动力的重要作用，揭示出劳动力在离开表面自由、平等的流通领域之后，在隐蔽的生产场所所遭受到的不公平待遇，进而曝露出资本家赚钱的秘密在于劳动力的使用。这就唤醒了工人们对自身劳动权益的保护意识，唤醒了工人为争取合法权益而

---

① 马克思：《资本论》（第一卷），人民出版社 2004 年版，第 205 页。

② 马克思：《1844 年经济学哲学手稿》（节选），《马克思恩格斯选集》第 1 卷，人民出版社 1995 年版，第 44 页。

与资本家斗争的意识。在马克思的分析中，资本为了获取更多的增殖，"像吸血鬼一样吮吸活劳动"①，在资本家眼里，"如果工人利用他的可供支配的时间来为自己做事，那他就是偷窃了资本家"②。但是一直沉默的工人们在看到自己卖给资本家的商品——劳动力，与其他的普通商品不同（即劳动力这种商品的使用可以创造比它自身还要大的价值）的时候，他们"在疾风怒涛般的生产过程中"传出了自己声音，他们提出了正常工作日的要求，提出了要得到自身出卖的商品的价值的要求。这就体现了劳动人民当家作主的价值诉求。社会主义制度与资本主义制度的不同之处，不仅在于生产资料所有制的本质区别，也在于社会主义制度是要坚持劳动人民当家作主的价值观。这就要求要以劳动者为核心，保证劳动人民健康劳动、合理劳动、自主劳动。因此，我们在社会主义市场经济条件下，要凸显劳动人民当家作主的价值观，坚持公有制经济中劳动者在国家和企业的双重主人身份，确保非公有经济的劳动者受社会主义国家的保护。

　　总之，在经济全球化的现时代，劳动价值论启迪我们，在工业化和经济发展的道路上，必须要不断解放劳动、不断提高劳动者素质，既不能只将劳动力视为生产线上的一个部件，也不能以资本的获取作为企业和国家追逐的目标，要重视人的创造性。今天，从强调物质要素在经济发展中的作用转向重视人在经济发展中的作用，是当前经济发展的趋势，劳动者素质的提高和劳动的解放、尊重、保护状况已经成为我们必须要加以重视的问题。在马克思劳动价值论的基础上，创立适合中国实际需要的能够解放劳动、尊重劳动、保护劳动者的价值观念和有关体制，是一项具有重要实践价值的工作。

## 第三节　劳动价值论时代化的条件分析

　　一种理论要实现时代化，仅仅具有必然性和重要性还不够，必然性仅仅代表了一种趋势，重要性也仅仅代表了一种需要，然而这种趋势、

---

① 马克思：《资本论》（第一卷），人民出版社 2004 年版，第 269 页。
② 同上书，第 270 页。

需要最终能否落到实处，还需要具备相应的可能性，从而为转化为可操作的现实性提供条件。劳动价值论实现时代化的可能性就在于它具备时代化的条件。一种理论要实现时代化必须具备这样几个条件：一是这个理论本身是科学研究的成果，并得到实践的检验；二是理论所涉及的问题本身是跨越时空的根本性问题；三是理论本身所蕴含的精髓并未过时；四是该理论在当前仍然能够指导新时代条件下的问题，对后人提供着启迪和借鉴价值。只有满足这四个条件，理论才会不断地被唤醒，也才能够实现时代化，劳动价值论恰好具备了这四个条件。

### 一　劳动价值论本身是科学研究的成果

科学的劳动价值论是马克思在批判继承古典经济学派的劳动价值论基础上形成的，其形成基础，是批判与继承前人研究的成果；其形成过程，是实践与理论双向互动的研究过程；其研究方法，是历史与逻辑相统一的辩证思维方法；其发展历程，更是实践检验与理论调整相一致的进程。在前人科学研究基础上形成的劳动价值论，其本身更为厚实完善；在实践与理论双向互动中发展的劳动价值论，其本身更为贴近现实；在历史与逻辑相统一的辩证思维下得出的劳动价值论，其本身更为严谨周密；在实践检验与理论调整相一致的进程中，其本身更为科学合理。正是由于这四个因素，马克思的劳动价值论本身是科学研究的成果。这一成果的科学性体现在：第一，它不是凭个人智慧创造出来的少数人针对特殊问题提出的观点，而是经过众多学者孜孜不倦的研究得出的针对一般问题的理论；第二，它不是就理论谈理论，就理论研究理论，马克思主义劳动价值论的创始人不是坐在书房里冥思苦想的，其理论分析和研究都是建立在对社会的长期调查研究和自己社会实践基础之上的；第三，它不是零散、易变、具体观点的罗列，而是依据历史发展脉络，运用严密逻辑思维分析隐藏于现象背后的本质而形成的系统、稳定、抽象的理论体系；第四，它不是一成不变、固步自封的，而是在对任何事物和对象的肯定的理解中包含否定的理解、对任何事物和对象的状况的理解中包含有过程的理解、对任何事物和对象都理解为动态变化的理论学说。作为科学研究的成果，马克思的劳动价值论才能够在时代变迁与空间变换中经久不衰，依然保持活力。

马克思的劳动价值论之所以能够始终成为时代精神的精华，除了是科学研究的成果之外，更在于其扎根土壤和研究对象都是实践。马克思劳动价值论的产生和发展历程都离不开现实的、活生生的、发展着的实践：它在人类解放的呼唤声中，孕育了真理的精华；在可贵的社会变革尝试中，透射着真理的光芒；在时代化的伟大实践中，丰富着真理的内涵。这条形成和发展道路，是理性思想与具体实践相结合的历史进程，也是理性思想与现实发展相协调的当下课题，更是理性思想与时代脉搏相统一的未来使命。科学的劳动价值论始终把回答现实问题作为自己的主要使命。实践是理论时代化的最深刻动力，一般涉及三个方面：一是让实践检验原有理论，从中发现理论的不足和局限；二是立足现实，研究现实问题，完善和创新现有理论；三是让实践再次检验创新后的理论，从中验证理论创新的成效与不足。如此循环往复，不断推进理论创新并保持理论活力。马克思的劳动价值论也不例外，不同的是，它经受住了实践的检验：第一，敢于自我批判，修改错误观点，例如对"李嘉图经济学"的认识从"非人的科学"改变为"对现代经济生活的科学解释"；第二，善于自我扬弃，创新理论体系，如从对蒲鲁东关于商品价值问题观点①的接受到扬弃该观点，揭示出价值与价格之间的正确关系；第三，勇于自我调整，提升理论层次，如将劳动进一步划分为抽象劳动与具体劳动，进一步揭示价值的真正来源及其本质。得到了实践的检验，是劳动价值论能够实现时代化的根本条件。

## 二　劳动价值论涉及的问题并没有消失

马克思的劳动价值论产生于资本主义工业化前期和自由竞争资本主义阶段这一特定的时代背景，但是并不能就此否认它的理论地位和现实意义。因为作为一种理论不仅要解释事实、触动现实，更要能够预测未来。马克思主义较之于其他的理论更有历史和现实的说服力，就在于它的许多对未来社会的科学的大胆的预测，如真正属于人的生产的时代的

① 蒲鲁东认为，商品的价值是由生产这个商品所耗费的劳动量构成的，但是他把耗费掉的劳动量与它的价值，即工资混为一谈，因而把工资看作是决定商品价值的因素。马克思接受该观点，并认为商品的价格总是高于商品的价值，否定了价格是由价值决定的观点。

到来、人类从劳动时间的解放，工人阶级的发展等。这些现象当今都初现端倪，充分显示了科学理论的预测功能。这些科学预测及其验证使得马克思主义时代化具有了实践和认知的新条件。而作为马克思主义的重要组成部分，劳动价值论也并未因为它所处的时代，就仅仅涉及当时社会的问题。相反，它所涉及的问题时至今日仍未得到根本的解决，也仍未完全消失，这是劳动价值论能够实现时代化的首要原因。

首先，劳动价值论揭示了活劳动在价值创造过程中的重要作用，从而充分肯定了劳动在价值创造中的地位，也充分肯定了工人劳动者的地位和作用。然而，当前经济发展中，各种生产要素发挥着越来越重要的作用，尤其是科学技术的广泛应用，使得人的活劳动在生产中的地位和作用日益被掩盖和忽视。针对这一问题，有人提出用"生产要素价值论"代替劳动价值论，认为劳动价值论所揭示的"劳动是价值创造的唯一源泉"的结论已经过时，这无疑是不妥的。我们需要运用劳动价值论对这些观点加以分析和探讨，指出它们的错误，达到完善自身的目的。马克思早就预测："随着大工业的发展，现实财富的创造较少地取决于劳动时间和已耗费的劳动量，较多地取决于在劳动时间内所运用的动因的力量，而这种动因自身……取决于一般的科学水平和技术进步，或者说取决于科学在生产上的应用。"① 这就说明随着生产力的发展，活劳动尤其是直接劳动在生产中的地位和作用会发生相应的变化，甚至在量上还不如科学技术、物化的知识力量等因素重要。然而在当时，马克思就并未因此修改或放弃劳动价值论。相反，他还对"机器可以代替劳动创造价值""资本本身离开劳动可以创造价值""三位一体"公式等观点进行批判，我们在当前更没有理由重蹈覆辙，以此来反对劳动价值论。

其次，当代资本主义已经发生了新的变化，跨国公司的出现和经济全球化进程的加快，使私人资本的社会化程度有了极大的发展，但物对人的统治、资本对活劳动的支配、资本与劳动的矛盾并没有从本质上发生变化，经济危机不仅没有消失，相反以新的形式更为剧烈地在全球范

① 马克思：《1857—1858 年经济学手稿》（下册），《马克思恩格斯全集》第 46 卷下册，人民出版社 1980 年版，第 217 页。

围内周期性蔓延。由于金融经济在世界范围的兴起，货币市场从属于资本市场，金融深化衍生出了诸多的资本形式和金融工具，这使得传统意义上的价值规律无法实现。然而在这种背景下，我们更不能对劳动随意忽视，正是由于对资本的强调以及资本收益的巨大诱惑，才使得诸多的金融机构不断地推出高杠杆、高风险的金融产品，也才使得虚拟经济不断膨胀，最终压垮了实体经济的基础。我们对价值也不能掉以轻心，金融市场的波动可能使得数额巨大的"价值"流失了，进而使实体经济随之陷入困境。历史上和当前几次大的金融危机都说明了这一点。因此，劳动价值论仍然是分析和解决这些问题的方法之一，这是它能够时代化的原因所在。这也就更加说明了劳动价值论所涉及和所要解决的问题并没有消失，相反，它的形式日益隐蔽、日益多样。因而，我们在当下更要实现劳动价值论的时代化，以便更好地发挥理论解释现实、指导实践的功能。

### 三　劳动价值论蕴含的精髓并没有过时

劳动价值论之所以能够实现时代化，除了它所涉及的问题仍未消失之外，还有个基本条件便是其理论精髓并没有过时。马克思劳动价值论的精髓是以人为本，这与马克思主义以人为终极关怀是一脉相承的，回答的都是社会发展和人的解放的根本性历史难题，追求的都是人的自由而全面的发展的最终目的，构建的都是自由人的联合体的理想未来。马克思与其他经济学家不同的地方，正是从别人都止步的资本主义"可怕的现实"进行研究，阐明了雇佣劳动与资本的关系、工人的奴役地位和资本家的统治，批判了资本主义制度对工人的剥削和奴役，把劳动价值论变成了无产阶级反对资产阶级的理论武器。劳动价值论揭示了活劳动在价值创造过程中的重要作用，从而充分肯定了劳动在价值创造中的地位。人的劳动存在是社会首要的基本的存在，劳动不仅创造了人，更创造了整个世界。因而，我们理应尊重劳动。劳动价值论揭示了劳动力在剩余价值创造过程中的决定性作用，也充分肯定了工人劳动者在价值创造过程中的地位和作用，赞扬了工人劳动者在推动社会进步和经济发展过程中的巨大作用。因而，我们理应尊重劳动者，使其能够获得应有的利益。综而观之，马克思在劳动价值论中尤其重视和强调"人"

的作用，特别是直接劳动者的作用，他把劳动价值论立论的基点放在了社会大多数人的利益上，特别是为当时的弱势群体——工人寻求解放的立场上，这都是以人为本的主导思想的体现。这种思想处处渗透在劳动价值论中，因而成为了其理论的精髓。

随着经济社会的发展与进步、随着人类生存与发展危机地不断出现，人的全面自由发展是无论什么样的意识形态都无法拒斥的。从这个意义上讲，马克思劳动价值论以人为本的理论精髓仍然没有过时。它对于当前的人类发展，仍然具有十分重要的启迪。当前的经济发展过程中，出现了不尊重劳动、不尊重劳动者和劳动者利益受损的情况，针对这些情况，我们不仅要有法律法规等相关制度的保障，更要营造一种尊重劳动、尊重劳动者的社会氛围。这就需要我们坚持劳动价值论的理论精髓，真正做到以人为本，也真正让劳动者意识到自己的地位和作用，当家作主。

### 四　劳动价值论理论的意义并没有减弱

马克思的劳动价值论虽然历经一个多世纪的论战，饱受争议和质疑，但是它至今依然透射出真理的光芒，依然对现实具有重大的指导作用，尤其对当前的市场经济更是具有指导性的意义。这是因为劳动价值论是对本质层次的阐述，具备了普遍的科学价值、思想意义和方法启迪，它的许多观点在当下仍然有很强的理论张力和应用价值。

首先，劳动价值论不仅适用于资本主义社会，同样也适用于社会主义社会初级阶段。这是由于，不论是资本主义社会还是社会主义社会初级阶段，市场经济都是它们共同的基本经济体制。劳动价值论是揭示小商品经济、资本主义商品经济和社会主义市场经济内在机理和运行规律的分析工具，它包含了关于商品生产、商品交换和市场经济发展的基本理论和一般规律。马克思认为替代资本主义制度的未来社会不存在商品经济，也就不存在了商品货币关系，因而劳动价值论的历史使命就到此结束了。然而，实践证明，代替资本主义制度的、尤其是尚未经过资本主义充分发展的社会主义初级阶段，商品经济不仅不能消灭，还应该大力发展，它仍然是经济发展中一个不可逾越的阶段。因此，劳动价值论在当前社会主义市场经济条件下仍然发挥着重要作用。

其次，劳动价值论的许多观点对于当前的市场经济实践仍然具有重要的指导意义。例如，它对"劳动"概念的分析和使用，就有着重大启示。马克思曾经创造并使用了多种"劳动"的概念，比如具体劳动与抽象劳动、私人劳动与社会劳动、体力劳动与脑力劳动、简单劳动与复杂劳动、必要劳动与剩余劳动、生产劳动与非生产劳动等，这些不同的劳动概念对于当前研究劳动概念的内涵和外延，有着重要的作用。我们可以利用其基本含义进行推理和判断，从而更好地认清当前社会劳动的变化和性质的界定。又如，它关于价值本质的分析，指出价值并非是商品的自然属性，而是商品的社会属性，体现的是商品生产者之间的生产关系。这一观点对于当前认识社会主义市场经济中的生产关系、经济关系也有着一定的指导意义：我们可以更好地将人与人的关系在实践上安排为物与物的关系，更好地满足人们的需要；而在理论上则将物与物的关系还原为人与人的关系，构建和谐的社会关系。

因此，尽管时代变迁，劳动价值论的基本原理依然拥有顽强的生命力，可以实现时代化，为当前时代提供认识与实践上的指导。

## 第四节　劳动价值论时代化的基本任务

劳动价值论时代化的基本任务，至少要包括尊重理论基本前提、厘清理论来龙去脉、明晰理论核心内容、阐明理论重大意义、指明理论不足之处和丰富理论内涵创新等几个方面。

### 一　尊重理论前提

活劳动才创造价值这一基本论点，是劳动价值论的理论前提。我们在对劳动价值论进行时代化研究时，必须要尊重这一理论前提。否则就不是对劳动价值论进行时代化，而是对另外一种理论进行时代化，甚至是否定了劳动价值论。这是首先必须要做的一项基本任务，也是一条基本原则。

当前学界有些学者在价值创造问题上，混淆了价值创造与使用价值形成，把各种生产要素对财富创造的作用等同于其对价值创造的作用，因此提出了多元劳动价值论的观点，其中典型的观点有"社会劳动创造价值说""劳动整体创造价值说""生产要素创造价值说"等等。这些理论都是对价值创造源泉问题的认识存在偏差,将物化劳动也视为价值创造的源泉。这在理论前提上与劳动价值论是不相符合的,从本质上并不是在坚持和发展劳动价值论,而是否定和质疑劳动价值论。对待这些理论,我们必须与之进行学术的交流和探讨,维护劳动价值论的理论前提,进一步研究和分析劳动价值论中关于价值与财富、价值源泉与财富源泉、物化劳动在经济发展中的作用等问题,从而真正做到坚持和发展劳动价值论。

这里的对理论前提的尊重,归根到底是要坚持劳动是价值创造的唯一源泉,并在此基础上,坚持劳动价值论的理论内核。

## 二 回归理论真相

要做到尊重理论前提和挖掘理论精髓,必须有一个中间的任务环节——回归理论的真相。首先,要真正做到尊重理论前提,必须要明确劳动价值论的理论前提在哪里、是什么。要明确这个问题,不能凭空捏造或是想当然地认为,而应该回归到马克思劳动价值论最原始的论述中去寻找理论根据,正本清源。这就需要认真研读马克思主义创始人,尤其是马克思的有关论著,以马克思主义的方法论来全面把握劳动价值论的理论前提,恢复马克思的原意。需要指出的是,要全面把握马克思劳动价值论,不能仅凭只言片语断章取义地对劳动价值论加以分割,忽视前后的逻辑联系,否则就会造成对理论本身的误解。其次,要真正深入挖掘理论的精髓,也必须要追根溯源,弄清楚理论本身的内在逻辑和主要研究对象、研究结论,从而找出理论真正的精髓所在。既不能把个别结论、个别观点作为理论的精髓加以坚持,否则就犯了教条主义的错误;也不能把真正的理论精髓加以抛弃,否则就谈不上坚持和发展。因此,只有回归理论真相,才能真正做到既尊重理论前提,又能准确挖掘理论精髓,从而实现劳动价值论本身的时代化。

需要指出的是,回归理论真相,必须要系统、深入研究马克思的有关著作,除了已经形成专著的《资本论》外,还需要研读马克思的许多其他著作。因为,关于劳动价值论的众多思想,马克思未加系统、深入、集中地论述,它们是散落在马克思的著作当中的。因此,我们要尽可能地挖掘出来，并加以系统整理和科学概括，真正做到回归理论真相。

### 三　挖掘理论精髓

回归到理论真相之后，要做的一项大工程就是要深入挖掘理论的精髓所在。要做到劳动价值论的时代化，必须要"取其精华"，对其精华进行新的深入研究，继而进行丰富拓展，否则就是徒劳无功。而要做到取其精华，就必须明晰劳动价值论的理论精髓所在。

马克思的劳动价值论，主要理论内核包括以下几个组成部分：一是劳动的二重性学说，指明了劳动与商品二因素之间、劳动与价值创造之间的关系；二是关于价值本质的揭示，指明了价值的本质是相互依赖的商品生产者之间的社会生产关系，是一个社会范畴的本质；三是关于价值形式的学说，说明了商品怎样转化为货币，进而对商品和货币拜物教展开批判；四是关于价值量变化规律的学说，说明了商品使用价值和价值量与生产商品的劳动生产率之间的正反比关系；五是价值规律的学说，指明了价格围绕价值上下波动的本质，指出了价值是价格的本质和基础；六是关于价值变形的学说，进一步论证了价值转化的理论，论证了价值规律怎样在资本主义生产方式下以生产价格的形态发生作用；七是劳动力商品学说，揭示了剩余价值的来源和本质。这些都是马克思劳动价值论的重要组成部分，它们构成了劳动价值论浑然一体的体系，其中的"硬核"就是劳动二重性学说。因此，挖掘劳动价值论的理论精髓，必须要对这些理论内核作一重新梳理和明晰，尤其是对其中的"硬核"劳动二重性学说作一深入的研究。只有这样，我们才能真正做到时代化。在这一挖掘的过程中，我们并不是对其所有的内容都进行深入的解剖，而是需要对其核心的观点、结论作一分析，尤其是对其正确的部分加以阐发，这才是精髓的挖掘。

### 四　指出理论局限

任何一种理论都是时代的产物，因而，任何一种理论由于时代背景和历史任务的局限等原因，都会具有一定的时代局限性。劳动价值论也不例外，它的某些个别论断也存在着不够完善、不够清晰、不够系统等局限。例如，由于马克思对生产与非生产劳动的情形作了多种分析，然而却又没有系统地分析，因而给后人留下了极大的理解空间，也使得关于生产劳动与非生产劳动的论述存在着不够体系化的缺陷。具体而言，主要有以下几个方面：第一，关于科技劳动和管理劳动在马克思的论述中虽然有所提及，但是由于当时这两种劳动还没有像今天这样作用突出，劳动价值论关于这个问题未作集中、系统、深入的论述，因而需要进一步分析丰富。第二，关于教育文化等服务劳动是否创造价值的论断也不够一致，甚至出现对同一种服务劳动作出"可以是生产劳动，也可是以非生产劳动"①的论断。例如，马克思认为，教师的劳动对学生来说不是生产工人，但对雇用他们的教育工厂（学校）的资本家老板来说却是生产工人；演员的劳动对观众来说不是生产工人，但对雇用他们的剧院资本家老板来说则是生产工人②，等等。出现这种现象的原因，主要在于马克思较少从商品一般，而是从资本主义商品经济关系的角度分析，因而要发展马克思的劳动价值论就必须克服上述局限性。

再如，劳动价值论关于价格问题的论述较少，但价格理论，尤其是生产价格理论在目前的市场经济实践中却越来越重要，愈加凸显其作用。许多马克思主义经济学者们在对待价格决定问题上也存在认识的偏颇，认为价格决定与价值决定有着本质的区别。价值是由劳动决定的，但是价格确是由多种因素决定的，即价格决定的多元论观点。③ 马克思的劳动价值论在它所产生的时代，确实侧重研究了价值决定的问题，也研究了由价值转化而来的生产价格的问题，这些是本质层次的分析，而价格是中间层次的分析，它是价值或生产价格的货币表现。在马克思劳动价值论关于价格决定的问题的分析中，认为价格在资本主义商品经济初期是围绕着价值上下波动的；但到了资本主义自由竞争充分展开阶段，价值规律的作用形式发生了变化，这时生产价格取代价值成为市场价格波动

---

① 马克思：《剩余价值理论》，《马克思恩格斯全集》第26卷Ⅰ，人民出版社1972年版，第432页。

② 同上书，第443页。

③ 代表性的观点是晏智杰教授在《价格决定与劳动价值论》一文中的观点，他指出："价格决定是比价值决定更高层次，更带有普遍性和根本性的问题，价值决定只是价格决定中的一种，并且理应从属于价格决定的一般法则（这里的一般法则即指供求均衡价格或供求论——作者注）。"

的中心。① 然而，这并不意味着价格是由生产价格决定的，或是由供求作用决定的。相反，生产价格是价值的转化形式，而表面上受供求作用影响的市场价格更是现象层次的分析，它本质上仍是围绕着价值波动的，价值是市场价格的本质或基础。因此，当前需要进一步发展马克思主义的价格理论，从而进一步丰富劳动价值论关于价格决定问题的论述，使之不仅在本质层次的分析能够说服人，在现象层面也能够说服人。

承认并正视诸如此类的理论局限，并不会减弱劳动价值论的理论魅力。相反，这恰说明了理论本身的开放性活力和生命力所在，也说明了理论是经过社会实践得出的理论，实践向前发展了，理论本身更应该敢于自我批判、勇于自我扬弃，充分发展。

## 五　丰富理论内涵

指出理论局限并不是单纯为了强调劳动价值论的时代性问题，也并不是为了逃避对新问题、新情况的回答。相反，指出理论的局限正是为了更好地丰富理论内涵，阐发理论意义，以便应对时代的挑战，回答时代的问题。事实上，关于劳动价值论是否可以应用于其他社会形态或者可以应用到什么程度②，马克思是没有提及的，他的分析更多是以商品经济为背景的。正因为如此，我们更需要在当下结合现实情况加以分析和完善。现代市场经济向我们展示了前所未有而又纷繁复杂的经济现象，单纯依靠劳动价值论的现有理论并不能一劳永逸地解决问题。因此，除了指出劳动价值论所存在的理论局限之外，还必须正视当前市场经济中存在的种种与劳动价值论衔接不够的事实。例如，当前劳动的范围已经从物质生产领域扩展到所有社会经济部门，对于这些性质的劳动形式与价值创造之间的关系探讨，就需要根据马克思的理论原理向前发展，对新问题、新情况进行研究和解释。再如，随着科技革命的不断深入，生产方式发生了巨大的变化，机器的使用日益普遍，甚至出现了全自动化、无人化的工厂。如何正确认识物化劳动在生产领域逐渐占据主

---

① 吴易风等：《外国经济学的新进展——兼论世界经济发展的新趋势和劳动价值论》，中国经济出版社 2002 年版，第 353 页。

② 恩格斯：《反杜林论》，《马克思恩格斯全集》第 20 卷，人民出版社 1971 年版，第 216 页。

导地位的情况、如何对这一情况下价值创造源泉的"一元决定论"提出更信服的现实依据,这些都是需要进一步思考和完善的。此外,社会主义初级阶段存在的资本、雇工等现象也需要作出科学的合理解释,这种解释既要符合当前的现实,又不能违背劳动价值论的基本原理。因而,这就需要我们在尊重劳动价值论的前提下,进一步丰富理论内涵,扩大理论的空间和适用的程度,增加理论的张力。只有通过理论的创新,丰富理论的内涵,才能更好地坚持和发展劳动价值论,为我国社会主义市场经济寻求一条持续发展的道路。具体来讲,丰富劳动价值论的理论内涵,除了应该包括前文所述的理论局限所涉及的问题之外,在当前至少应该包括以下几个方面:

第一,要正确认识科技劳动、管理劳动、服务劳动等在价值创造中的作用,并进而分析当前我国社会与之相对应的劳动主体多元化的问题,例如知识分子、私营企业、教育工作者、医生等等,他们的工作与属性该如何界定?

第二,要正确认识价值创造和价值分配的问题,不仅要区别二者的不同,更要深入研究生产要素在价值和财富创造过程中的作用问题。例如,金融资本、技术等要素在当前的重要性与日俱增,它们究竟在价值形成和财富创造中起了什么作用?它们能否平等地参与分配,该如何分配?

第三,要正确认识社会主义社会劳动范畴的变化、劳动性质的变化,从而正确对待生产劳动与非生产劳动之间的界定标准问题。例如,是否创造价值的生产劳动就比不创造价值的非生产劳动地位更高、更重要?是否只有生产劳动才能归为社会主义社会的劳动范畴,才能受到国家的认可?

第四,要正确认识价值、价格与市场价格之间的关系问题,正确对待价值决定与价格决定的问题,进而认清市场价格决定的问题。

第五,要正确理解商品货币拜物教出现的历史原因和强化的现实原因,从而学会科学认识商品经济的弊端,在发展社会主义市场经济的进程中,尽力消除全部社会生活被商品货币关系绑架的状况,减少人类在文明进程中的阵痛。

# 第三章 马克思劳动价值论的发展进程

理论的形成与发展离不开特定的历史条件，劳动价值论也不例外。伴随着实践的发展和认识的深化，马克思继承与超越了古典学派的劳动价值论，逐步形成马克思的劳动价值论。只有对劳动价值论的这一发展进程进行清晰的梳理，对劳动价值论的理论内核作出阐释和归纳，才能更加有效和切实地推进劳动价值论的时代化进程。

## 第一节 古典学派的劳动价值论

### 一 威廉·配第：劳动时间决定"自然价格"

英国古典政治经济学的创始人——威廉·配第，第一次提出了劳动时间决定商品价值的原理。他说："假如一个人在能够生产一蒲式耳谷物的时间内，把一盎司从秘鲁的银矿采出来的白银运到伦敦来，那么，后者便是前者的自然价格。"[①] 配第在自然价格之外，还区分了政治价格，而他所说的政治价格就是经常发生波动的市场价格，这个波动的中心就是自然价格，因此，在这里所说的"自然价格"实际上就是商品的价值。配第通过生产谷物和生产白银的劳动的比较来确定商品的价值，说明他已经意识到劳动时间决定商品的"自然价格"，即商品的价值是由劳动创造的。配第提出了有关劳动价值论的基本命题，这是他在劳动价值论上的主要贡献，但他混同了价值和交换价值，并未形成完整的理论。

---

① ［英］威廉·配第：《赋税论献给英明人士货币略论》，陈冬野等译，商务印书馆1963年版，第52页。

## 二　亚当·斯密：既科学又庸俗的劳动价值论

古典政治经济学理论体系的创立者亚当·斯密第一个系统地论述了劳动价值论。斯密在其著作《国富论》中讨论了交换双方在以货币或货物交换他人货物过程中遵循的法则，即货物具有价值，又进一步讨论了究竟如何决定商品的相对价值，即交换价值。在这一问题的分析中，他既科学区分了交换价值和使用价值两者的概念，又研究了交换价值的真实尺度、真实价格的构成以及商品市场价格或实际价格不与自然价格相一致的原因等问题。这些问题的研究，既体现了科学的因素，但同时也包含了庸俗的因素。具体体现在以下几个方面：

### （一）关于交换价值和使用价值的区分

斯密通过对国民财富的研究揭示了交换是产生分工的倾向及其在人类普遍富裕中的作用，进而认识到交换必须遵循的法则——"货物具有价值"。斯密的"价值"概念包含两种不同的意思：一是，它能够满足人的需要，"表示特定物品的效用"，即使用价值；二是，"表示由于占有某物而取得的对他种货物的购买力"①，即交换价值。他认为，价值有时表现为使用价值，有时又表现为交换价值。这就把价值区分为使用价值和交换价值，这种区分无疑是科学和必要的。但他仅仅把这种区分看作是"有时"的表现，这就意味着他没有把使用价值和交换价值的区分当作是一种客观存在，这是不恰当的。同时，他未能正确认识使用价值和交换价值之间的关系，甚至还将之对立起来。他认为，"使用价值很大的东西，往往具有极小的交换价值，甚或没有；反之，交换价值很大的东西，往往具有极小的使用价值，甚或没有。"② 这就忽视了使用价值对交换价值的物质承载作用，也没有认识到交换价值的本质体现的是价值而非使用价值，因而也是不科学的。

### （二）关于交换价值真实尺度的分析

斯密看到物品由于具有交换价值，因而能够交换，并且对于交换价

① ［英］亚当·斯密：《国民财富的性质和原因的研究》（上卷），郭大力、王亚南译，商务印书馆2007年版，第25页。

② 同上。

值的真实尺度，斯密的认识有别于当时其他的古典经济学家。当时的古典经济学家认为，价值的决定因素或是供求关系，或是生产费用，或是商品自身的效用，即使用价值。而在斯密看来，劳动是衡量一切商品交换价值的真实尺度，"一种物品的交换价值，必然恰等于这物品对其所有者所提供的劳动支配权"①。在斯密的分析中，劳动是一切商品交换价值的真实尺度，但是商品的价值却通常不是由劳动评定的。这是因为，"要确定两个不同劳动量的比例，往往很困难"②。因此，他提出，在衡量商品价值时，更多的表面现象显示的是通过平等交换的商品量来体现。而且由于一定量的别种商品较之于一定量的劳动更容易使人理解。随着货币的介入，商品的交换价值又多依货币量来计算。然而，无论是用商品量还是用货币量来表示商品价值，都有其适用的条件和范围，它们自身的价值会发生变动。只有劳动例外，"只有用劳动作标准，才能在一切时代和一切地方比较各种商品的价值"③。因为不管是什么时候或在什么地方，只有等量劳动对于不同的劳动者才持有相等的价值；也因为只有劳动的本身价值决不变动，才可以作为估量和比较各种商品价值的最后和真实标准。斯密在这里已经认识到决定商品价值的是耗费劳动，他也正确指出了创造价值的不是某种特殊形式的劳动，而是一般生产商品的劳动。这一规律是通过大量客观事实的分析，并且舍弃各种商品交换现象间的、外部的、偶然联系而抽象出来的内部的必然联系，这是斯密在劳动价值论上的重要贡献。不过由于斯密还未能揭示劳动的二重性，因此也就不能从本源上认识使用价值与交换价值的对立统一关系。

## （三）关于商品价值构成的理论

亚当·斯密在认识劳动决定价值之后，试图对价值进行量化。他认为："一种商品价格，如果不多不少恰恰等于生产、制造这商品乃至运送这商品到市场所使用的按自然率支付的地租、工资和利润，这商品就

---

① ［英］亚当·斯密：《国民财富的性质和原因的研究》（上卷），郭大力、王亚南译，商务印书馆 2007 年版，第 27 页。

② 同上。

③ 同上书，第 32 页。

可以说是按它的自然价格的价格出售的。"① 商品按自然价格出售，即相当于它的价值。这就意味着工资、利润和地租都有一种普遍率和平均率，即工资自然率、利润自然率和地租自然率。但是在这里，斯密没有进一步揭示自然率的决定与劳动耗费之间有无关系、有何关系。因而他不能运用劳动或使用平均必要劳动或社会必要劳动时间的概念，来说明价值量的决定。此外，这里对商品价值构成决定量的分析与他在分析商品价格构成时所提出的看法也不相一致。在分析商品价格构成时，他指出价格是商品价值的外在形式，它除了用于支付原材料代价和劳动工资外，还需剩余一部分作为企业家或地主把资本或土地投入企业所得的利润和地租。这三个组成部分各自的真实价值，"由各自所能购买或所能支配的劳动量来衡量"②，不仅价格中分解为劳动的那部分的价值由劳动衡量，而且分解成为地租和利润的部分也由劳动衡量。这一分析存在着两点不当：一是认为工资、利润、地租构成了商品的价值，这是混淆了价值创造与价值分配。而且它不能把过去劳动与现在劳动、必要劳动与剩余劳动加以区分，因此不能把资本和土地在价值构成中的地位正确解释为是过去劳动的再现，也不能揭示出利润和地租的真正来源是剩余价值。二是认为一个商品的价值决定于此商品所能购买或能支配的劳动量，这里混淆了劳动产品和劳动、价值决定和价值实现、交换价值和价值等的区别。

斯密由于无法解决价值规律同利润、地租起源之间的矛盾，因而在他看来，劳动决定价值这一原理只适用于简单的商品生产时期，而到了资本主义发展的后期，商品的真实价格则变成了由工资、利润和地租三者构成，这使得他最终放弃了劳动价值论。

### 三 大卫·李嘉图：资产阶级视野下劳动价值论的最高峰

亚当·斯密由于所处时代的社会经济条件限制，因此他关于劳动价值论的分析，既有科学的贡献也有认识上的矛盾。随着社会经济的不断

---

① ［英］亚当·斯密：《国民财富的性质和原因的研究》（上卷），郭大力、王亚南译，商务印书馆2007年版，第50页。

② 同上书，第45页。

发展，社会经济问题不断积累，分析技术与方法不断改进，古典经济学的完成者大卫·李嘉图在吸收亚当·斯密价值理论的基础上，针对斯密价值认识上的矛盾，进行比较深入的分析和研究，将劳动价值论在古典经济学家视野里发展到了最高峰。

### （一）关于使用价值与交换价值的分析

李嘉图接受了斯密将价值区分为使用价值与交换价值的观点，但他不同意斯密的"没有效用的物品也有交换价值"的看法，即，"交换价值很大的东西，往往具有极小的使用价值，甚或没有"①。在他看来，"一种商品如果全然没有用处，或者说，如果无论从哪一方面都无益于我们欲望的满足，那就无论怎样稀少，也无论获得时需要多少劳动，总不会具有交换价值"②。在使用价值与交换价值之间的关系问题上，大卫·李嘉图辩证地认识了两者对立统一的关系，指明了交换价值是由生产时所耗费的劳动决定的。但是他也未能将劳动区分为具体劳动和抽象劳动，因此也不能从这个角度来认识使用价值与交换价值的辩证关系。

### （二）关于价值源泉问题的分析

在价值源泉问题上，斯密主张劳动是商品交换价值的真实尺度，李嘉图接受了这一论点，但同时他对斯密关于价值源泉的论述作了完善。他发现，斯密关于价值源泉的论述前后不一致，对价值决定树立两个标准。③李嘉图认为谷物作为标准尺度，指的不是投在任何物品生产上的劳动量，即不是在生产过程中所耗费的劳动量，而是指该物品在市场上所能交换的劳动量，即在流通领域的交换价值。这两者是不能等同的，"前者在许多情形下都是能够正确说明他物价值变动的不变标准；后者却会和与之相比较的商品发生同样多的变动"④。因此，他指出，生产

---

①　［英］亚当·斯密：《国民财富的性质和原因的研究》（上卷），郭大力、王亚南译，商务印书馆 2007 年版，第 25 页。

②　［英］彼罗·斯拉法：《李嘉图著作和通信集》（一），商务印书馆 1991 年版，第 7 页。

③　这两个标准是：一是把一切物品的大小说成是与在它们生产的过程中所投下的劳动量成比例；二是把各种物品价值的大小说成是与它们所能交换的标准尺度（如谷物）成比例。

④　［英］彼罗·斯拉法：《李嘉图著作和通信集》（一），商务印书馆 1991 年版，第 10 页。

商品时所投下的劳动量决定商品的价值。李嘉图在价值源泉问题上，始终认为价值的唯一源泉是劳动。在这里，李嘉图进一步分析劳动的涵义。他指出这里的劳动，"不仅是指投在商品直接生产过程中的劳动，而且也包括投在实现该种劳动所需要的一切器具或机器上的劳动"①，这就对过去劳动和现在劳动作一科学区分，正确揭示了二者在价值形成中的对立统一关系。不过，他未进一步解释清楚以下问题，即现在劳动创造的新价值与过去劳动创造的旧价值这两个过程如何在生产过程中相结合？资本积累与扩大再生产是怎样进行的？此外，他混淆了"劳动"与"劳动力"概念，从而无法解决劳动与资本相交换和价值规律的矛盾；他混同了"价值"与"生产价格"概念，从而无法解决等量资本获取等量利润和价值规律的矛盾。这些关键概念的混淆，导致李嘉图的劳动价值论面临着无法解决的两大难题。所以，李嘉图的劳动价值论还是不科学、不完整的。

## 第二节　马克思劳动价值论的奠基与形成

### 一　恩格斯：从否定劳动价值论到肯定劳动价值论

#### （一）早年对劳动价值论的否定与批判

恩格斯的《政治经济学批判大纲》是马克思主义政治经济学的第一篇重要文献。他在文中阐述的思想成为马克思研究经济学的初始观点，他对当时主流政治经济学的批判，也被马克思所采纳。

首先，恩格斯在研究中所采取的批判方法以及在研究中所凸显的强烈的社会观和历史观，对马克思的经济学研究产生了重要影响。在《政治经济学批判大纲》中，恩格斯对政治经济学进行了严厉的批评，认为它是"一整套成熟的官许的欺诈办法"，它"额角上就打着最丑恶的自私自利的烙印"②。从重商主义阶段公开的贪婪到自由贸易阶段新政治经济学的出现与发展，恩格斯认为在这一过程中，自由主义的政治

---

① ［英］彼罗·斯拉法：《李嘉图著作和通信集》（一），商务印书馆1991年版，第19页。

② 恩格斯：《政治经济学批判大纲》，《马克思恩格斯全集》第1卷，人民出版社1956年版，第596页。

经济学的唯一肯定的进步就是探讨了私有制的各种规律，反对垄断，但是这也不能改变它们为了维护私有制合理性的本质目的，相反它还增添了伪善的形式，"新的政治经济学，即以亚当·斯密的'原富'为基础的自由贸易学说，也同样是伪善、矛盾和不道德的"，因而"这种贸易自由的全部理论和时间都是微不足道的"①。恩格斯除了抨击斯密的《国富论》以外，还对李嘉图和穆勒等人作了更为严厉的判决。他认为，斯密他们在学术研究时所看到的是前人的一些不成体系的原理，而李嘉图他们在研究时却已经有了一套完整的学说，但是他们却没有去追究这套学说的前提，相反还为学说自圆其说。因此，在这个意义上，"李嘉图的罪过就比亚当·斯密大，而麦克库洛赫和穆勒的罪过又比李嘉图大"②。这种对政治经济学的批判方法，一开始也影响着马克思的经济学研究，使他不仅批判了资产阶级政治经济学理论中存在的矛盾，也比较了不同经济学家之间的理论。而且在很多方面，马克思的观点与恩格斯是一致的，例如，他在《巴黎笔记》中也认为国民经济学按其实质来说是致富的科学等。

其次，恩格斯对政治经济学的基本范畴作了研究，这些研究也对马克思产生了深刻的影响。第一，关于价值范畴，恩格斯认为它是因商业而形成的第一个范畴。在价值本质问题上，麦克库洛赫和李嘉图，认为抽象价值（或实际价值）是由生产费用决定的，因为它是买卖双方确定价格的基础。然而，恩格斯指出，这里不仅混淆了抽象价值和交换价值（或商业价值），而且也没有看到商品的效用（或使用价值）。"假定某人花了大量的劳动和费用制造了一种谁也不要的毫无用处的东西，难道这个东西的价值也要按照生产费用来计算吗？"③ 因此，这里就遇到了萨伊的效用论。恩格斯同样对萨伊的效用学说也作了批判，认为它忽视了生产费用或劳动。因而，恩格斯试图将这两种理论在价值本质上的混乱状态作一澄清。他指出，价值包含两个要素，即生产费用和效用，"价值是生产费用对效用的关系"，它"首先是用来解决某种物品是否

① 恩格斯：《政治经济学批判大纲》，《马克思恩格斯全集》第 1 卷，人民出版社 1956 年版，第 596 页。
② 同上书，第 599 页。
③ 同上书，第 604 页。

应该生产的问题，即这种物品的效用是否能抵偿生产费用的问题"①。恩格斯还认为如果两种商品的生产费用相同的话，那么决定它们的比较价值的便是效用了。显然，在恩格斯那里，决定价值的不仅包括生产费用，而且也包括商品的效用，这就还未真正理解价值的本质和价值决定的问题。第二，关于价值范畴的性质问题上，恩格斯否认价值的客观性。② 他认为，在私有制条件下，由于竞争的存在，抽象价值是不存在的，只存在交换价值，并且在这一过程中形成的价格与生产费用决定的价值之间是不一致的。所以得出结论，认为在竞争统治下是不存在价值的，这就否定了价值的客观性。不仅如此，恩格斯在价格范畴的历史性问题方面，也犯了一个错误。他认为，价值这个概念在私有制被消灭以后，就会"愈来愈只用于解决生产的问题"③。这种看法显然没有从商品经济的角度来考察价值，而仅仅用私有制来界定价值发生作用的范围，这与现实状况无疑是不符的。在商品经济产生以前也存在着私有制，但是那个时候还没有价值，因此不能简单地认为，价值是随着私有制而产生的，也会随着私有制的消灭而消失。

最后，恩格斯对价值理论的论述和研究也对马克思政治经济学的研究具有重要意义。恩格斯对价值问题的上述理解，尽管不是很准确，有些甚至是错误的，但是在价值理论的论述中仍包含着一些思想的萌芽。这些萌芽对于刚刚从事经济学研究的马克思，产生了直接的影响和重要的启发。例如，恩格斯虽然对于价值范畴的分析不太准确，但是他却意识到了物品的效用与价值之间的联系；他虽然对价值的本质理解存在偏差，但是他却指出了私有制条件下竞争的重要作用，看到了竞争与价值之间的关系，也看到了不能离开竞争来谈价值的事实。这些观点对马克思的劳动价值论的研究作了重要的奠基。在他的影响下，马克思对古典劳动价值论一开始是持有异议的，他批评李嘉图在研究劳动价值论的抽象方法，即李嘉图的研究是建立在抽象了的资本主义竞争这一基本假定

---

① 恩格斯：《政治经济学批判大纲》，《马克思恩格斯全集》第 1 卷，人民出版社 1956 年版，第 605 页。

② 顾海良：《马克思经济思想的当代视野》，经济社会科学出版社 2005 年版，第171 页。

③ 恩格斯：《政治经济学批判大纲》，《马克思恩格斯全集》第 1 卷，人民出版社 1956 年版，第 605 页。

的基础之上，而忽略了竞争这一前提。马克思恰恰相反，他立足于资本主义竞争开始他的研究。因此，从这个意义上来讲，恩格斯早期对于古典政治经济学的批判和对古典学派劳动价值论的否定，恰好是为马克思研究劳动价值论作了理论的铺垫。

### （二）对劳动价值论的肯定与拥护

恩格斯早年在《政治经济学批判大纲》中对政治经济学和劳动价值论都是持否定的态度，然而到了晚年他对政治经济学和劳动价值论的研究态度均有所改变，这可以从他的《反杜林论》的"政治经济学编"中得到验证。

首先，他对政治经济学有了不同的看法，不再把它看作是十足的"私经济学"，相反认为它"是研究人类社会中支配物质生活资料的生产和交换的规律的科学"①，它"首先研究生产和交换的每一个发展阶段的特殊规律"，并将其确立为"适用于生产一般和交换一般的、完全普遍的规律"②。这里就可以看出恩格斯对于政治经济学的看法较之以往有了较大的不同，至少承认了政治经济学作为一门科学的重要性和必要性，并且第一次指出了广义政治经济学的概念和它的研究对象。同时，恩格斯对于斯密等的政治经济学也有了较为客观的评价，认为它由于产生年代的限制，因而"带有那个时代的一切优点和缺点"③，并且还将其与同时代的伟大法国启蒙学者的成就相媲美。这种对政治经济学客观的评价，反映出恩格斯在对待古典学派学说的立场上，已经从一味地批判转向了批评借鉴。此外，关于政治经济学研究对象的研究，恩格斯揭示了经济学的研究领域不仅有生产领域，也包括分配领域和交换领域，这有助于运用劳动价值论进一步对分配领域和交换领域进行研究。

其次，恩格斯这一时期对劳动价值论研究的另一个重要贡献体现为他在方法论上的意义。在与杜林的论战中，恩格斯以辩证唯物主义和历史唯物主义为武器，不仅有力地批驳了杜林的有关观点，也对马克思主

---

① 恩格斯：《反杜林论》（政治经济学编），《马克思恩格斯选集》第 3 卷，人民出版社 1995 年版，第 89 页。

② 同上书，第 489—490 页。

③ 同上书，第 493 页。

义政治经济学中的许多重要原理作了分析和说明。例如，他科学地论述
了经济的决定性作用原理，批判了杜林宣扬的政治决定经济的错误观
点。他通过对资本主义生产方式的形成、资本主义发展的历史进程以及
资本主义阶级对立、贫富分化和资本主义的一切经济特点的分析，说明
了社会制度、政治压迫是以经济为基础的，也科学说明了消灭阶级和阶
级压迫的途径。在恩格斯看来，"剥削阶级和被剥削阶级、统治阶级和
被压迫阶级之间的到现在为止的一切历史对立，都可以从人的劳动的这
种相对不发展的生产率中得到说明"[1]，因而要消灭阶级和阶级压迫就
需要通过生产力的解放和发展。这一唯物主义的研究方法对于我们研究
劳动价值论也有着重要的启迪。此外，对于阶级压迫的消灭以及生产力
解放、发展的强调，也与劳动价值论最终寻求对工人奴役地位的改变和
劳动生产率的提高相吻合。

最后，恩格斯对劳动价值论的有关内容进行分析，从而不仅改变了
以往对劳动价值论的反对态度，更转向了肯定劳动价值论。他在《反
杜林论》（政治经济学编）的第五章到第七章，分别分析了价值、简单
劳动和复杂劳动、资本和剩余价值等问题，这些分析对劳动价值论有着
重要的意义。在"价值论"的章节中，恩格斯对杜林关于价值范畴、
价值决定的因素等进行了批判，指出价值并非由来自自然界的生产价
值、或由分配价值（即指垄断价格——作者注）、或由劳动时间、或由
再生产费用、或由工资等多种因素决定的，相反它只能是由制造这个产
品的劳动来决定的，是由"体现在商品中的社会必要的、一般人的劳
动"来决定的，而"劳动又由劳动时间的长短来计算"，因而，"劳动
是一切价值的尺度"[2]。这就说明了价值的本质及其决定因素。在"简
单劳动和复杂劳动"的章节中，恩格斯对于决定价值的劳动作了分析，
指出只有社会的平均劳动时间，即社会必要劳动时间，才决定价值，因
而"不必先得出一种平均的东西"[3]。而以任意一个人的劳动时间来决
定价值是错误的。相反，作为衡量商品价值的劳动，是不能有任何价值

---

① 恩格斯：《反杜林论》（政治经济学编），《马克思恩格斯选集》第 3 卷，人民出版社
1995 年版，第 525 页。

② 同上书，第 535 页。

③ 同上书，第 545 页。

的，并且每个劳动者在相同时间内生产出的商品价值也是不同的，所以
必须要以社会的必要劳动时间来衡量价值量。同时，他区分了简单劳动
和复杂劳动，两者的区别不在于工资的区别，而在于创造价值的多少。
因此，在这里，复杂劳动较之于简单劳动，区别在于，在同样的时间内
它能创造更多的价值，是一种比后者价值高出数倍的商品。但是这种创
造价值的不同与工资报酬的不同是两个不同的问题，要分开研究，不能
混为一谈。在"资本和剩余价值"的章节中，恩格斯强调了剩余价值
的来源和本质，指出是劳动力这种特殊的商品带来了剩余价值。劳动力
与劳动不同，劳动没有价格，但是劳动力"一旦变成商品，就获得一
种价值"①，这种价值就是由生产和再生产劳动力所必需的劳动时间决
定的。占有资本的资本家正是购买了这种特殊商品，并支付给他们劳动
力的价值，然而却让他们工作超出生产和再生产自身所必需的劳动时
间，从而无偿地占有了超出劳动力价值的剩余价值。这就是剩余价值的
来源和本质。这些观点，对于劳动价值论起到了极大的丰富和完善的作
用，也表明了恩格斯已经从一开始的对劳动价值论的否定转向了对劳动
价值论的肯定。

### （三）恩格斯晚年对劳动价值论的研究

这一时期主要指的是马克思逝世以后，针对许多资产阶级经济学家
对马克思劳动价值论的否定和质疑，恩格斯展开了相应的批驳。当然，
这一时期的批驳，不是为了片面地维护马克思主义经济理论的权威性，
而是为了维护马克思主义经济理论的科学性。因而，这一时期，恩格斯
更多地以严谨、求实的态度来进行马克思主义经济理论（包括劳动价
值论）的研究，同时也注意纠正马克思主义经济理论的绝对化倾向。
这一时期对马克思主义经济理论的批判观点，主要集中在两个方面：一
是认为马克思剽窃约翰·卡尔·洛贝尔图斯—亚格措夫的观点的言论；
二是针对生产价格理论的论争。② 针对前一个问题，恩格斯意识到这不
是单纯的学术论争，而是一种质疑马克思经济理论的科学性的言论。因

---

① 恩格斯：《政治经济学批判大纲》，《马克思恩格斯全集》第 1 卷，人民出版社 1956
年版，第 548 页。

② 顾海良：《马克思经济思想的当代视野》，经济科学出版社 2005 年版，第 213、
215 页。

此，他旗帜鲜明地进行了有力的驳斥。他首先指出，马克思在《1844年经济学哲学手稿》中已经搞清了有关劳动价值论和剩余价值学说的基本问题，而这比洛贝尔图斯要早了十几年，因此"剽窃"一说从时间上无从说起；其次，他还指出，洛贝尔图斯的观点也不是他自己的独创，早在他的著作《关于我国国家经济状况的认识》出版的20年前，已经有一些英国社会主义者得出了类似的结论；最后，洛贝尔图斯对李嘉图学说的运用，并没有较之以前的经济学家有何创新之处。因此，从这些方面看，马克思的经济理论根本没有"剽窃"洛贝尔图斯的观点。针对第二个方面，即生产价格理论的质疑，恩格斯则是采取科学严谨的态度与阿基尔·洛里亚进行论证。恩格斯认为价值与生产价格的转化问题所涉及的，"不仅是纯粹的逻辑过程，而且是历史过程和对这个过程加以说明的思想反映，是对这个过程的内部联系的逻辑研究"[1]。对于这一转形问题的研究必须到资本主义商品经济的历史发展中去寻找答案。当然，恩格斯并没有为了维护马克思经济理论的科学性，就将其绝对化，相反，他一直坚持马克思已有的理论必须随着现实经济关系的发展而不断补充和完善。因此，他根据马克思《资本论》第三卷的手稿而作了《价值规律和利润率》的增补，从而对包括洛里亚等在内的资产阶级经济学家们关于价值和生产价格之间的问题作了批驳，也对这一转形问题作了补充和完善。

## 二　马克思：从接近劳动价值论到科学发展劳动价值论

### （一）从对劳动价值论的异议到拥护

马克思并不是一开始就支持劳动价值论的，相反，他对劳动价值论的认识经历了一个从异议到拥护、从拥护到发展的转变过程。这一过程是伴随着他对社会现实经济关系的深刻认识过程，在对哲学和政治经济学的科学研究中实现的。对于马克思实现劳动价值论科学化过程的阐述，将有利于我们把握劳动价值论科学化的精髓及其意义，对于现时代发展和创新马克思劳动价值论有着深刻的启示。

---

① 恩格斯：《〈资本论〉第三卷增补》，《资本论》（第三卷），人民出版社2004年版，第1013页。

1.《巴黎笔记》时期对劳动价值论的异议

1843 年底，马克思在巴黎开始政治经济学的研究。他研读了大量的政治经济学文献，包括亚当·斯密和大卫·李嘉图的著作，也包括当时正活跃在欧洲经济学界的弗·李斯特、麦克库洛赫等人的著作。1845年 11 月离开巴黎前，马克思已经写了 7 本涉及政治经济学原理、政治经济学史、政治史和现实经济问题的笔记，这些笔记后来被称作《巴黎笔记》①。这些笔记中关于经济学的研究主要包括 5 本笔记，它们一方面是摘自英法等国的经济学家，如斯密、李嘉图、麦克库洛赫、穆勒、萨伊等的著作；另一方面则是摘自德国经济学家舒兹、李斯特、奥锡安德等的著作。主要内容涉及：一是对国民经济学的性质的认识，这与恩格斯的观点相一致，认为"国民经济学按其实质来说是致富的科学"；二是对资产阶级经济学的科学性提出了质疑。这一时期，马克思还没有在经济学研究中发现和揭示古典经济学中蕴含着的唯物主义观点②，对于古典经济学派与萨伊等的庸俗经济学还没有区别开来，认为要想在维护私有制的资产阶级政治经济学中找出科学的东西，完全是一种幻想。他以此为出发点对古典经济学进行了人本主义的批判，李嘉图的经济学甚至被他称为"非人"的科学。因此，在《巴黎笔记》时期，马克思基本上还没有理解古典经济学的科学价值即古典经济学的历史本质，特别是劳动价值论。

---

① 恩格斯在 1890 年的《资本论》第一卷德文第四版的"序言"中第一次把马克思在这一时期所写的笔记称为《巴黎笔记》，这些笔记没有明确的日期，一共有七本小册子，主要内容包括：第一部分关于勒奈·勒瓦瑟尔的摘录及对亚当·斯密《国富论》摘录的笔记；第二部分关于萨伊的《论政治经济学》和《实用政治经济学教程》的摘录及对弗雷德里克·斯卡尔培克的《社会财富的理论》的摘要；第三部分关于斯密摘录的开头部分；第四部分则是对色诺芬五本小册子（包括《论拉西提蒙人的宪法》《论雅典人的宪法》《论雅典人的国家收入》《论理财之道》《僧侣或统治者的生活》）的摘录以及李嘉图的《政治经济学和赋税原理》、穆勒的《政治经济学原理》；第五部分是关于麦克库洛赫的《论政治经济学的起源、发展、特殊对象和重要性》一书以及在书后的附录《李嘉图体系的概述与评论》，还包括了特拉西的《意识形态原理》和恩格斯的《国民经济学批判大纲》等的摘录；第六部分是关于舒兹《政治经济学原理》的摘录、李斯特的《政治经济学的国民体系》的摘录，以及亨利希·弗里德里希·奥锡安德的《公众对商业、工业和农业利益的失望》与《论各民族的商业交往》两本书的摘录，还有李嘉图著作的摘录和笔记；第七部分是关于欧仁·毕莱《论法国工人阶级的贫困》（巴黎版）第一卷的摘录、黑格尔《精神现象学》一节的摘录等。

② 张一兵：《回到马克思》，江苏人民出版社 1999 年版，第 177 页。

　　在马克思刚刚开始学习和研究经济学的过程中，他忽视了"最有可能生发出科学的社会主义理论基础的劳动价值论"[①]。他不仅否定李嘉图的"商品价值的基础是由其生产中所耗费的劳动量构成"的观点，也反对李嘉图建立在劳动价值论基础上的利润和地租理论，认为利润和地租不是包含在商品价值之中，而是商品的出售价格超过自身价值的余额。这一时期马克思对劳动价值论的异议，主要基于以下几个方面的原因：

　　一是在研究方法上，马克思当时还没有形成唯物主义历史观的研究方法，而是用自然唯物主义的现象论来对社会唯物主义的本质论加以否定导致的。这与他当时批判黑格尔式的唯心主义"抽象"，而立足于费尔巴哈的自然唯物主义的"感性"具体有关，因此，他也反对经济学研究中的"抽象"。而古典经济学家们恰好是运用了这种抽象的研究方法，没有考虑到竞争等现实的因素，从而抽象出"价值"这一概念。因此，马克思认为在这种抽象基础上得出的价值概念是没有实在意义的，只有为竞争所决定的市场价格才是实在的。

　　二是在这一时期，为了批判维护私有制的资产阶级政治经济学，马克思把空想社会主义和空想共产主义学说，包括蒲鲁东的学说在内，均视为资产阶级政治经济学的对立物，因而对他们的观点也均加以接受。例如马克思就接受了蒲鲁东在《什么是财产？》一书中关于商品价值问题的观点。蒲鲁东认为，生产商品所耗费的劳动量构成了商品的价值，但是他把耗费掉的劳动量与它的价值，即工资混为一谈，因而把工资看作是决定商品价值的因素。他据此得出这样的观点，即在资本主义制度下由于资本家把他的利息加到商品价值上，所以就使商品的出售价格高于由耗费掉的劳动量构成的生产费用，即高于价值。[②] 马克思当时也深受这一结论的影响，认为要是商品出售的价格等于由所耗费掉的劳动量所构成的生产费用，即价值，那么现实中就不可能存在利润和地租了，而实际情况并非如此。因此，马克思认为，商品的价格总是高于商品的

---

　　[①] 张一兵：《青年马克思〈巴黎笔记〉的文本结构与写作语境》，《宁夏社会科学》1998 年第 6 期，第 15 页。

　　[②] 沈志求：《马克思劳动价值论形成过程研究》，河南人民出版社 1983 年版，第 6 页。

价值。这就否定了价格是由价值决定的观点。

三是在具体观点上，马克思当时研读了恩格斯的《政治经济学批判大纲》一书，对摘录的意见是"追随恩格斯的，有时甚至逐字都追随着恩格斯"①，因此，他当时对恩格斯关于政治经济学、关于劳动价值论的分析表示赞同，接受了恩格斯的观点。他和恩格斯一样，认为在私有制和为私有制所制约的竞争的统治下，劳动决定价值，就是意味着从私有制和竞争抽象出来，而在私有制和竞争的条件下，市场价格现象是否定劳动价值的。此外，他也和恩格斯一样，指责李嘉图、穆勒等人把价值取决于耗费掉的劳动所构成的生产费用看作是规律，"把生产费用作为决定价值的唯一因素来描述时，穆勒——完全和李嘉图学派一样——犯了这样的错误：在表述抽象规律的时候忽视了这种规律的变化和不断扬弃，而抽象规律正是通过变化和不断扬弃才得以不断实现的②"。因而，在这一时期，马克思、恩格斯认为，价格与价值的相背离和价格围绕价值波动是对价值的否定，"现实价值"是由竞争和供求关系来决定的。这就使得马克思还不能真正揭示价值的本质，因而失去了从劳动价值论翻转过来现实地否定资本主义的科学方向。

总之，马克思在《巴黎笔记》时期对劳动价值论采取的是否定的态度，但是他并没有将这作为最后的判决，他同时指出，对于价值问题还需要作进一步的探讨。而这进一步的探讨则依赖于唯物史观的创立所带来的重大转折。

2. 《神圣家族》《德意志意识形态》时期的重大转折

马克思对劳动价值论从异议走向拥护的转折是到了19世纪40年代中期才实现的。这一时期，他和恩格斯合著了《神圣家族》和《德意志意识形态》两部哲学著作。伴随着这两部著作的问世，唯物主义历史观得以创立，这就为政治经济学的研究提供了世界观和方法论，因而也使得马克思对劳动价值论的看法有所转变。

在马克思对劳动价值论从否定转向肯定的过程中，《神圣家族》一

---

① ［苏］卢森贝：《十九世纪四十年代马克思恩格斯经济学说发展概论》，生活·读书·新知三联书店1958年版，第54页。

② 马克思：《詹姆斯·穆勒〈政治经济学原理〉一书摘要》，《马克思恩格斯全集》第42卷，人民出版社1972年版，第18页。

书具有重要的意义。首先，这部著作是马克思、恩格斯为了批判鲍威尔兄弟等青年黑格尔派写的，由此形成了辩证唯物主义学说，但在其中，也渗透着历史唯物主义的基本观点。例如，马克思提出的劳动群众是人类历史的真正创造者的原理。这些观点的提出，使得马克思在劳动价值论研究的道路上迈出了重要的一步。其次，在《神圣家族》中，马克思开始对商品的范畴作出了完整的认识。他在批判鲍威尔的过程中指出，鲍威尔"不知道物品的价值和该物品所给予别人的东西是两件完全不同的事物"①，这在事实上已经把价值和使用价值区别开来，即商品的使用价值在交换过程中会实现转让，即从卖者转到买者手里，但是商品的价值则不会发生这种转让。这就表明，马克思已经承认了商品是具有内在价值的，这是从《巴黎笔记》到《神圣家族》的一个重大转变。马克思正是在承认商品具有内在价值的基础上，进一步研究价值的决定问题的。再次，在《神圣家族》中，马克思在驳斥埃德加尔·鲍威尔对蒲鲁东著作的歪曲时，提出了关于价值问题的新看法。他说："生产某个物品所必须花费的劳动时间属于这个物品的生产费用，某个物品的生产费用也就是它值多少，即它能卖多少钱（如果撇开竞争的影响）。"②即马克思认为，如果不考虑竞争的因素，价值取决于生产费用。这些观点表明，尽管马克思还没有将价值的本质准确地揭示出来，但是他已经认识到生产费用包含着劳动时间的因素，一个物品的价值又是由包含劳动时间因素的生产费用决定的。当然，在这里，马克思还没有指出劳动是决定价值的唯一因素，而仅仅揭示出它是价值决定的因素之一。但这比在《巴黎笔记》中由于竞争（或供求关系）而使市场价格背离价值而否定商品的内在价值前进了一步，至少表明马克思在价值问题上已经有了观点的过渡。最后，在《神圣家族》中，马克思把用劳动时间来衡量价值与私有制的废除联系到一起，这也是他与蒲鲁东的不同之处。他认为，在废除私有制之后，劳动时间就将对价值的形成起决定性的作用。由此可见，马克思在《神圣家族》一书中对劳动价值

---

①　马克思、恩格斯：《神圣家族》，《马克思恩格斯全集》第 2 卷，人民出版社 1957 年版，第 58 页。

②　同上书，第 61 页。

论的看法有了很大的改变，已经转向了劳动价值论。

这一时期，除了《神圣家族》这一著作之外，不得不提的还有另一部著作，这就是《德意志意识形态》。这部著作在马克思、恩格斯生前未能出版，但是它的历史功绩却不容抹杀。可以说，区分马克思经济思想演化过程的前科学时期和科学时期的代表作就是这部著作了。在科学的劳动价值论的形成过程中，这部著作也具有重大的意义，主要有以下几个方面：一是在方法论意义上，它不仅为马克思劳动价值论的形成提供了方法论的基础，即历史唯物主义，还为经济现象的考察找到了一条从现象背后揭示出本质的途径。《德意志意识形态》一书把辩证唯物主义原理推广到社会历史领域，全面系统地阐述了历史唯物主义的基本原理。在这些基本原理的阐述中，马克思第一次提出了生产力和生产关系之间的辩证关系，因而使得生产关系成为了他研究的对象，也才使得隐藏在物的形式之下的人与人之间的关系得以呈现，使得无产阶级和资产阶级的对立关系得以揭示。这就使得政治经济学包括劳动价值论的研究能够得到正确方法论的指导。回顾马克思的经济思想过程，可以看到，马克思对劳动价值论理解的重大转变，除了建立在深刻理解古典政治经济学的基础之外，更建立在唯物史观的基础之上——唯物史观的创立是马克思实现这一重大转变的哲学基础。承认劳动价值论，是唯物史观在政治经济学领域运用的必然延续；劳动价值论上的科学革命也进一步检验和证明了唯物史观。二是在具体态度上，它使得马克思对劳动价值论的评价发生了质的变化。在此之前，马克思对劳动价值论持否定和质疑的态度，而在这部著作中，马克思以唯物史观的方法来分析物质生产过程，透过现象揭示出价值的本质，从而最终肯定并形成了科学的劳动价值论。马克思在同无政府主义的小资产阶级知识分子施蒂纳的论战中指出，"在竞争的领域中面包的价格是由生产成本决定的，而不是由面包师任意决定的"[1]，"至于金属货币，则完全是由生产成本即劳动所决定的"[2]。这就不再因为看到竞争使市场价格偏离价值而否定商品的

---

[1]　马克思、恩格斯：《德意志意识形态》，《马克思恩格斯全集》第 3 卷，人民出版社 1960 年版，第 430 页。

[2]　同上书，第 466 页。

内在价值，相反，他承认了商品的价格是由生产费用决定的，而这里的生产费用又是由生产某种商品所耗费的劳动量所构成的，这就承认了劳动对价格乃至对价值的决定作用。并且在这部著作中，马克思已经不再将工资、利润、地租等看作是商品出售价格中超出商品价值的余额，而是看作工人在生产活动中所创造的价值——这是它较之于《神圣家族》又向科学的劳动价值论迈进的重要一步。

3. 《哲学的贫困》时期对劳动价值论的拥护

19世纪40年代末期，马克思在《哲学的贫困》一书中，完全克服了他在《巴黎笔记》和《神圣家族》中关于价值问题的错误观念，承认了劳动价值论，奠定了剩余价值论的基础，从而实现了劳动价值学说和唯物史观的统一。

首先，在书中，马克思对李嘉图的理论重新评价，此时的马克思已经肯定了古典经济学的科学性，对劳动价值论也不再是一般的承认，而是完全站到了李嘉图的立场上来了。对李嘉图的价值理论从否定到肯定，表明了马克思对劳动价值论已经转到拥护的立场。他用李嘉图的理论来反对蒲鲁东的价值理论，认为李嘉图的理论是"对现代经济生活的科学解释"，而蒲鲁东的价值理论则"是对李嘉图理论的乌托邦式的解释[①]"。具体来讲：其一，李嘉图立足于资产阶级生产的实际运动，从现实的经济关系中得出他的理论公式，而蒲鲁东则脱离现实，完全凭任意的假设在头脑中发明新公式，再以一些孤立的经济事实加以歪曲作为例证。因此，可以说李嘉图是社会唯物主义，蒲鲁东是唯心主义。其二，两者的出发点不同，李嘉图从现实社会出发研究价值构成，蒲鲁东却从构成价值出发来构成一个新的社会世界，这明显是本末倒置的表现。其三，在李嘉图看来，"劳动时间确定价值是交换价值的规律，而蒲鲁东却认为这是使用价值和交换价值的综合[②]"。马克思虽然以李嘉图的理论为依据来批判蒲鲁东的价值理论，但是这并不意味着他对于商品价值问题的论述就完全照搬李嘉图的观点，甚至没有比李嘉图的观点

① 马克思：《哲学的贫困》，《马克思恩格斯全集》第4卷，人民出版社1958年版，第93页。

② 同上书，第92—93页。

胜过多少。相反，他研究劳动价值论是要证实价值与资本主义生产方式的基础存在着密切的关系①，从而在驳斥资产阶级政治经济学和完成劳动价值论的科学化进程中迈出重要的一步。例如，马克思依据李嘉图的劳动价值论，认为"劳动的相对价值或工资也由生产工资所必需的劳动量来决定"②，但是他进一步指出了正是由于工人出卖给资本家的劳动的价值是工资的最低额，所以，"由劳动时间衡量的相对价值注定是工人遭受现代奴役的公式，而不是蒲鲁东先生所希望的无产阶级求得解放的'革命理论'"③，工人遭受着资本主义制度的剥削。据此，马克思分析了劳动时间作为价值尺度与现实中存在的阶级对抗（或工人与资本家之间的"等价交换"）之间的矛盾。这就不仅仅指出了价值的本质和来源，也指出了工人被剥削、被奴役的现实状况，从而为无产阶级的解放提供了理论的武器。这是李嘉图没有做到的。又例如在简单劳动和复杂劳动的分析上，马克思依据李嘉图关于复杂劳动是简单劳动的倍加的观点，批判了蒲鲁东的"一个人的劳动和另一个人的劳动如果数量相等，则二者也是等值的"观点。但是，马克思还进一步考察了复杂劳动和简单劳动的问题，作出了比李嘉图更为深刻的论述。他指出，人与人的劳动伴随着资本主义生产方式的发展，各种不同的劳动逐渐趋于一致，这时，人们之间劳动就是可以用劳动数量来衡量了，而不用考虑劳动的质量了，但是，"这种劳动的平均化并不是永恒的公平，它只不过是现代工业的一个事实"④。类似这样的例子不胜枚举，因而不能因为马克思肯定了李嘉图的理论，就以此忽视了马克思在理论上的深入研究和创新。

其次，《哲学的贫困》一书就是为了批判蒲鲁东的理论⑤而写的，马克思在书中，对蒲鲁东进行了一系列的批判，这些批判使得他对于劳动价值论有了更深刻的认识。具体表现在：

---

① 顾海良：《马克思经济思想的当代视界》，经济科学出版社 2005 年版，第 180 页。

② 马克思：《哲学的贫困》，《马克思恩格斯全集》第 4 卷，人民出版社 1958 年版，第 94 页。

③ 同上书，第 95 页。

④ 同上书，第 97 页。

⑤ 1846 年，蒲鲁东发表了《经济矛盾的体系、或贫困的哲学》一书，充分暴露出他的小资产阶级的观点，因此，马克思在《哲学的贫困》一书中对他的观点进行了彻底地批判。

第一，批判了蒲鲁东关于交换价值起源的看法。蒲鲁东认为，交换价值起源于分工与交换，而分工与交换则是"向别人，即向各行各业中他的合作者建议"① 的产物，有了这种建议，才有了鲁滨逊式的孤立个人走向交换世界，从而才出现了价值。马克思对蒲鲁东这一不顾历史发展和交换价值起源的事实所作的纯粹主观唯心主义的解释进行了批判。蒲鲁东没有对这种基于"建议"方式实现的交换进行研究，既没有研究这种建议提出的原因，也没有研究为什么合作者就会接受这种建议等问题，因此他，"只是给交换这一事实盖了历史的印记，把交换看做急欲确立这种交换的第三者可能提出的建议"②。

第二，批判了蒲鲁东关于交换价值和使用价值的关系的观点："（1）使用价值和交换价值构成'惊人的对照'，形成互相对立；（2）使用价值和交换价值呈反比，互相矛盾；（3）无论是两者的对立或是矛盾，经济学家都既没有看出也不认识……"③ 在这里，马克思首先是引用西斯蒙第和罗德戴尔在各自著作④中的观点来反驳蒲鲁东的第三点结论，即经济学家都没有看出也不认识交换价值和使用价值之间的对立和矛盾关系。其次，马克思驳斥了蒲鲁东撇开需求因素谈交换价值与使用价值之间的关系，将交换价值等同于稀少、需求，将使用价值等同于众多、供给的观点。他强调"供给并不只是代表效用，需求也不只是代表意见"⑤，因为供求双方不是出于单一的、不变的位置，他们既是供给者也是需求者，这就不能把供给和效用、需求和意见混为一谈，否则就不能科学地说明交换价值和使用价值之间的关系。最后，蒲鲁东把自由的购买者和自由的生产者对立起来，认为正是人的自由意志引起了使用价值和交换价值之间的对立。针对这一观点，马克思指出，斗争的发生不是在效用和意见之间，而是在出卖者所要求的交换价值和

---

① 马克思：《哲学的贫困》，《马克思恩格斯全集》第 4 卷，人民出版社 1958 年版，第 79 页。

② 同上书，第 79 页。

③ 同上书，第 81 页。

④ 这里的著作指的是西斯蒙第的《政治经济学概论》和罗德戴尔的《国民财富的性质和起源的研究》两部著作，具体的观点可参见《马克思恩格斯全集》第 4 卷，第 81 页。

⑤ 马克思：《哲学的贫困》，《马克思恩格斯全集》第 4 卷，人民出版社 1958 年版，第 85 页。

购买者所提出的交换价值之间。这就说明了使用价值和交换价值之间的矛盾和对立不是由人的自由意志引起的，相反是由现实经济生活中生产费用和竞争导致的，"交换价值就是这个斗争的产物"①。

第三，批判了蒲鲁东关于"构成价值不过是体现在产品中的劳动时间所构成的价值"的观点。按照蒲鲁东关于构成价值的观点，必然会得出以下两个结论：一是"一定的劳动量和同一劳动量所创造的产品是等价的"；二是"任何一个劳动日和另一个劳动日都是相等的……因而，在劳动量相等的前提下，交换是在完全平等的基础上实现的。"②这种观点本质上就是把劳动时间作为价值尺度。马克思针对这种观点作了批判，他首先指出，若是要保证这种由劳动时间来衡量价值的产品交换的结果是完全平等的，必须要先假定平等分配在交换以前就存在了，而这种假定无疑是没有根据的。其次，他分析了复杂劳动和简单劳动之间的区别，强调不同个人的不同劳动日价值是不等的，若要使用劳动价值时间来衡量价值，需要一个可以比较不同劳动日价值的尺度表，即竞争。这里就说明了在使用劳动时间作为尺度的时候还必须考虑到质的差别，若要真正做到只考虑数量的因素，那么这必须要到将来的时代才有可能实现。在这些分析的基础上，马克思最后说明了，"用劳动价值来确定商品的相对价值……是在循环论证中打转，这是用本身还需要确定的相对价值来确定相对价值"③，因此，价值的尺度只能是劳动，而不能是劳动价值。在这一批判的过程中，马克思坚持了劳动决定价值的基本原理，认识到产品的相对价值恰好是由包含在产品中的劳动量来决定的。

第四，深刻论述了价值决定的社会性，批判了蒲鲁东关于"劳动时间先天决定交换价值"的论点。关于商品价值的决定，蒲鲁东认为只要用产品中所包含的劳动量来衡量产品的相对价值，供求就必然会达到平衡。针对蒲鲁东价值理论的这一观点，马克思强调这是本末倒置的说法。包含在产品中的劳动量恰好能够确定产品的相对价值的情况，只

---

① 马克思：《哲学的贫困》，《马克思恩格斯全集》第 4 卷，人民出版社 1958 年版，第 87 页。

② 同上书，第 93 页。

③ 同上书，第 98 页。

有在供求互相均衡的时候才能产生。另外，蒲鲁东还建立了供求之间的"比例性关系"，实现商品的价值按照劳动时间"构成的价值"进行交换。这实际上是把关系弄颠倒了，马克思用了一个形象的比喻对蒲鲁东这一颠倒因果关系的行为作了说明，他说："一般人都这样说天气好的时候，可以碰到许多散步的人；可是蒲鲁东先生却为了保证大家有好天气，要大家出去散步。"① 因此，按照他的"劳动时间先天决定交换价值"论点得出的结果必然是：今后产品的交换应当完全按照耗费其中的劳动时间来进行，"不论供求关系怎样，商品的交换应当永远像商品的生产量完全适合需求那样来进行"②。马克思认为经济现实中不存在"劳动时间先天决定交换价值"的情况，因为商品的价值由劳动时间决定这一现象总是社会的，它总是要同一定的供求状况相联系的。他指出，蒲鲁东建立的供求的"比例性关系"（即一种产品在生产总和中所占的比例）根本不决定于产品按照相等于生产费用的价格的出售，相反只有供求的变动才告诉生产者，应当生产多少的某种商品才可以在交换中至少收回成本，"这种变动是经常的，所以资本也就不断地出入于各个不同的工业部门"③。因此，承认劳动时间决定价值的前提条件是必须承认供求的变动达到均衡，并使劳动时间成为价值尺度。

第五，批判了蒲鲁东关于经济范畴的看法。一方面，马克思批判了蒲鲁东随意臆造经济范畴并认为这些范畴是永恒的观点。他指出，经济范畴是具有客观性和历史性的，它们不能随意捏造而要从经济关系本身的运动中去研究得到。经济范畴表现的是特定历史时期客观存在的生产关系，因而它们"不是永恒的……是历史的暂时的产物"④。另一方面，马克思还批判了蒲鲁东臆造经济范畴顺序，割裂经济范畴之间关系的做法。在他看来，每一个社会中的生产关系是一个统一的整体，不能用政治经济学的范畴来构筑某种思想体系的大厦，否则就是割裂了社会体系的各个环节；他也阐明了经济范畴之间的内在联系和矛盾，指出各个经

---

① 马克思：《哲学的贫困》，《马克思恩格斯全集》第4卷，人民出版社1958年版，第102—103页。

② 同上书，第103页。

③ 同上书，第105—106页。

④ 同上书，第144页。

济范畴之间是相互联系、相互作用的。因此，不能脱离生产关系整体的内部联系来理解经济范畴和安排它们的顺序。这是对经济范畴唯物史观的考察，这种考察方式成为马克思在经济学研究中的重要基础，也成为了劳动价值论科学化的重要基础。

当然，总体上看，马克思在《哲学的贫困》中对蒲鲁东的批判是正确的，但是在理论深层还存在着一些不足。正如前东德经济学家图赫舍雷尔所说的，这一时期的马克思论证经济理论问题的主要依据还是李嘉图的理论，因此，"在许多个别问题上有着李嘉图的正确的和错误的理论观点"①。这些不足之处主要集中在：第一，关于价值的分析主要集中于量的分析，还未对价值进行质的分析（价值质的分析一直到了《政治经济学批判》一书中才得到真正的解决），这主要是因为马克思还没有论及形成价值的劳动所特有的社会性质，也还没有揭示出劳动的二重性。第二，此时的马克思还没有严格区分价值与交换价值、交换价值与价格以及价格与市场价格等概念，还没有弄清由劳动时间决定的价值与其变相的表现形式（资本主义的生产价格——作者注）之间的差别。因此他对于李嘉图的观点不加批判地接受了，这就使得他的理论还不够完善和科学，在许多个别问题上（包括李嘉图的货币数量论、地租理论以及一般利润率问题）也都存在错误。例如，他接受了"劳动价值"或"劳动自然价格"的概念，认为价值由生产费用或劳动时间的最低额决定。第三，马克思此时还未能正确区分劳动和劳动力，也未能正确区分劳动力商品的价值和使用价值，认为工人出卖的商品是劳动，而不是劳动力，这就不能去解决资本与劳动的交换如何同价值规律相符合的难题。

虽然这一时期，马克思还未能建立科学的劳动价值论的完整体系，但是，他已经从劳动价值论的异议者转向了拥护者。这种态度的转变对于科学的劳动价值论的建立是至关重要的。

**（二）从异化劳动理论到劳动价值学说**

在马克思对劳动价值论从否定到肯定再到发展的转变过程中，异化

---

① ［德］瓦·图赫舍雷尔：《马克思经济理论的形成与发展》，人民出版社 1981 年版，第 211 页。

劳动理论起了决定性的作用。如果说在前面的几个阶段中，马克思对劳动价值论的态度从否定到肯定，那么这一转变的发生机制则是通过异化劳动理论实现的。要说明这个问题，必须要首先说明异化劳动理论的实质。这一理论的阐述，主要集中在《1844 年经济学哲学手稿》（以下简称《手稿》）一文中。在《手稿》中，马克思找到了异化劳动理论的出发点。他开始认识到"人的类特性恰恰就是自由自觉的活动"，而在资本主义制度下，劳动却不是自由自觉的活动，而是人的本质的异化。马克思在《手稿》中分析了私有制导致的四个层次的异化，分别是劳动者同他的产品的异化、劳动和人的生命活动相异化、人的（类）本质的异化以及人与人相异化。

首先，在劳动者同他的产品的异化这个层面，马克思指出了工人是劳动产品的创造者，但是这一创造者得到和消费的却是产品中最小的那一部分，他同他创造出来的产品之间存在相反的关系。产品越有价值，工人却越没有价值、越低贱；产品越完美、越文明，工人却越畸形、越野蛮。因此，在这种劳动下，"劳动越有力量，工人越无力；劳动越机巧，工人越愚钝，并且越是成为自然界的奴隶"①。

其次，在劳动者同他的劳动行为相异化这个层面，马克思指出了工人在自己的劳动中感到不自在、不舒畅，相反在不劳动的时候才觉得自在、舒畅。对工人来说，他们在自己的劳动中，不是肯定自己和感到幸福，而是否定自己和感到不幸，"不是自由地发挥自己的体力和智力，而是使自己的肉体受折磨、精神遭摧残"②。在这种状态下，工人在运用自己的动物机能时，才觉得是自由活动，而在运用人的机能却觉得自己是动物。

再次，在劳动者同自己类本质的异化层面，马克思指出，人原本就是有意识的存在物，他能通过自己的生命活动（或劳动）来变成自己的意志和意志的对象，但是现在，工人却把这一生命活动、生产生活变成了满足自身需要的手段。

---

① 马克思：《1844 年经济学哲学手稿》（节选），《马克思恩格斯选集》第 1 卷，人民出版社 1995 年版，第 2 页。

② 同上书，第 43 页。

最后，在劳动者与自身、与他人的关系的异化这一层次，马克思分析指出，生产出上述三种异化现象的人不是别人，正是工人自身。他不仅生产出一种"同作为异己的、敌对的力量的生产对象和生产行为的关系"，生产出一种"他人对他的生产和他的产品的关系"，而且还生产出"他同这些他人的关系"①。

在这四个层次的异化分析之后，马克思进一步改造了古典政治经济学中私有财产、工资、利润等范畴，建立了自己的异化劳动体系，并以此揭示出资本主义的矛盾。正是基于这一理论，马克思开始从哲学转向了经济事实的研究。从上述四个层次的异化的内容，可以看出异化理论的立足点是经济事实，因而也就推动了马克思对劳动价值论的研究。具体而言，这一理论对于劳动价值论的重要启示主要集中在以下几个方面：

1. 对抽象劳动概念的初步提出

异化劳动原初的经济学语义是抽象劳动。在《手稿》中分析的劳动是抛开了具体规定性的抽象劳动，这里的"抽象劳动"概念实际具有雇用工人的"谋生活动"和创造财富的"一般劳动"两重含义②。而在《手稿》中，马克思着重分析了第一重含义的抽象劳动，即异化劳动。因此，异化劳动理论是对抽象劳动概念的初步提出。在对工人的谋生手段的劳动进行研究时，马克思发现，劳动在国民经济学中仅仅是以"谋生的活动"的形式或积累资本的"抽象劳动"而出现的。由于这种劳动的发展，一方面，工人在"精神上和肉体上被贬低为机器"，并且变成"抽象的活动和胃"③；另一方面，社会生产领域内产生了一种普遍的工人被物（资本）所支配、奴役的颠倒的关系，在这种关系中，无产者没有资本和地租，只能靠片面的、抽象的劳动为生。这些工人在资产阶级经济学家眼中，和投入生产中的生产资料相类似（例如

---

① 马克思：《1844 年经济学哲学手稿》（节选），《马克思恩格斯选集》第 1 卷，人民出版社 1995 年版，第 9 页。

② 杨建平：《从异化到对象化：抽象劳动概念的语境转换》，《南京大学学报》（哲学·人文科学·社会科学版）1998 年第 1 期，第 25 页。

③ 马克思：《1844 年经济学哲学手稿》，《马克思恩格斯全集》第 42 卷，人民出版社1979 年版，第 52 页。

和一匹马一样），因此他们"只应得到维持劳动所必需的东西"①。"国民经济学把劳动抽象地看作物"②，使得工人为了谋生，一方面要同资本家竞争，另一方面要同工人竞争，其最终的结果都是工资日益降低。根据抽象劳动概念的分析，马克思从"劳动的本质关系"（即工人同生产的关系）出发，揭示以私有制为前提的资本主义社会的内在剥削机制，并以此为着眼点进行了人本主义价值批判。也正是根据抽象劳动的第二重含义，才有了马克思在其往后的经济学研究中立足于客观事实，将异化劳动转换为对象化的劳动，从而得出了劳动二重性理论，完善了劳动价值论。

2. 对工人阶级生存地位的实践反思

马克思在《手稿》中，分析并反思了三种社会主要状态下工人阶级的地位，从而提出了异化劳动理论。这是马克思根据亚当·斯密《国富论》中的类似分析得出的：斯密认为，在社会财富增进的状态下，社会下层劳动人民的状况是最好的；而马克思则根据对资本主义社会工人阶级生存状况的观察得出了不同观点。他认为：第一，当社会财富处于衰落的状态时，工人所受的痛苦最大，他们"因社会财富的衰落而遭受深重的苦难"③。第二，在社会财富正在增进的状态下（这是对工人唯一有利的状态），由于资本家之间的竞争，工人的需求超过了工人的供给，工人在市场上仿佛可以占据有利的地位了。然而，即使在这样的状态下，工人的状况仍是悲惨的，他们要么劳动过度和早死；要么沦为机器；要么沦为资本的奴隶；要么发生新的竞争及一部分饿死或行乞。这是因为：其一，"工资的提高引起工人的过度劳动"④，这就使得工人的闲暇时间减少，从而缩短了工人的寿命。其二，社会财富的增进是由于资本的积累和分工的扩大，这两种情况一方面使得工人手中的劳动产品越来越被他人剥夺，自己的劳动越来越作为别人的财产同他相对立；另一方面还使得工人越来越依赖于劳动，并且是越依赖于"一

---

① 马克思：《1844年经济学哲学手稿》，《马克思恩格斯全集》第42卷，人民出版社1979年版，第56页。
② 同上书，第60页。
③ 同上书，第51页。
④ 同上。

定的、极其片面的、机器般的劳动"①，这样，工人就越来越把劳动当作是谋生的手段，他们中越来越多的人靠劳动维生，他们的价格也就降低了；此外，在社会财富增进的社会状态中，资本家之间的竞争日益加剧，资本积聚逐渐增强，小资本家们被迫陷于破产，他们一部分沦为工人阶级，更加导致工人阶级内部的激烈竞争，因此，"工人等级中的一部分人必然陷于行乞或者饿死的境地"②。其三，在社会财富到达顶点的状态下，工资会极低，"工人之间为就业而进行的竞争如此激烈，以致工资缩减到仅够维持现有工人人数的程度"③，这时国家的人口也已经饱和了，超过这个人数的那部分工人注定会死亡。所以综合这三种社会状态来看，无论是在社会衰落时期、社会财富增进时期还是在社会繁荣时期，工人阶级的贫困状态要么日益加剧、要么错综复杂、要么持续不变，但是唯一不变的就是工人阶级是贫困的，工人阶级在社会中始终处于被奴役、被剥削的状态。马克思针对工人阶级在社会中所遭受的不公平待遇，分析了四个层次出现的异化现象，对工人的阶级地位作出了反思：为什么作为生产者的工人阶级，却无法得到本来就属于他的产品、也无法在自己的劳动中实现自己的本质，还无法在劳动中自主、自由地生活，更无法获得平等的社会关系呢？正是基于这样的反思，马克思才在异化劳动的基础上提出了对私有制的批判、对旧的价值分配关系的批判和对工人解放的呼唤。

　　3. 对旧的价值分配关系的批判

　　马克思在《手稿》中批判了旧的价值分配关系。他首先分析了在私有制条件下工人的非人待遇。在资本主义制度下，工人的工资往往是非常低的，在资本家眼中，工人在劳动期间只要拥有生活费用外加能够养家糊口的费用就够了，这就是他们最低的和唯一必要的工资。因此，资本家力图使实际工资水平接近于这样的最低工资水平，在现实经济中，这种趋势也恰好是不断出现的。因为工人数量供过于求，并且在分工的条件下，工人要把自己的劳动转用于其他方面是极为困难的，因而

---

　　① 马克思：《1844年经济学哲学手稿》，《马克思恩格斯全集》第42卷，人民出版社1979年版，第52页。

　　② 同上。

　　③ 同上书，第53页。

工人之间的竞争日益激烈。这样的一种状况，使得工人能够从自己生产的产品中获得的收入越来越低。在资本主义制度下，工人待遇的提高几乎是不可能的，即使资本家盈利了，工人也不一定能够得到好处，相反，若是资本家亏损了，则工人的待遇一定会变得更差。其次，他分析了国民经济学在理论上和实践上对工人待遇的本质区别：国民经济学家们在理论上首先承认劳动的全部产品属于工人，但在实践上却只给予工人产品中最少的、仅供维持工人生产的那一部分产品；他们在理论上承认了"一切东西都可用劳动来购买"①，但是在实践上提供劳动的工人不仅不能购买商品，还"不得不出卖自己和自己的人性"②；他们在理论上承认劳动是价值的唯一源泉，地主和资本家不过是特权阶级和有闲阶级，但是在实践中，工人的地位却是极其卑微，地主和资本家却可以对工人"发号施令"；他们在理论上承认"劳动是唯一不变的物价"③，但是在实践中，劳动力的价格比其他商品价格更随意波动，并且日益下降；他们在理论上认为工人的利益和社会利益从不会相对立，但是在实践中两者却总是而且必然地相对立。因此，在这样的一种分配关系中，无产者"完全和一匹马一样，只应得到维持劳动所必需的东西"④。最后，在私有制条件下的价值分配，提高工资是一种反常的情况，并且即便强制提高工资，也无非是给予工人较多的报酬，其结果"不会使工人……获得人的身份和尊严"⑤。这是因为劳动本身在工资中不表现为目的反而表现为工资的奴仆，工资"是异化劳动的直接结果"⑥。

4. 对提升和张扬劳动者地位的呼唤

在对工人阶级地位的实践反思和对旧的价值分配关系批判的基础上，马克思提出了提升和张扬劳动者地位的呼唤。一方面，劳动者作为人类社会财富的创造者，劳动作为价值创造的源泉，它们的地位应该也必须得到提升和张扬；另一方面，要实现人从私有财产的奴役、物的统

---

① 马克思：《1844 年经济学哲学手稿》，《马克思恩格斯全集》第 42 卷，人民出版社 1979 年版，第 54 页。

② 同上。

③ 同上书，第 55 页。

④ 同上书，第 56 页。

⑤ 同上书，第 101 页。

⑥ 同上书，第 56 页。

治中的解放，必须通过工人解放的政治形式加以表现。《手稿》中将这种从私有财产等的解放和奴役制的解放称之为共产主义的实现。这种实现本质上是要依靠人本身、并且为了人本身来真正占有人的本质，它"是人向自身、向社会的（即人的）人的复归"①。这里的"人的解放或复归"，就是通过工人（或劳动者）解放这种形式表现出来，因为在私有财产的统治下，"整个人类奴役制就包含在工人同生产的关系中"②，其他的一切奴役关系都只不过是这种关系的变形和后果。而工人解放就必须要通过提升和张扬劳动者地位来加以实现，因此马克思提出了提升和张扬劳动者地位的呼唤，强调把劳动者从物的奴役、剥削之下解放出来，将人的关系还给人自身。这一对异化劳动的分析、对资本主义生产关系的批判以及对劳动者地位的提升和张扬，正是马克思肯定并进一步发展劳动价值论的契机所在，也是马克思的劳动价值论区别于古典政治经济学的劳动价值论之所在。

### （三）马克思劳动价值论的创立

科学的劳动价值论是马克思在批判地继承古典政治经济学相关理论的基础上建立起来的。最初，马克思未能区分当时主流经济学的科学成就与庸俗因素，对当时既存的经济学理论（包括劳动价值理论）持有异议，并在很大程度上予以否定。但是伴随着唯物史观的创立，马克思对劳动价值论的探讨进入了转折时期，开始了劳动价值论科学化的漫长进程。直到《1857—1858 年经济学手稿》，马克思才最终形成了科学的劳动价值论。这一过程中，马克思在逻辑上经历了思路的转折、展开和系统阐述三个阶段。

### 1. 劳动价值论逻辑思路的重要转折

马克思关于劳动价值论逻辑思路的转折主要体现在《1857—1858 年经济学手稿》的"货币章"中。之所以说是从"货币章"开始逻辑思路的转折，是因为：首先，马克思在写作过程中不是从第一章，而是从第二章即货币章开始写作的，因而使劳动价值论发生革命变革及许多

---

① 马克思：《1844 年经济学哲学手稿》，《马克思恩格斯全集》第 42 卷，人民出版社 1979 年版，第 120 页。

② 同上书，第 101 页。

重要的见解都是在这一章中得到体现的；其次，在"货币章"中，马克思批判了蒲鲁东主义信徒阿尔弗勒德·达理蒙在其《论银行改革》一书中提出的货币和信用的理论，这使得他最终以商品范畴作为研究的起点。这是马克思劳动价值论逻辑思路的第二个重要转折（第一个重要转折即前文论述的态度的转折——作者注）。

在"货币章"中，马克思对达理蒙货币理论的批判主要集中在以下几个方面：其一，针对达理蒙将信贷的需要与货币流通的需要混淆起来的问题，马克思指出信贷的需要是由贴现汇票的数量及其变动表明的，但是流通的货币的需要则"是由完全不同的影响决定的"[①]。其二，达理蒙提出的通过实行银行的改革，即废除银行的金属基础，就能"创造崭新的生产条件和交往条件"，从而消除资本主义经济中流通和交换的弊端。针对这一看法，马克思从两个方面进行了批驳：一方面，试图通过改变流通工具（或流通组织）的做法，并不能改变"现存的生产关系及与之相适应的分配关系"。因为流通每一次改造其自身，都是以"其他生产条件的改变和社会变革为前提的"[②]；另一方面，改变货币的不同形式（即取消货币的贵金属形式，保留货币的其他形式）也不能消除货币关系的矛盾，尽管这样做可能消除原先货币形式无法克服的缺点，但是却不能改变货币关系固有的矛盾。这是因为，只要改变后的形式还是货币形式，那么货币就仍然是重要的生产关系。这样一来，无论其如何改变，"都不可能消除货币关系固有的矛盾"[③]。其三，达理蒙认为由于金属货币享有的不同于其他商品的特权，使得经济危机不断产生，因此，要消除经济危机，只要做到"一切商品都和金银一样成为交换工具"就行了。马克思对这一观点也作了批判分析，指出，经济危机的直接原因是供求之间的矛盾造成的，金银货币的存在只是在一定程度上加剧了危机的严重程度，但是不能将其等同于危机的根源，从而认为通过建立合理的货币制度就能消除危机。其四，马克思批判了达理蒙的"劳动货币"理论，并对价值的本质、价值和价格的关系作

---

①　马克思：《1857—1858年经济学手稿》（上册），《马克思恩格斯全集》第46卷上册，人民出版社1979年版，第54页。

②　同上书，第63页。

③　同上书，第64页。

了初步的论述。在达理蒙看来，只要用"劳动货币"取代金属货币，就可以消除资产阶级社会的弊病。马克思则指出，首先，决定商品价值的，"不是体现在产品中的劳动时间，而是现在所需要的劳动时间"①；其次，如果用"劳动货币"来表示商品价值，则随着劳动生产率的提高，可能会导致金属货币的贬值或是纸币的升值，其结果都无法消除货币关系的弊病，反而加剧了对经济活动的危害。

"货币章"的上述内容是马克思以批判达理蒙的观点为主要目的的论述，在接下来的内容中，马克思转变了自己的思路，不再局限于批判达理蒙的货币理论，而是以劳动价值论的论述作为自己阐述政治经济学原理的起点。这一思路的转折主要体现在两个方面：一是马克思对价值理论的基本观点的论述；二是马克思对"劳动货币"理论批判的归纳。在前一个方面，马克思指出了三点结论：第一，一切商品（包括劳动在内）的价值是由它们的生产费用决定的，即由制造它们所需要的劳动时间决定的。第二，"由劳动时间决定的商品价值，只是商品的平均价值"②。在这里，马克思对"平均价值""市场价值"和价格等概念的分析，反映了他对价值理论的新的认识高度。③ 第三，"价值是作为价格运动的规律而出现"④ 的，因此，价格和价值是两个完全不同的概念，也从来不一致或者只有在极为偶然和例外的情况下才会一致。这里已经表述出价值规律的主要内容，也指出了价值的作用形式。在后一方面，马克思基于批判劳动货币的基础，强调指出价值和价格之间的本质区别和联系，"劳动时间作为价值尺度，只是观念地存在，所以它不能充当对价格进行比较的材料……价格和价值的差别，要求以另外的尺度而不是以价值本身去衡量作为价格的价值。和价值不同，价格必须是货币价格"⑤。因此，不能以决定价值的要素——劳动去作为表现价格的要素，这也就否定了"劳动货币"理论。这样，马克思就通过对价值

① 马克思：《1857—1858 年经济学手稿》（上册），《马克思恩格斯全集》第 46 卷上册，人民出版社 1979 年版，第 78 页。

② 同上书，第 80 页。

③ 顾海良：《马克思经济思想的当代视界》，经济科学出版社 2005 年版，第 197 页。

④ 马克思：《1857—1858 年经济学手稿》（上册），《马克思恩格斯全集》第 46 卷上册，人民出版社 1979 年版，第 81 页。

⑤ 同上书，第 83—84 页。

和价格之间区别的论述，逐渐从价值量的分析转到了对价值质的分析。

2. 劳动价值论逻辑思路的展开

在《1857—1858 年经济学手稿》中，马克思以商品为逻辑的起点，以"产品（或活动）成为商品；商品成为交换价值；交换价值成为货币"① 的思路来展开劳动价值论的研究。从分析商品开始，通过分析商品来阐述价值，这是马克思的价值理论和古典经济学家的价值理论之间的一个重大区别。

按照这一思路，马克思首先分析了商品的内在矛盾及其向货币转化的问题。关于商品的内在矛盾，马克思先揭示出商品的二重存在形式，即自然存在和纯经济存在，"在纯经济存在中，商品是生产关系的单纯符号，字母，是它自身价值的单纯符号"②。这里的二重存在既包含了使用价值和价值的二重，即商品的自然差别和商品的经济等价之间的矛盾，也包含了价值和交换价值的二重。在对交换价值和价值的关系分析中，马克思认为价值具有内在规定性和外在表现形式之分，这种内在规定性使得商品是可以交换的，而外在的表现形式，则说明了商品换成其他商品的比例。两者构成了商品在实际交换中的可交换性。因此，"作为价值，商品的可交换性的尺度决定于商品本身；交换价值所表现的正是这个商品换成其他商品的比例"③。在此基础上，马克思进一步指出，交换价值在实际的交换中，还必须要借助于一种实际的媒介，这种媒介发展到最后就是货币。因此，货币是随着交换过程而逐渐产生和形成的，它是交换过程中商品内在矛盾发展的必然结果。"因此，货币同特殊商品的并存所产生的混乱和矛盾，是不可能通过改变货币的形式而消除的……同样，只要交换价值仍然是产品的社会形式，废除货币本身也是不可能的。"④ 这就再一次批判了蒲鲁东主义试图通过改变货币形式达到消除资本主义生产矛盾的做法。同时，马克思在分析完商品向货币转化的过程之后，还分析了货币的产生使得商品的内在矛盾进一步发展

---

① 马克思：《1857—1858 年经济学手稿》（上册），《马克思恩格斯全集》第 46 卷上册，人民出版社 1979 年版，第 97 页。

② 同上书，第 85 页。

③ 同上书，第 83—84 页。

④ 同上书，第 90 页。

的内容。这进一步发展的内容可以归结为以下几种：一是货币使得商品的内在规定性日益地存在于商品之外，从而使得货币日益成为商品的"异己的东西"①；二是商品交换行为的直接同一逐渐消失了，分成了两个在时空中都彼此分离、相互独立的行为，即商品换货币——卖和货币换商品——买，这就为两者之间的不协调提供了可能。三是随着交换行为的分裂，社会又出现了一个商人阶层，这个阶层只是"为卖而买和为再买而卖"，其最终目的"不是占有作为产品的商品，而只是取得交换价值本身，取得货币"②。这就产生了一种新的不协调，即供求之间的不一致，也就造成了商业危机的可能性。四是货币本身也是一种与其他商品并列的特殊商品（因此才有了后来的"货币经营业"），它会脱离商品而独立存在，最终由手段变成目的，"通过否定自己的目的同时来实现自己的目的"③ 等，这就为后面揭示货币拜物教作了铺垫。

其次，关于价值形式发展演变的基本思路在《1857—1858 年经济学手稿》中也已经形成。在书中，马克思在揭示货币的来源时指出，在原始的物物交换中，"当两种商品互相交换时，每一种商品首先等于一个表现出它的交换价值的符号"④，这里的符号就是等价物。这就蕴含了价值形式的基本思路，即商品——作为交换的媒介——其他商品。而这里作为交换的媒介，就是象征劳动时间的一般产品——货币。马克思进一步分析指出，货币的最初形式是与交换和物物交换的低级阶段相适应的，那时货币更多是以价值的尺度出现而非以交换的工具出现的，更多的是以金属、贝壳等形式出现。后来，随着交换的发展，货币的交换价值又能以一种脱离货币实体的存在而出现，这就是纸币。但是不论其形式如何变化，其最终都是决定于物化在商品中的劳动时间的。

最后，马克思还分析了劳动时间的含义。这里的劳动时间包含两重含义，一是指商品生产各自需要的特殊劳动时间；二是决定交换价值的

① 马克思：《1857—1858 年经济学手稿》（上册），《马克思恩格斯全集》第 46 卷上册，人民出版社 1979 年版，第 93 页。
② 同上书，第 93—94 页。
③ 同上书，第 96 页。
④ 同上书，第 86 页。

一般劳动时间。① 这两种不同含义的劳动时间就是起源于劳动本身的二重性，前者是由特殊形式的具体劳动决定的，后者则是由一般形式的劳动决定的。这种一般劳动时间恰好是货币所体现的，它"不仅是交换价值内在的尺度，而且是交换价值的实体本身"②。这里提出了劳动二重性学说的基本内容。

3. 劳动价值论逻辑思路的系统阐述

马克思关于劳动价值论逻辑思路的系统阐述是在 1858 年的《政治经济学批判》第一分册中，这部著作标志着马克思劳动价值论的基本形成。在书中，马克思对劳动价值论主要作了以下几方面的系统阐述：

第一，揭示了商品是使用价值和价值的矛盾统一体，并且分析了决定交换价值的劳动。在《政治经济学批判》第一分册中，马克思从商品入手，指出商品是使用价值和交换价值的统一，因此它包含使用价值和交换价值两个方面。商品首先是"人类需要的对象"③，这就是它作为使用价值的存在。这种使用价值构成了社会财富的内容，它本不属于政治经济学的研究范围；但是当它"本身是形式规定的时候"④，即使用价值"直接是表现一定的经济关系即交换价值的物质基础"⑤，它就属于政治经济学的研究范围。这标志着从对使用价值的分析转入了对交换价值的分析。马克思指出交换价值就是表现不同使用价值相互交换的量的关系。不同商品、不同使用价值的交换得以进行，是因为"一切商品，作为社会劳动的化身，都是同一个统一物的结晶。这个统一物即表现在交换价值中的劳动的特性"⑥。于是这里就又转入了对表现在交换价值中的劳动特性的分析。马克思针对生产交换价值的劳动指出了它的几个特征：其一，它是相同的、无差别的、抽象一般的劳动。这是因为，交换价值是由劳动时间决定的，因此，在交换价值的表现形式中，

----

　　①　顾海良：《马克思经济思想的当代视界》，经济科学出版社 2005 年版，第 205 页。
　　②　马克思：《1857—1858 年经济学手稿》（上册），《马克思恩格斯全集》第 46 卷上册，人民出版社 1979 年版，第 116 页。
　　③　马克思：《政治经济学批判》，《马克思恩格斯全集》第 13 卷，人民出版社 1962 年版，第 15 页。
　　④　同上书，第 16 页。
　　⑤　同上。
　　⑥　同上书，第 17 页。

一切商品只是一定量的凝固的劳动时间，它们之间只有量的差别，而没有质的区别。其二，生产交换价值的劳动是具有社会规定性的劳动，这里首先表现为劳动的无差别的简单性，同时也表现为一般劳动时间，即社会必要劳动时间。其三，生产交换价值的劳动把人与人之间的社会关系颠倒地表现为物与物之间的社会关系，这就揭示了拜物教的来源。在这些内容中，马克思已经探究到商品的二重性，即使用价值和价值之间的关系，并对劳动进行较为深入的分析，这就是他的第二个系统阐述的内容——劳动二重性学说。

第二，深入分析了创造价值的劳动，第一次提出了体现在商品中的劳动的二重性。在分析完交换价值由劳动时间决定的基础上，马克思强调必须把握几个观点，分别是：一是劳动化为简单的、无质的劳动，这就强调了在用劳动时间衡量商品交换价值时应该把生产商品的不同劳动都转化为在质上无差别的、简单的劳动，这样才能进行量的比较。这一无差别的、简单的劳动就是一般人类劳动，它存在于社会的平均劳动中，因此衡量商品所包含的劳动时间必须是生产该商品的必要劳动时间。这里不仅提出了抽象劳动的概念，也提出了由社会必要劳动时间决定交换价值的观点。二是生产使用价值或生产商品的劳动成为了社会劳动的特殊形式，这就指出了具体劳动的概念。三是以使用价值为结果的劳动和以交换价值为结果的劳动之间是有区别的，这也就指出了生产使用价值和交换价值的是两种不同的劳动，即具体劳动和抽象劳动。马克思指出"生产交换价值的劳动是抽象一般的和相同的劳动，而生产使用价值的劳动是具体的和特殊的劳动"[①]。这里他还进一步指出抽象劳动是价值的唯一源泉，但不是创造使用价值的唯一源泉，创造使用价值的源泉除了抽象劳动，还有物化劳动或具体劳动。这就更为明确地指出了劳动的二重性及价值的源泉问题。

第三，重点分析了价值形式和作为一般等价物的货币，第一次论证了货币的起源、本质及其职能。马克思在分析交换价值和使用价值的关

---

[①]　马克思：《政治经济学批判》，《马克思恩格斯全集》第 13 卷，人民出版社 1962 年版，第 24 页。

系中，指出"别种商品的使用价值上表现出来的某种商品的交换价值"① 就是等价物。一个个别商品的交换价值只有在一切其他商品的使用价值成为它的等价物的无限多个等式中，才能充分表现；既然一种商品用一切其他商品的使用价值来衡量自己的交换价值，那么其他商品的交换价值也可以反过来用这种被它们所衡量的商品的使用价值来衡量自己（如图 3—1，以麻布、咖啡、茶叶、面包等为例）。当不同的商品都只用一种商品（如图 3—1 中的麻布）作为自己交换价值的表现形式时，这种商品就成为了一般等价物，物化在它身上的劳动时间就变成一切其他商品的不同量上（如图 3—1 中的 2 磅咖啡、1/2 磅茶叶、8 磅面包或其他等等）均等表现出来的一般劳动时间。这就是简单的价值形式。马克思以简单的价值形式为起点，分别分析了作为一般等价物的商品的不同表现形式，最终阐明货币的起源、本质、职能等问题。他先指出，"一个无限多的等式的总和"（图 3—1 的左半部分）的交换价值形式，再指出"一个特殊商品作为一般等价物"（图 3—1 的右半部分）的交换价值形式，最后指出"一种分离出来的特殊商品的商品交换价值"，即货币形式。因此，货币是商品在交换过程中形成的，商品为了彼此表现为交换价值所必须采取的新的形式规定性就发展成为货币。对价值形式的分析，进一步使商品二因素理论、劳动二重性学说和商品拜物教等理论在商品经济发展的历史过程中得到了证实，从而使劳动价值论的内在结构更为统一。

**图 3—1　价值形式与一般等价物**

---

①　马克思：《政治经济学批判》，《马克思恩格斯全集》第 13 卷，人民出版社 1962 年版，第 27 页。

### 三　马克思劳动价值论对古典劳动价值论的批判与继承

古典经济学劳动价值论中既有科学成分，也有庸俗成分，具体表现为：一是提出价值是劳动创造的，但却不能区分劳动二重性，未能真正揭示什么劳动创造价值；二是提出了价值量决定于社会必要劳动时间，但是却认为社会必要劳动时间不是平均劳动时间，而是最差条件下的个别劳动时间；三是已经有了价值与交换价值的区别，但不了解二者的内在联系；四是把价值理解为物的自然属性，而不是一种社会关系；五是把商品、价值和价值形式乃至资本主义都认为是永恒的范畴。

马克思批判了古典学派价值理论的庸俗成分，继承了其科学成分，建立了科学的、完整的劳动价值论。这一继承与批判主要表现在以下几个方面：

第一，建立了劳动二重性学说，指出具体劳动和抽象劳动的不同作用。

在《资本论》第一卷出版前后，马克思曾一再写信告诉恩格斯，指出他的书的第一个"最好的地方"，就是"着重指出"了"劳动的二重性"问题。① 古典政治经济学只是笼统地说到劳动，或"单纯地分析劳动"，而没有区分具体劳动和抽象劳动，"毫无例外地都忽略"了劳动二重性。② 所以，马克思指出："……古典政治经济学在任何地方也没有明确地和十分有意识地把表现为价值的劳动同表现为产品使用价值的劳动区分开。"③ 在斯密和李嘉图那里，他们把资本主义生产看成是社会生产的永恒的、自然的形式，也就把劳动创造价值看成极为自然的、向来如此、永远如此的事情，因此，他们在分析了价值和价值量之后，没有进一步思考劳动在什么条件下形成价值、为什么形成价值、怎样形成价值等问题；他们忽略了"作为一切社会存在条件"的劳动同"创造价值"的劳动之间的区别，把劳动创造价值看成是人类劳动的自

---

① 马克思：《致恩格斯（1866年8月24日）》，《马克思恩格斯全集》第31卷上册，人民出版社1972年版，第331页。

② 马克思：《致恩格斯（1868年1月8日）》，《马克思恩格斯全集》第32卷，人民出版社1975年版，第11—12页。

③ 马克思：《资本论》（第一卷），人民出版社2004年版，第98页。

然特征；他们把价值看成是反映物质关系的自然范畴；他们把关于价值的整个问题归结为价值量的问题，把对价值的分析归结为对价值量的分析，即只是注意到问题的数量方面。总之，古典政治经济学通过一个半世纪以上的研究却仍然没有提出关于劳动二重性的学说。因此，他们不能说明创造价值的劳动的特点，不能说明价值的本质，也不能提出关于价值量的科学定义，因而也就不能不使自己的理论陷入一系列无法解决的矛盾之中。马克思在古典学派分析的基础上，不仅将劳动划分为具体劳动和抽象劳动两种形式，并进一步指出价值是由抽象劳动形成的、使用价值是由具体劳动形成的。

第二，分析了价值与交换价值的本质区别，指明价值和交换价值的内在联系。

通过分析商品来阐释劳动价值学说，是马克思劳动价值学说的显著特点和优点。资产阶级和小资产阶级的经济学家，例如瓦格纳和蒲鲁东，他们都曾把"价值"分割为"使用价值"和"交换价值"，从而把"使用价值"和"交换价值"的区别，说成是"价值内部的区别"，把两者统一于"价值"。即便在斯密等人的著作中，这种观点也同样存在。马克思批判了这种观点，指出"使用价值"和"交换价值"统一于"商品"，是商品的两种属性，强调他所说的"价值"是"商品"的价值，而不是什么别的东西。此外，马克思还通过分析商品、分析商品二因素、分析商品的使用价值和价值，对"价值"和"交换价值"两个概念作了严格的区分。当然，马克思对于这两个概念的认识并不是一步到位的，而是经历了一个逐步深入的过程。早在《政治经济学批判》中，马克思已经有了区分价值和交换价值的思想，然而那时，他还没有明确地把价值从交换价值中抽象出来；而且在他使用"交换价值"时往往包含着交换价值和价值双重的意义。直到《资本论》中，马克思才对这个问题作了更明确的阐述。他指出，"交换价值"不过是价值的现象形式，而"价值"则是人类劳动当作商品共有的社会实体的结晶。所以，马克思在《资本论》中指出：在本章的开头，我们曾经依照通常的说法认为，"商品是使用价值和交换价值，严格说来，这是不对的"，"商品是使用价值或使用物品和'价值'"①。这一对价值和交换价值的严格区分，更为清楚地把价值决定问题同价值表现问题区分开来，从而为进一步揭示价值的本质提供了钥匙。同时，他还指出价值和交换价值之间的辩证统一关系，即价值是交换价值的内容，交换价值是价值的形式。

第三，分析了价值量的决定，指出个别价值决定于个别劳动时间，社会价值决定于社会必要劳动时间。

古典政治经济学不了解价值的本质，因而对价值量的问题没有作出真正科学的说明。古典政治经济学家中虽然也有人坚持价值量不是由个人劳动时间决定而是由社会必要劳动时间决定的原则，但是在理论上却站不住脚：既然把劳动创造价值看成是自然而然的事情，也就不能说明价值量为什么是由"社会必要劳动时间"，而不是由"个人劳动时间"决定的。例如李嘉图，他虽然正确地断言一个商品的价值量并非决定于生产该商品所实际耗费的劳动时间，而是由"社会必要劳动时间"决定的；但是他却不知道为什么要确定这种"社会必要劳动时间"，以及怎样确定这种时间。在马克思看来，价值是一种由抽象劳动形成的社会生产关系，是特殊的间接的社会劳动的表现。因而价值量的多少要由"社会必要劳动时间"来测量，这是因为，把具体劳动归结为抽象劳动表现为把私人劳动归结为社会劳动，从而表现为把个人劳动时间归结为社会必要劳动时间。可见，"社会必要劳动"这个范畴是从"抽象劳动"这一范畴中派生出来的。马克思之所以能够科学阐明测量商品价值的为什么必须是社会必要劳动时间以及这种"社会必要劳动时间"怎样确定等问题，就在于只有他研究了创造商品价值的劳动的性质，揭示了抽象劳动与价值之间的本质联系。这一揭示清除了李嘉图关于用劣等生产条件下生产商品所耗费的劳动时间来决定商品价值的错误观点。

第四，研究了价值形式的发展，揭示了货币的起源和本质。

在价值形式的历史发展问题上，古典政治经济学的代表人物们没有把价值和价值形式加以严格的区分，把价值与交换价值混为一谈。由于他们没有真正了解价值的本质，把对价值的分析归结为对价值量的分

---

① 马克思：《资本论》（第一卷），人民出版社 2004 年版，第 76 页。

析，因而忽略了价值的表现，忽略了价值形式，不认为它是价值本身所规定的形式，其至把价值形式看成是同商品本性无关的、价值以外的东西。马克思从交换价值出发，探索到隐藏在商品背后的价值之后，紧接着又回过头来研究交换价值，把交换价值作为价值的形式进行探讨。马克思关于价值形式的学说，基本问题是关于价值形式的历史发展，即价值形式由简单价值形式到货币价值形式的发展。在《政治经济学批判》中，马克思虽然已经提出了关于价值形式的学说，阐明了价值之所以采取价值形式的原因，但是他还没有分析价值形式的发展。一直到了《资本论》第一卷中，马克思才着手分析并解决了价值形式的历史发展问题。① 在《资本论》第一卷中，马克思阐明了交换价值或价值形式随着交换的发展相应地不断发展的过程：从物物交换的形式到总和的或扩大的价值形式再到一般的价值形式。这第三种价值形式的特点在于一切商品都同起一般等价物作用的商品相交换。随着交换的进一步发展，一般等价物的作用开始固定在某一种商品上面，即固定在贵金属的自然形式上面，于是产生了货币的价值形式，第三种价值形式便转形为第四种价值形式即通过货币表现出来。以上四种价值形式的更替过程（即由个别等价物到特殊等价物再到一般等价物最终到货币），就是马克思关于价值形式演变的大致内容。马克思通过分析价值形式的发展，进一步揭示了价值的本质，即价值是一种社会生产关系，是商品的一种社会属性，它本身必须要通过交换的形式才能相对地表现出来。

古典政治经济学对于货币的起源问题并没有作出真正科学的揭示。尽管他们也知道货币是商品，货币是随着商品生产和商品交换的发展自

① 1867年《资本论》第一卷第一版出版前夕，马克思在审阅校样时，根据路·库格曼医生的建议，为该版第一章第一节写了一个"附录"，用以阐释正文中关于价值形式的论述，其标题为："价值形式，第一章附录一"，它用小号字排版，印在书末。当《资本论》第一卷正文的初校样送给恩格斯后，他指出马克思关于价值形式的部分"没有多分一些小节和多加一些小标题"，以便"使这种抽象阐述的思路明显地表现出来"。他提议马克思"分成简短的章节，用特有的小标题来突出每一个辩证的转变，并且尽可能把所有的附带的说明和例证用特别的字体印出来"。马克思在撰写"附录"的过程中，充分地考虑了恩格斯的这些意见，因而"把这个问题尽可能简单地和尽可能教科书式地加以叙述"，同时，"把每一个阐述上的段落都变成章节等等，加上特有的小标题"。后来，马克思在准备第二版时，把关于价值形式的"附录"移入了正文，并进行了"全部改写"，从而改变了第一版中的"双重叙述"的状况。

发地、客观地产生的。例如，斯密就曾把货币看成是商品，并且指出在不同的历史发展阶段上，有不少商品起过货币的作用，而最后这种货币的作用才固定在金属上面，特别是固定在黄金和白银等贵金属上面。他从自己的分工理论出发，把货币的起源归结为物物交换的困难得到解决的结果，归结为各个所谓的"有思虑的人"的自发活动的结果，即认定货币的产生是一个自然现象和客观过程。李嘉图也接受了斯密的观点，认为货币是商品，并且把劳动时间决定价值量的原理也应用到了货币身上。这些都是应当肯定的，但是，应当强调指出，古典政治经济学家由于没有分析价值形式的历史发展过程，并且一开始就为价值形式的完成形式——货币形式所迷惑，或者从一开始就从一般价值形式出发来研究货币的起源，所以他们并不真正理解商品是怎样变成货币的，不了解货币产生这样一个自然现象和客观过程的实质。马克思则研究了价值形式的发展，科学说明了货币的起源和本质，即揭露了货币的"谜一般"的实质。它使我们认识到货币是一种商品，是一种执行一般等价物职能的特殊商品。马克思在《资本论》第一卷中曾指出，他研究价值形式的发展，就是要揭示货币形式的起源。他不仅阐明了货币是一种特殊商品，更重要的是阐明了货币是怎样从商品交换过程中自发地产生出来的。他指出货币是从交换发展的历史过程中自然而然地产生出来的，是商品内在矛盾不断发展的结果，也是价值形式长期发展的结果。此外，关于货币的本质问题，也是古典政治经济学家们所没有挖掘的内容，他们都把货币看成是一种仅仅执行流通手段职能的普通商品。马克思在说明了货币起源的基础上，在分析价值形式的历史发展时，指出了货币的本质：货币无非是一般等价物，是固定充当一般等价物的特殊商品，它所反映的是商品生产者之间的社会生产关系。

第五，指出价值是社会的历史的范畴，不是物质的永恒的范畴。

说明商品价值的社会属性，是马克思同资产阶级政治经济学根本不同的地方。马克思运用劳动二重性学说揭示了价值的起源和本质。在他看来，价值不是通常意义上社会劳动的表现，而是特殊意义上社会劳动的表现，这一特殊意义就体现在价值是间接社会劳动的表现。这就说明了形成商品价值的劳动的特点：劳动不是在任何情况下都形成和表现为价值的，而是只有在商品生产条件下的商品生产者的劳动才形成和表现为价值。这是由于：第一，只有在商品生产的条件下，私人劳动和社会劳动之间才既相对立又需相互转化。一方面，生产资料私有制使得各个商品生产者的劳动成为他们私人的事情；另一方面，由于社会分工，各个商品生产者又需要彼此为对方工作，这就使得个别商品生产者的劳动实质上是整个社会劳动的一部分。在这种情形下，私人劳动需要转化为社会劳动。第二，只有在商品交换的条件下，私人劳动才能转化为生产劳动。由于商品生产者的生产是单个进行的，其劳动的社会性始终隐蔽在生产过程中，只有通过彼此之间的商品交换（即商品进入市场同别种商品相交换），这种社会性才能显露出来。因此，把私人劳动转化为社会劳动，是通过间接的方式进行的。由此可见，在商品生产的条件下，商品生产者的劳动表现为私人劳动，把私人劳动归结为社会劳动，是在商品生产者的背后，通过一种社会的过程自发地进行的。只有在这种情况下，劳动才形成和表现为价值。劳动在商品生产出现以前及商品生产消亡以后的其他社会条件下，都直接表现为社会劳动，因而也就不表现和形成为价值。价值被看成是由抽象劳动形成的，看作特殊的间接的社会劳动的表现，这就进一步说明了价值是一个社会范畴，是隐藏在物的外壳之下的相互依赖的商品生产者之间特有的社会生产关系的体现，是一定历史条件和阶段的产物，从而具体地、深刻地说明了价值是一个历史范畴。"价值"作为"经济范畴"，表现的是生产方面社会关系的理论，因而同它"所表现的关系一样，不是永恒的"①，它会随着商品生产者之间社会生产关系的消失而消失。

## 第三节　马克思劳动价值论的理论内核

### 一　学说前提的确立——商品二因素理论

古典政治经济学家们研究劳动价值论的起点在于"价值"这一抽象的概念，由此引出了"使用价值"和"交换价值"。这是一种抽象方法的使用，是从概念到概念的演绎。而马克思恰恰相反，他不是从

———————

① 马克思：《哲学的贫困》，《马克思恩格斯全集》第4卷，人民出版社1958年版，第143、144页。

"价值"概念来研究"使用价值"和"交换价值",而是从具体的商品入手来进行分析,从而得出了商品的二因素理论。正如马克思所说的,"我的出发点是劳动产品在现代社会所表现的最简单的社会形式,这就是'商品'"①。马克思正是通过对商品的分析,阐明了科学的劳动价值论。首先,他深入研究了商品的使用价值,指出,使用价值就是指物的有用性,这种有用性取决于商品本身的属性,因而它是商品的自然属性,反映的只是人与自然的关系。同时,他还指出,使用价值不论在任何社会形式下,总是构成社会财富的物质内容。劳动价值论说明了使用价值与社会财富在内涵上的一致性,有助于我们更好地理解价值与使用价值的区别、价值创造与财富创造的区别等问题。其次,他第一次把价值从交换价值中抽象出来,将它作为一个独立的范畴加以研究,并进一步分析了价值、交换价值和价格之间的关系,指出"价值是交换价值的基础""交换价值是价值的表现形态""价格则是价值的货币表现",这就正确区分了价值和交换价值,从而为后面进一步分析价值的来源、价值的本质和资本主义生产的实质等问题作了理论的铺垫。从这个意义上看,关于商品二因素的学说,是马克思劳动价值论的出发点和理论前提。

## 二　理论的硬核——劳动二重性学说

马克思在《政治经济学批判》和《资本论》中给劳动价值论增添了一个新的内容,即关于劳动二重性的理论。这是马克思在政治经济学史上第一次提出来的,"是首先由我批判地证明了的"②。

劳动二重性原理是马克思从商品二因素即使用价值和价值的分析中导引出来的。他将劳动区分为两个方面和两个属性,一方面是"人类劳动力在生理学意义上的耗费",这可称为相同的或抽象的人类劳动的属性,它形成商品价值;另一方面是"人类劳动力在特殊的有一定目的的形式上的耗费"③,这称作具体的有用的劳动的属性,它形成使用

---

① 马克思:《评阿·瓦格纳的"政治经济学教科书"》,《马克思恩格斯全集》第19卷,人民出版社1963年版,第412页。

② 马克思:《资本论》(第一卷),人民出版社2004年版,第55页。

③ 同上书,第60页。

价值。一切劳动都是具体劳动和抽象劳动的统一：一方面具体劳动生产使用价值；另一方面抽象劳动形成价值。这里主要包括两层涵义：第一，形成价值实体的抽象劳动不是个别的私人劳动，而是共同的社会劳动；第二，商品的二因素是由劳动的二重性决定的，即商品的价值由抽象劳动形成，商品的使用价值由具体劳动生产。这就深刻揭示了商品二因素同劳动二重性之间的内在联系。马克思进一步指出，生产商品的劳动是具体劳动和抽象劳动的对立统一。两者的对立体现在：一方面，具体劳动是生产力的主要表现，因而它的生产效率的提高或降低与使用价值成正比，与抽象劳动无关；另一方面，具体劳动的生产效率提高会减少生产使用价值的时间的总和，这就会减少价值量的总和，从而使得在劳动生产率逐步提高的情况下，可能出现社会财富创造日益增加，而价值量却相对减少。这就能更好地解释现代科技运用过程中价值创造与财富创造在量上不一致的现象。两者的统一体现在：具体劳动和抽象劳动不是作为两种不同的劳动而存在的，而是作为同一生产劳动的两个方面而存在的，在这个过程中使用价值的创造和价值的创造实现了统一。正是在劳动二重性学说的基础上，马克思研究了劳动形成价值的特性，并指出了"抽象劳动是创造价值的唯一源泉"这一基本观点，从而开始了他的关于劳动价值论的一系列研究。从这个角度而言，劳动二重性学说是马克思劳动价值论的理论硬核。

### 三 价值本质的揭示——社会的生产关系

马克思进一步把劳动二重性学说引进政治经济学，研究了价值形成的真正源泉，第一次从根本上解决了"什么是价值"（即价值本质）的问题。马克思关于价值本质的揭示，主要包括以下几方面的内容：

#### （一）价值具有社会属性

如前分析，马克思认为形成商品价值的劳动只有在商品生产的条件下、只有商品生产者的劳动才形成和表现为价值。这反映了商品生产条件下劳动所具有的特殊的社会性质，这是马克思的劳动价值论与资产阶级价值论的根本区别之一。马克思把价值看成是由抽象劳动形成的，看作特殊的间接的社会劳动的表现，进一步说明了价值是相互依赖的商品生产者之间的社会关系，是一个社会范畴，从而具体、深刻地说明了价值是一个历史范畴。

**（二）商品价值关系实际上是人与人之间交换劳动的关系**

说明商品价值的社会属性，是马克思同资产阶级政治经济学家们根本不同的地方。在商品价值上所体现的人与人之间的关系，实际上是人与人之间的交换社会劳动的关系。单个进行生产的商品生产者的劳动只有在其商品同其他别种商品进行交换的过程中，它隐蔽在生产过程中的社会性才能显露出来。正如列宁所指出的，人们重复亿万次的交换，"使得千差万别的不能相比的使用价值经常互相比较"①，而正是在这亿万次的交换现象中，人们才了解到在一定社会关系体系内部经常互相比较的各种不同物品之间的共同点，即价值。

**（三）价值体现的人与人之间的关系是被物的外壳所掩盖着的**

马克思在商品拜物教的分析中，进一步揭示了商品拜物教的根源在于人与人之间的关系表现为物与物之间的关系，前者总是结合着物并且作为物而出现的。在商品生产中，生产者之间的关系表现为劳动生产物的社会关系的形式。在这一形式中，劳动的社会性表现为物的"社会的自然属性"，因此商品生产者之间的关系也就通过物的关系表现出来了。这也就是说，商品生产者所特有的社会生产关系被隐藏在了物的外壳之下，即商品的价值。

## 四　个别价值与社会价值关系的分析

在《资本论》第一卷中，马克思的价值理论多是以社会价值为既定前提，对于个别价值仅仅提及，未能对社会价值与个别价值的关系作深入的讨论。事实上，这两者之间有着密切的关系。这一关系直到《资本论》第三卷中，马克思才进行详尽的分析，并论证了商品价格由个别价值向社会价值转化的理论。具体来讲，社会使用价值的生产（或价值的形成）和社会使用价值的实现（或价值的实现）是两个不同的过程。使用价值的生产和价值的形成这个过程是就价值创造而言的，它发生在生产领域，只与使用价值的生产、使用价值的有用性、价值的形成等有关，而与使用价值和价值的实现无关；后者则是强调要把这种

---

① 《列宁全集》第21卷，人民出版社1959年版，第42页。

已经形成的价值和使用价值实现出来，这是在流通领域发生的。这就意味着在这两个过程中，分别形成的个别价值和社会价值是不同的，需要转化。

### （一）就价值的形成来说，个别劳动时间决定商品的个别价值

价值的形成，就是生产社会的使用价值的过程。在这一过程中，由于不同的商品生产者具有不同的生产率，因而使用价值的生产数量或者说体现在使用价值的量上的有用劳动，决定商品的个别价值。这是因为：各个生产者的个别劳动生产率存在着差异，这就造成在同样的劳动时间内单个产品所具有的使用价值和价值是不同的。因而即便是在同一时间内同一劳动所创造的等量价值，也会因个别劳动生产率的差异而具有不同的个别价值。① 正如马克思所指出的："因为一定量劳动是用不同的生产率程度来生产总产品的不同部分"②，所以一个产品的个别价值和市场价值之间会存在差别。于是，在劳动具有不同生产率的情况下，由劳动力本身质量决定的同一的简单劳动，创造商品的个别价值。换言之，由于生产率不同导致的不同的个别劳动时间，决定商品的个别价值。

### （二）就价值的实现来说，社会必要劳动时间决定商品的社会价值

实现社会的使用价值就是价值的实现。使用价值的质的规定性即它的有用性的实现，要求用同一的社会标准来衡量。在这个实现的过程，不同商品之间必须要以市场价格进行交换，而这个市场价格的确定，最终也是由价值来决定的。因此，这个"同一的社会标准"就是由劳动形成的价值。只不过，这里的价值不再是指生产者实际耗费的劳动量或其所创造的个别价值量，而是已经转化为社会价值。由不同劳动生产率所决定的个别价值，"通过商品个别价值总量和使用价值总量之间的关系，转化为由社会平均劳动生产率所决定的同一的、无差别的平均价

---

① 徐正祐：《试论马克思的个别价值转化为社会价值的理论》，《南京师范大学学报》（社会科学版）1984 年第 4 期，第 96 页。

② 马克思：《剩余价值学说史》（第二卷），郭大力译，人民出版社 1978 年版，第 303 页。

值——即社会价值"①。在这个转化过程中，价值和剩余价值的绝对量
并没有改变，只是它们在不同生产者和企业间的分配状况发生了变化。
马克思正是据此分析了较优、中等和劣等三种生产条件下商品个别价值
和社会价值之间的关系，说明了决定同一社会价值的是具有社会平均生
产率的劳动。这里的社会价值是由代表社会平均生产率的同一的社会平
均劳动所创造的，因而决定商品的社会价值的只能是社会必要劳动时
间。当然，正如价值的实现必须依存于价值的形成一样，社会价值也必
须依存于个别价值。社会价值是由个别价值转化而来的，因此如果离开
了个别价值总量，社会价值不仅无法确定其总量，而且也失去了基础。

## 五　对拜物教的批判

马克思在分析完价值形式之后，进一步分析了商品和货币的拜物教
性质，并对其加以批判。具体表现在两个方面：一是对拜物教来源的揭
示；二是对拜物教导致的人与物的关系的颠倒的批判。

### （一）头脑造的是拜神教，人手造的是拜物教

在分析拜物教的性质及其秘密的过程中，马克思揭示了其社会根源
在于商品形式本身。他指出，劳动产品一开始仅仅作为一种平凡的东
西，但是一旦这种东西作为商品出现，就变成了一个"可感觉而又超
感觉的物"② 了。而这一商品的神秘性质来源于商品形式的奥秘。商品
形式能够在人们面前把具有社会属性的人类劳动反映成劳动产品这一物
的天然的社会属性，这就"把生产者同总劳动的社会关系反映成存在
于生产者之外的物与物之间的社会关系"③。只有通过交换，商品的生
产者才能使自己的劳动产品发生社会接触，他们的私人劳动的性质也才
能在这种交换中表现出特殊的社会性质。这就说明，因为交换，私人劳
动和社会劳动之间、劳动产品之间、生产者之间发生关系，而在这个过
程中，生产者的私人劳动的社会关系不是表现为在自己劳动中的直接的
社会关系，而是表现为人们之间的物的关系和物之间的社会关系。人们

---

①　徐正祐：《试论马克思的个别价值转化为社会价值的理论》，《南京师范大学学报》
（社会科学版）1984 年第 4 期，第 96 页。

②　马克思：《资本论》（第一卷），人民出版社 2004 年版，第 88 页。

③　同上书，第 89 页。

之间的社会关系原本同劳动产品或物本身毫不相关，但是通过商品形式及其借以得到表现的劳动产品的价值关系，变成了一种虚幻的形式。这种表现为物与物的关系的虚幻形式，使得人们的社会关系仿佛同劳动产品的物理性质以及由此产生的物的关系密切相关了。为了形象地说明这一现象，马克思借助于宗教世界的现象加以说明。在宗教世界的幻境中，原先人脑虚构的产物却表现成"赋有生命的、彼此发生关系并同人发生关系"[1] 的东西，它独立于人脑而存在。同样的，在现实的商品世界里，通过人手制造出来的产物——商品，将原本体现的人与人之间的关系表现为物与物之间的关系，并统治着人，这就是拜物教。之所以会对商品产生宗教般的幻觉，就在于商品价值的物的外壳掩盖了其实质，从而使商品变得神秘。再加上价值规律的自发作用，使得商品生产者的命运也变得由商品决定了，这就更加深了商品的神秘性。作为商品形式的拜物教性质还比较容易看穿，而发展到具体的形式的时候，例如货币时，这种拜物教的性质就更加隐蔽了，资本主义生产关系也就更进一步被物所掩盖。然而，不论是商品拜物教还是货币拜物教都使得人与物的关系颠倒过来了。

### （二）私有制商品经济导致人与物的关系的颠倒

在马克思看来，拜物教的产生，是同商品生产分不开的，它来源于生产商品的劳动所特有的社会性质。而这种物品要成为商品必须要通过交换才能将自己的私人劳动转化为社会劳动，这就使得人与人之间的关系表现为人们之间的物的关系和物之间的社会关系。这样一来，人与物的关系就颠倒了。而这一颠倒的根源，在于以私有制为基础的商品经济。商品拜物教是同以私有制为基础的商品生产相适应的。在以私有制为基础的商品经济中，私人劳动与社会劳动之间存在着矛盾，私人的生产劳动要想得到社会的认可，必须同其他私人劳动相交换，而交换的媒介就是通过彼此之间的商品进行，因此，私人劳动和社会劳动之间的矛盾就转化为商品与商品之间的矛盾。这样一来，商品所体现的人与人之间的社会关系，就表现为物与物的关系。物的自然属性掩盖了甚至决定了人与人之间的社会关系，商品变成了社会的主体，人反而成了附庸，

---

① 马克思：《资本论》（第一卷），人民出版社 2004 年版，第 90 页。

人与物的关系颠倒过来了。这就使得商品具有了一种神秘的力量，它控制着商品生产者，支配着商品生产者的命运，为商品生产者所崇拜和迷信。马克思对这种颠倒了的关系作了批判，揭示了人或活劳动在价值创造中的决定地位，也树立了对人的解放的观念。

# 第四章　劳动价值论的理论与现实挑战

马克思指出：“思想从来也不能超出旧世界秩序的范围：在任何情况下它都只能超出旧世界秩序的思想范围。”[①] 时代的变迁对科学的劳动价值论提出了许多挑战，它们既有来自理论界的，也有来自现实实践中的。这些挑战不仅是劳动价值论时代化的难题，更是劳动价值论时代化的不竭动力。

## 第一节　劳动价值论的理论挑战

### 一　要素价值论的挑战

伴随着市场经济的发展，各种生产要素纷纷进入市场，并在经济增长中日益呈现出巨大的作用。各种要素之间通过价格的调节来实现资源的优化配置，这就产生了这些要素本身是否创造价值的疑问。加之当前我国实行按劳分配与按生产要素分配相结合的分配制度，因而有人提出了“资源贡献价值论”、“新三元价值论”或“生产力价值论”等理论，并以此取代劳动价值论。这些理论的各自观点有所不同，例如，“资源贡献价值论”认为“生产要素的多元化，是现代经济活动的重要特征之一”，因而“现代市场经济中的商品价值，由各种资源使用的资本、商品的功能以及资源的稀缺性三个因素复合作用下而形成”[②]；而“新三元价值论”或“生产力价值论”则认为，人力资本、物力资本和

---

①　马克思、恩格斯：《神圣家族》，《马克思恩格斯全集》第 2 卷，人民出版社 1957 年版，第 152 页。

②　张元元、李金亮：《社会主义市场经济学》，暨南大学出版社 1993 年版，第 38 页。

地力资本是生产力的三要素，它们通过联合或协同形成了实际的生产力，因此，价值的源泉就是这三种资本，而非单个人力资本而已。但究其实质，这些理论均是主张非劳动要素创造价值，试图以生产要素论代替劳动价值论，因而可以统称为要素价值论。所谓生产要素价值论，其核心就是将生产要素直接看作是收入的源泉，这个理论最具代表性的就是法国资产阶级经济学家萨伊提出的"生产三要素论"。萨伊宣称劳动、资本和土地是生产的三要素，进而用这三要素来分析价值，创造了"三位一体公式"，即"资本—利润、土地—地租、劳动—工资"。在这个公式中，资本创造利润，土地创造地租，劳动创造工资，并进而认为工资、利润、地租是劳动、资本、土地三种要素按照自己的贡献所获得的报酬。针对"三位一体公式"，马克思早在《资本论》第三卷中就从形式和内容上都作了系统的批判。他指出这个公式掩盖了资本主义生产关系下各种收入的真正源泉，驳斥了公式中三个方面的不合理之处：首先，土地是地租的来源是不合理的，因为土地是"没有价值的使用价值"，而地租则是剩余价值的一部分，是价值，这是两种完全不同性质的东西，更谈不上土地是地租的来源了。其次，资本是利息的来源也是不成立的。若是将资本理解为货币上的价值额，那么要用资本来解释利息部分是不合理的，因为一个价值是不会创造出比它自身所值价值更大的价值；若是将资本理解为是物质实体，那么就犯了与土地—地租之间同样的不可通约的错误。最后，劳动是工资的来源，同样也是不合理的，因为若是将工资理解为劳动的价值，价值本身就是凝结在商品中无差别的劳动，用价值来衡量劳动本身，无疑是不合理的，劳动本身并无价值，它只是价值的源泉。

当前的各种要素价值论，除了在价值源泉问题上对劳动价值论展开质疑之外，还在分配领域对劳动价值论提出挑战。它们强调要根据生产要素或资源在价值创造中的作用来分配价值，这一主张向劳动价值论提出了以下几个问题：一是能否认为物化劳动也创造价值，或者能否认为物化劳动与活劳动共同创造价值？二是如何用劳动价值论解决要素价格的价值源泉问题？三是若是物化劳动不创造价值，那么各种要素在价值分配过程中所占地位的理论依据又是什么？

要应对要素价值理论对劳动价值论的挑战，应从两个方面入手。首先，要指出要素价值论与劳动价值论是两个相对立的思想体系。前者主张不仅仅劳动创造价值，其他各种要素也创造价值；后者主张只有劳动才创造价值，其他非劳动要素不创造价值，这是劳动价值论的内核，因此，在这一点上二者是完全不同甚至对立的理论。当然，劳动价值论并不否认，相反还十分重视劳动以外的其他要素对财富创造的贡献。它明确指出劳动不是财富的唯一源泉，就使用价值而言，只有劳动是创造不出物质产品的，使用价值的生产是劳动、劳动资料和劳动对象的结合。因此，使用价值的创造是各种要素共同的结果。但是使用价值的创造不等同于价值的创造，就价值创造而言，创造价值的就只有劳动而已。打个形象的比喻，价值的生产函数是一个一元函数，而使用价值的生产函数则是一个多元函数。其次，还必须立足事实，对当前各种要素参与价值分配的现象作一说明。这也是当前劳动价值论在分配领域需要进一步研究的新课题。应该指出的是：其一，价值分配不同于价值创造，"就劳动形成价值，并体现为商品的价值来说，它和这个价值在不同范畴之间的分配无关"①，这是两个完全不同的领域，因此不能混淆这两个过程。其二，不参与价值创造并不意味着不能进行价值分配，而劳动创造了价值也并不意味着只有劳动才有权参与收入分配。在社会主义现阶段，允许各种生产要素参与分配，并不是对劳动价值论的否定。相反，要素价格的价值源泉同样是劳动者的活劳动创造出来的。其三，价值分配的依据并不是价值创造本身，价值分配的依据是生产资料的所有制关系。在现阶段，我国的所有制形式是公有制为主体、多种所有制经济共同发展，这就决定了在分配方式上必须是以按劳分配为主体，多种分配方式并存。

## 二　效用价值论的挑战

所谓效用，就是从消费角度出发，强调消费者基于商品消费所获得的满足感而赋予商品的主观属性；效用价值论就是"以物品满足人的

---

① 马克思：《资本论》（第三卷），人民出版社 2004 年版，第 932 页。

欲望的能力或人对物品效用的主观心理评价来解释价值及其形成过程"①的一种理论，分为一般效用价值论和边际效用价值论。一般效用价值论产生于 19 世纪 60 年代前，它的代表人物主要有法国经济学家孔迪亚克、德国经济学家戈森等。此后，边际效用价值论成了效用价值论的主要组成部分，并一直持续至今。这一理论的代表人物主要有英国的杰文斯、奥地利的门格尔、法国的瓦尔拉斯等人，其核心观点是商品的价值具有主观性，因此能够归结为主观价值。到了 19 世纪 80—90 年代，边际效用价值论发展为两个流派：一是心理学派，以奥地利学派为代表，代表人物主要有门格尔和庞巴维克。他们将心理分析引入经济学研究，认为价值不取决于生产商品所需要的社会必要劳动时间，而是由商品的效用和稀缺性决定的，是由消费者的主观感受决定的。二是数理学派，以洛桑学派为代表，以杰文斯、瓦尔拉斯和帕累托为主要代表人物。他们在论证边际效用学说时主要采用数学方法，并先后提出了基数效用论和序数效用论，对商品的效用进行计量。此后，马歇尔在供求理论的基础上创立了供求价值论，进一步发展了效用价值论。不管效用价值理论如何演变，其实质终究是认为价值的源泉是商品的效用，而非劳动。在当前我国鼓励扩大内需，消费者的需求成为经济发展的重要动力，对消费者而言，他们对于商品效用的评价是其消费的主要因素之一，因此，效用价值论的观点对劳动价值论的挑战越来越明显。这一挑战不仅体现在消费者消费时的心理影响，还表现在对消费者最终支付价格的影响上，它把价值的决定权交给了需求方。这样一些在经济生活中频繁发生的经济现象，使得人们对于价值源泉的探讨走进了效用价值论的误区，从而对劳动价值论持质疑的态度。

应对这一挑战，首先，必须明确的是劳动价值论与效用价值论是两种回答和解决的问题完全不同的价值理论。这主要表现在：其一，两者诞生的背景不一样。劳动价值论诞生于古典资本主义时期，这一时期资本主义大工业刚刚兴起，体力劳动还占相当大的比重；而效用价值论诞生于垄断资本主义初期，这一时期科学技术和大工业已得到长足发展，

---

① 于新：《劳动价值论与效用价值论发展历程的比较研究》，《经济纵横》2012 年第 3 期，第 33 页。

古典经济学未能解决的李嘉图两大难题和各国工人运动的频繁爆发，使得此时的资产阶级迫切需要一种"与劳动完全无关的价值理论"①。其二，两者面临的问题不一样。劳动价值论面临的是谁来生产的问题；效用价值论面临的是谁来消费的问题。其三，两者采用的方法不一样。劳动价值论采用的是社会关系或阶级关系分析方法，它的研究对象是商品现象背后的人与人的物质利益关系，即社会生产关系；效用价值论采用的是主观心理分析和数学分析方法，它以商品作为研究对象，解释市场经济的一般规定性，从而使生产力得到更大的提高。其四，两者所站的立场不一样。劳动价值论所站的立场是工人阶级或劳动人民的立场，所以特别强调劳动尤其是基础劳动的作用；效用价值论的立场是为了维护资产阶级的统治，因而具有明显的功利目的。其五，两者导致的结果不一样。劳动价值论得出的结果是工人阶级解放的道路问题；效用价值论得出的结果是市场经济的宏观干预问题。针对这样两种不同的理论，若是片面强调效用价值论则有利于垄断企业和少数富人，而全盘否定劳动价值论受害的是工薪阶层和中小企业，因此，我们不能以效用价值论来武断地全盘否定和取代劳动价值论。

其次，在看到劳动价值论与效用价值论之间的本质区别之余，也应该看到效用价值论中可借鉴的合理成分。第一，要正确对待效用的经济作用。马克思在《资本论》中对效用价值论也进行了批判，但是他在批判的同时并不否认效用的经济作用。他正确分析了效用的性质及其经济意义，指出物品的有用性或效用构成财富的物质内容，尽管它不能起到价值的作用，但是它却是价值的物质承担者；同时他也驳斥了"关于使用价值没有任何作用"的说法，指出尽管效用本身不反映社会生产关系、不属于政治经济学的范畴，但它会随着现代生产关系的变化而发生"形态变化"，或者通过影响"现代生产关系并使之发生形态变化"，那时效用"就属于政治经济学的范围了"②。因此可以说，马克思同样重视效用的作用，只不过他没有像效用价值论者那样过分夸大效用

---

①　于新：《劳动价值论与效用价值论发展历程的比较研究》，《经济纵横》2012 年第 3期，第 32 页。

②　马克思：《1857—1858 年经济学手稿》（下册），《马克思恩格斯全集》第 46 卷下册，人民出版社 1980 年版，第 411 页。

的作用，甚至将它视为价值的源泉，而忽视了效用生产背后的劳动的作用。第二，要借鉴效用价值论关于市场经济条件下市场机制的分析，重视对人类福利和商品效用关系的研究，这对当前探索市场经济内在运行机制、促进经济健康平稳发展有着重大意义。第三，效用价值论对于消费者的心理分析也是值得借鉴的，这对于当前我国拉动国家内需、合理引导消费、建立绿色消费观等都有着重要的理论意义。

### 三　均衡价值论的挑战

均衡价值论是现代西方经济学的又一个重要学派，是近年来对劳动价值论提出挑战的又一突出理论。均衡价值论也称均衡价格论，主要有一般均衡价格论和局部均衡价格论两种观点。一般均衡价格论的代表人物是法国经济学家瓦尔拉，它从市场上所有各种商品的供给、需求与价格是相互影响、相互依存的前提出发，考察每种商品的供给和需求同时达到均衡时的价格决定问题；局部均衡价格论是均衡价格论的代表，代表人物是英国经济学家马歇尔，与一般均衡价格论不同的是，它只考察

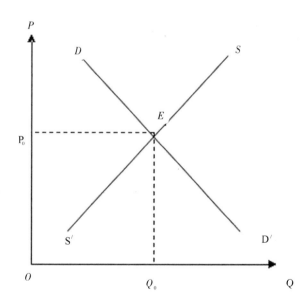

图 4—1　均衡价格

一种商品的需求价格与供给价格相一致的价格。不论是从一般均衡还是从局部均衡的角度，均衡价值论的核心观点都认为，商品的价格决定于供给价格（即生产者所要求出售的价格）和需求价格（即购买者愿意支付的价格）相交之点。如图 4—1 所示，$OP$ 代表供给价格或需求价格，$OQ$ 代表商品供给量或需求量，$DD'$ 代表需求曲线，$SS'$ 代表供给曲线。两条曲线的相交点 $E$，即为需求与供给的均衡点，$EP_0$ 就是供求均衡的均衡价格。

　　均衡价值论关于市场价格由市场供给和需求决定的观点，由于在现实经济生活中显而易见，能够用许多日常例子来证实；而劳动价值论认为价格由价值进而由劳动决定的观点，在现实经济生活中较为难以用实例验证。这就使得人们用均衡价值论来批评、否定甚至取代劳动价值论。这些批评和质疑集中在两个方面：一是认为马克思否认市场价格受供求影响的观点，并以此为依据批评劳动价值论；二是认为马克思劳动价值论中关于劳动决定价格的分析与现实不吻合，应该修正或抛弃。要从根本上应对这两个挑战，必须正确理解马克思劳动价值论关于价值决定、价格决定等的分析。关于第一个方面的质疑，首先，马克思本人从未否认市场价格受供求影响，相反，他也赞同市场价格会受到市场供求相互作用的影响而上下波动。所不同的是，马克思未停留在价格形成层面，而是深入价格决定乃至价值决定的层面。在这一深入过程中，马克思发现，价格是以商品的价值为基础的，在简单商品生产条件下，商品的价值表现为简单商品生产条件下的市场价格，后者围绕前者波动；而到了竞争资本主义阶段，商品价值表现为生产价格，进而表现为竞争资本主义条件下的市场价格，同样是后者围绕前者波动，这就使得本质层的价格与价值之间的关系转变为了现象层的市场价格与生产价格之间的关系。但是这并不否定价值对价格的决定作用，因为生产价格在本质上也是由价值决定的。其次，马克思并未就此停止，而是继续深入探究价值的决定因素。他指出，商品的价值从质的方面是抽象劳动的凝结，从量的方面则是生产商品所耗费的社会必要劳动时间。因而，劳动是价值的决定因素。依此逻辑推理可得，商品价值的货币表现形成价格，商品价格受市场供求影响形成市场价格，因此，价值是市场价格形成的基础。价值又是由社会必要劳动时间决定的，因而价格从根本上也是由劳动决定的。这才是马克思劳动价值论关于价格决定的观点。而效用价值论关于价格决定的分析，实际上仅仅是价格形成的分析，并非是"决定"这一本质层面的分析。在价格形成过程中，价格的影响因素是多样的，供求关系也只是其影响因素之一而已，而价格的决定因素则是唯一的，只有价值。至于第二个方面的质疑，其实质是用现实经济生活的个例、特例来批评劳动价值论，这一做法本身就不科学。因为，社会科学研究的是一般现象并从中得出普遍规律，它必然存在许多特例。若是以特例来质疑或否定某种理论，那么均衡价值论关于供求规律的观点，也能找出成千上万的特例（如"吉芬难题"），但这并不影响供求规律的科学性。同样的道理，市场经济中市场价格偏离价值几倍或是十几倍的现象是短期的、个别的，不能以此来质疑劳动价值论的科学性。

在对待均衡价值论的问题上，除了应对其带来的挑战之外，还必须正确认识它与劳动价值论之间的关系。具体有：一要准确评价均衡价值论。均衡价值论作为西方经济学的基础和核心内容，综合了前人的成果，因此在理论上有其进步之处：它把价格形成不再看作是单项因素，而是考虑多种因素，这是其进步之处；同时，它认为供求一致时的均衡价格才是合理的价格，也有其合理之处；此外，它对需求弹性和供给弹性的研究也把供求与价格关系的分析加以深入和推进。二要承认劳动价值论与均衡价值论之间的相同之处。两者都认为均衡价格是合理的价格，是市场波动的中心；同时，从上文分析中可见，"社会必要劳动时间决定价值和供求决定市场价格的论点并不完全是相互对立和相互否定的，前者是后者的基础，后者是前者的市场表现"[①]。三要认清劳动价值论与均衡价值论之间的本质区别。首先，两者属于不同层次的分析：前者有价值与价格之分，主张价值是本质，价格是现象，侧重实质层面的分析；后者没有价值与价格之分，混淆了本质与现象，局限于现象形态的分析。其次，两者研究的问题不同：前者研究的是市场价格形成的基础或决定性因素问题，强调价格形成的客观因素，认为价格最终由生产领域的劳动决定，符合规律性；后者研究的是市场价格形成的过程或

---

　①　李翀：《马克思劳动价值论与马歇尔均衡价格论的比较和思考——评近年来发生的对马克思劳动价值论的批判》，《马克思主义研究》2000年第3期。

影响性因素，强调的是价格形成的主观因素，认为价格由流通领域中的供求关系决定，具有主观随意性。因此，必须看到，劳动价值论关于价值的分析是一种深层次的分析，而均衡价值论关于市场价格的分析仅仅是浅层次的分析，不能因为现象形态的常见或是观点的通晓就试图以均衡价值论否定甚至取代劳动价值论。

认清均衡价值论与劳动价值论之间的关系，有助于防止两种倾向：一是防止用价值代替市场价格，忽视价格机制的作用，否则不利于市场经济运行中运用价格机制实现资源的优化配置；二是防止用市场价格否定价值，忽视价值、劳动的决定作用，否则会造成市场价格的随意性和不可控性，危害正常经济秩序。

## 四 创新价值论的挑战

随着知识经济的到来，知识、信息等要素在经济发展中作用凸显，它们在价值创造中的作用问题成为学界关注的焦点，各种以机器、知识、信息等为主体的价值论也就应运而生。这些设备、知识、信息等都是由于科技创新和文化创新带来的，故统称为创新价值论。创新价值论中包含着丰富的内容，不仅有以科技创新为主体的自动化价值论，也有以知识信息创新为主体的知识价值论。这些理论都对传统的劳动价值论提出了挑战。

自动化价值论，也可称为狭义的创新价值论，是由美国经济学家熊彼特提出来的。这种观点认为，资本主义社会将建立一种新的生产函数，这种新组合包含引进新产品、引进新技术、采用新的生产方法、开辟新市场、引用新的原材料和实现企业的新组合等。当这种新的生产函数建立后，经济发展过程就实现了非人化和自动化，劳动者不再是价值的创造者，那么活劳动也就谈不上是价值的决定因素了[1]，自动化成为了价值的决定者。这种自动化决定价值的理论通过否定生产工人在生产中的作用，进而否定活劳动创造价值，对劳动价值论提出挑战。应对这一挑战，需要指出：第一，这些自动化生产的机器设备本身也是活劳动的产物；第二，这些自动化生产的机器设备本身在生产过程中只能转移

---

① 洪远朋：《经济理论比较研究》，复旦大学出版社 2002 年版，第 155 页。

旧价值，并不会创造新价值；第三，自动化条件下的无人生产，表面上看来直接操纵机器的生产工人会减少，但是背后生产这些机器的工程技术人员、科学研究人员以及生产指挥人员和管理人员不仅不会减少，还会增加。正是这些人的活劳动创造价值，而不是自动化本身创造价值；第四，自动化条件使人的活劳动借助于科学技术手段效率更高、更快捷，这表现为劳动生产率的提高，它使同一时间创造的使用价值量更多，从而在社会必要劳动时间不变的状态下，能获得更多的价值。但随着社会必要劳动时间降低到新水平，超额利润终会消失。因此，自动化本身不能创造更多价值，但可以在一定条件下催化价值创造的效率。劳动创造价值，资本提供条件，科技催化效益，管理整合要素，信息消除盲目。当然，关于科技创新在价值创造的具体地位问题，需要在新时期更好地回答。

20世纪90年代，随着知识、技术和信息对经济发展的贡献越来越大，人们对于知识创造价值的看法更为认可，因而使得知识价值论对劳动价值论的冲击也日益明显。知识价值论的主要观点就是强调：一是知识本身，作为劳动产品包含着价值，并能将自身价值转化为现实价值；二是知识的使用，能够在生产中创造新价值、创造大于生产或购买它所花费的价值。归根结底，知识价值论就是认为在知识经济时代，经济发展的依据是知识价值论，因而要用知识价值论来取代劳动价值论。持这种观点的人，比较有影响的是约翰·奈斯比特。1982年，美国未来学家约翰·奈斯比特在他所著的《大趋势》一书中，从十个方面分析了美国社会发展的新趋势，这其中就涉及知识价值论的有关观点。他提出"知识是经济社会发展的驱动力"，并认为在信息社会化，价值的增长不再通过劳动，而是通过知识。因此，主张用知识价值论来取代劳动价值论，"我们必须创造一种知识价值论来代替劳动价值理论"，"'劳动价值论'（Labor Theory of Value）诞生于工业经济的初期，必将被新的'知识价值论'（Knowledge Theory of Value）所取代"①。针对知识价值论的挑战，我们可以从其内容加以批驳，只要批驳了它的主要观点，那

---

① 详见［美］约翰·奈斯比特《大趋势：改变我们生活的十个新方向》，梅艳译，中国社会科学出版社1984年版。

么试图完全取代劳动价值论的挑战，就可以不攻自破了。首先，针对知识本身包含价值，并且能够转化为现实价值的观点，我们需要指出，马克思在《资本论》中分析的价值是特指交换价值的，因此，一种物品要具有价值，它必须要先进入交换领域或市场，更确切地说，它要首先成为商品才有价值。而知识本身并不一定都具有价值。根据丁堡骏的观点，如果这里的知识指的是应用知识的话，那么这种知识可以直接进入市场转化为商品，从而具有价值，但是如果指的是基础知识的话，那么则值得商讨，因为基础知识虽然是人类劳动的产物，但它属于公共产品，不能直接进入市场转化为商品，因而不具有价值①。其次，针对第二个主要观点（即知识的使用，能够在生产中创造价值并且还能创造出新价值），这里的错误无疑是显而易见的。任何知识独立于劳动者之外是不能自发地创造价值的，知识只有被劳动者掌握，并在劳动者生产商品的劳动过程中作为其脑力和体力支出的一个有机组成部分才可以形成价值，但是这决不意味着可以把知识和劳动者的劳动对立起来②，不能把独立于劳动者之外的知识与劳动者的活劳动看作是价值的源泉。知识在推动经济增长方面，确实起到了重要的作用，但是这一作用的实现仍然要通过活劳动。因此，知识价值论的内容本身就不成立，那就更谈不上用知识价值论取代劳动价值论了。尽管如此，应该看到当前经济发展过程中知识、技术和信息等因素对劳动的影响也越来越大。这些新情况，既需要劳动价值论予以合理的解释，也对丰富和发展劳动价值论提供了新的平台和素材。

## 第二节　劳动价值论的现实挑战

理论不是高标远举脱离现实世界的空中演绎，其最终的落脚点在于实践。在当前研究科学的劳动价值论，也是为了能够更好地解决实践中遇到的问题。马克思和恩格斯并没有专门研究过社会主义经济关系中劳

---

① 丁堡骏：《马克思劳动价值理论与当代现实》，经济科学出版社 2005 年版，第 191、196 页。

② 同上书，第 196 页。

动价值论的意义及其运用问题。然而，在社会主义的实践中，我们不仅发现商品经济在当前的重要性，也面临着劳动价值论与社会主义制度的结合问题。因此，需要结合当代社会主义的实际，对社会主义基本制度和体制的规定作出新的概括，这是推进劳动价值论时代化的基本前提。同时，当前社会的劳动领域和分配领域出现了新情况，它们对劳动价值论也提出了现实的挑战。对这些挑战的应对，不仅是劳动价值论时代化的任务，更是时代化的内容。

## 一 劳动价值论在中国的演变

### （一）新中国成立初期劳动价值论的实践

新中国成立初期，伴随着生产资料所有制社会主义改造的完成，劳动价值论在我国的实践主要围绕着马克思的生产劳动理论而展开，涉及社会主义条件下生产劳动与非生产劳动的问题。这个时期的实践，由于对马克思劳动价值论的片面理解和受苏联实践的影响，人们普遍认为只有生产劳动创造价值，因而，重视生产劳动且轻视非生产劳动。同时，生产劳动本身也被局限于物质领域，因此也呈现物质领域生产劳动地位凸显、非物质领域的生产劳动不受重视的特点。

1. 物质领域生产劳动地位凸显

新中国成立初期，生产劳动的地位较之于非生产劳动较为突出，而且不同领域生产劳动的地位也不同，表现为物质领域的生产劳动较之于其他领域的生产劳动地位更为凸显。这一地位的凸显主要是由于片面理解马克思劳动价值论的传统观点引起的。马克思时代所谈的劳动主要是工人的劳动，劳动的主体主要是从事物质生产的劳动工人，生产劳动最初的定义是从物质生产中得出的，因而物质领域的劳动无疑会更加凸显它的地位。具体来讲，物质领域的生产劳动地位凸显表现在以下两个方面：一是在是否为生产劳动方面，由于物质领域的劳动与马克思所论述的生产劳动的内涵较为一致，因此，它被社会认可为是生产劳动，而其他领域的劳动是否是生产劳动则有待界定，甚至在新中国成立初期，我们更是将物质领域之外的劳动一律视为非生产劳动；二是在是否创造价值方面，由于对劳动价值论的理解局限于只有生产劳动才创造价值，因而认为只有物质领域的生产劳动才创造价值，其他领域的劳动则不创造价值。在这一观念的影响下，物质领域的生产劳动更受到社会的重视。反映在实践中，就是体力劳动和它的承担者即生产工人的地位突出。新中国成立初期，国家不仅对农民、工人等群体的劳动尤其重视，而且还将物质领域的劳动组成国有企业的形式，由国家予以指导，在舆论上大力宣传，在政策上予以倾斜，例如我国的"一五"计划就以重工业的优先发展为重点。与物质领域生产劳动地位凸显相适应，这一时期，我国经济建设的主要成就也就相应地集中在物质领域，商业、服务业、科学教育文化事业等则均未得到应有的重视，在这些部门从事劳动的人甚至不被承认是工人阶级的一部分。

当然这一时期物质领域的生产劳动之所以受到重视，除了传统生产劳动理论的影响之外，与新中国成立初期的实际国情也有着密切关系。在当时，由于生产力水平低下、工业化基础薄弱，国家经济发展落后，人们生活贫穷，因而，自然迫切需要改善国家的物质状况和建立相应的物质基础，这就必然凸显物质领域的生产劳动地位。

2. 非生产性劳动未能重视

这一时期，作为生产劳动的对立面，非生产劳动不受重视，甚至还处于被打压的状态。按照马克思、恩格斯关于社会主义的传统理论，在社会主义社会是没有商品货币关系的，而非生产性劳动更多是要通过商品货币的交换关系实现其价值，因此这样一种劳动形式自然而然被当作社会主义制度的对立物，不受重视。同时，除了客观生产力发展水平的制约之外，非生产性劳动的不受重视还与人们的观念约束有关。当时，人们普遍认为非生产性劳动不是社会主义社会的劳动形式，它是属于资本主义生产关系的。因而对于这种劳动形式极力排斥，认为它们是"走资本主义道路"的表现。具体而言，非生产劳动不受重视的表现有：一是在当时的经济管理工作中，只要求完成工农业生产总值，而在商业、服务业等领域从事的劳动（除这些行业中的物质资料的生产外）所得到的属于服务性质的劳动成果在产值统计中完全得不到体现。同时，随着生产的发展，商业、服务业网点大幅度减少，原有的许多城市在把"消费城市"改造为"生产城市"的口号下，大量削减合并原有的商业、服务业网点，造成居民消费的极大不便，排队购物现象随处可见；二是除了商业和服务业之外，科教文化事业也得不到应有的重视，对它的投资被认为是非生产性开支，并且当财政需要压缩支出时，这些部门的开支也是首先被纳入考虑范围。当时的知识分子大多数被当作是资产阶级的知识分子，因此社会地位得不到体现。[①] 类似情况不计其数，总而言之，新中国成立初期，对非生产性劳动的理解有偏差，并且未能合理正确评价它们的地位。

3. 价值分配公平有余效率不足

这一时期，除了生产劳动理论的争论之外，在分配领域还存在着忽视商品生产中价值规律和市场机制的作用、平均主义分配严重的问题。在农村，1956 年以后，我国实行了高级合作社，这标志着以生产资料集体所有制为基础的社会主义集体经济组织的建立。在这一组织形式中，按劳分配的方式得以基本实现，采取了工分制或劳动日制的形式进行个人收入分配，但是，这一时期的按劳分配方式较为单一，在具体实施过程中出现了平均主义倾向。这主要表现在无法对每个社员实际付出的劳动数量和质量进行计算，因而只把工作日或工分较粗略地分为几个级别，级别彼此之间的差距也不大。虽然当时也制定了奖惩制度，但奖惩幅度很小，因此，最终社员间的收入分配出现了平均化的倾向。之后，高级合作社形式被人民公社形式所取代，在这一时期，供给制和工资制相结合的方式取代了按劳分配的方式。这种结合方式一开始是供给制占主体，到后来直接成了完全的供给制。因此，在收入分配上采取粮食供给制、伙食供给制和基本生活供给制的方式。这些方式在当时造成了“敞开肚皮吃饭，吃饭不要钱”的想法和做法，这种在当时具有空想色彩的按需分配的做法，造成集体粮食的严重不足。尽管后来人民公社对这些分配方式作了整顿，加入了按劳分配的方式，但其中仍带有极强的平均主义色彩，尤其是口粮分配的方式，不论男女老少、劳动多少，人人有份，这严重影响了劳动的积极性。在城镇，则采取等级工资制，基本上贯彻了按劳分配的原则，但分配形式单一，除了基本工资以外，奖金收入等形式在职工收入中得不到体现。此外，劳动者在公有制企业投入的劳动量直接成为分配的尺度，而企业效益等问题则与分配没

---

① 参见于光远《社会主义制度下的生产劳动与非生产劳动》，《中国经济问题》1981 年第 1 期。

有任何关系。再加上这一时期受计划经济体制的严重影响，国家成了按劳分配的主体，分配具有明显的计划性。后期受"文革"的影响，这种平均主义现象更为严重，不管是否参加劳动、劳动数量多少、劳动态度好坏、产品质量如何、企业效率怎样，职工一律领取工资。[①] 这造成了社会主义经济在很大程度上失去了活力：企业应有的自主权缺乏，吃"大锅饭"的局面严重；企业及其职工的积极性、主动性、创造性受到严重抑制。

总之，这一时期的收入分配方式是当时计划经济体制的客观要求，有其合理性和必然性，但是它对经济的发展没有起到应有的促进作用，相反还阻碍了经济的发展。

**（二）改革开放以来劳动价值论的贯彻**

改革开放以来，经济体制改革拉开了序幕，市场经济体制开始建立并逐步完善。在这一进程中，新中国成立初期过分重视物质领域的生产劳动、轻视非生产性劳动、分配平均主义等情况都得到了较大的改善。这是因为在市场经济体制中，商品经济的发展是必然的，它的发展，要求我们不能再仅仅重视传统意义上的生产劳动，还必须相应发展各种形式的非生产劳动。因此，改革开放以来，劳动价值论的运用取得了一些成就，主要表现在各种形式的劳动得到发展，价值分配制度日益完善。

1. 各种形式的劳动得到发展

如前文在国内论战时提及的，这一时期理论界开展了关于生产劳动理论的几次讨论。伴随着讨论的深入，人们对于生产劳动本身有了更系统和全面的认识，因而对于生产劳动与非生产劳动的划分较之以往更为清晰。不仅如此，对于非生产劳动的具体作用，在理论上也有了较为一致的看法，即认为非生产劳动虽然不创造价值，但是对于满足人们的精神文化需求有着不可或缺的作用。理论的明晰，使得实践中各种新型生产劳动能够得到重视，也使得非生产性劳动本身得到解绑。以往被排除在生产劳动范围之外的各种新型生产劳动形式在这一时期得到了认可，地位日益凸显。这些新型的劳动主要包括科技劳动、管理劳动以及服务

---

① 杨辉：《马克思主义个人收入分配理论中国化研究》，世界图书出版公司 2011 年版，第 102 页。

劳动中满足人们物质需要的活动，例如交通运输业、商业、饮食业等行业。这些劳动形式的地位凸显，主要表现在以下几方面：一是这些劳动创造的价值在经济生产中得到认可，并纳入国民生产总值的统计；二是这些劳动在经济发展中所占的比例越来越大，贡献也越来越大；三是这些劳动得到了国家、社会的认可，国家鼓励其大力发展并给予大量支持。重视新型生产劳动的地位之余，非生产性劳动在这一时期也得到了解绑。各种服务劳动得到社会的认可，越来越多的人加入到非生产性劳动的行列之中，为人们提供生活所必需的服务。国家在法律上也对这些非生产性劳动予以承认，并在政策上大力支持，推动了非生产性劳动的快速发展，加快了社会的精神文化建设进程。

2. 多种分配形式初现端倪

改革开放以来，伴随着经济的转型，国家在分配形式上不再只是采取单一的按劳分配的形式，按劳分配与按要素分配相结合初现端倪。这一端倪最初是从农村分配方式的改革中生成和发展而来的。十一届三中全会以后，我国农村实行了联产承包责任制，这一制度允许农户在集体所有的承包地上进行投资，并且其所得同农户自己的投资（如购置农业生产资料、采用新的生产方式或引进新品种等）有着直接联系，按劳分配与农户的非劳动要素投入融合在一起。① 这一时期，农村还兴办了乡镇企业，这一经营形式使得分配形式更为多样化，即除工资外，还出现了利息、股利、风险收入等新型的所得形式。与此同时，城镇的分配格局也打破了按劳分配一统天下的局面，呈现出多种分配形式并存的特点。这一时期，国有企业实施了分配制度改革，核心是放权让利，因此，职工的工资不再由国家统一制定，而是由企业根据经营状况自行决定，并且还实行了"功效挂钩"的模式。在这一模式下，工资总额与经济效益挂钩，改变了原有的平均主义分配状况。这一模式的实行，也为按生产要素分配打开了大门。生产要素优异的企业在这一时期可以获得更多的要素收益，因此也可以给员工更多的要素收入。伴随着国有企业的改革，扩权让利、利改税、承包制、租赁制、经营者年薪制、职工持股制、动态股权制等一系列措施得以实施，职工获得的收入呈现不断

---

① 张道根：《中国收入分配制度变迁》，江苏人民出版社1999年版，第76页。

增长的态势①，除了工资、奖金和各种补贴性收入之外，还可以获得股息红利、租金等收入。在非公有制企业中，收入分配形式也逐步多样化，按生产要素分配成为了主要形式，生产要素所有者可以凭借要素所有权，根据生产要素在生产过程中的贡献取得相应的收入或产品。这一系列在不同领域开展的收入分配改革实践，使得生产要素所得成为当时个人收入中的重要组成部分，按劳分配和按要素分配相结合初现端倪，个人收入差距开始不断拉大。

3. 收入分配制度日益完善

改革开放以来，国家就收入分配制度进行了一系列的改革，从十一届三中全会后的初步改革到十三大、十四大的探索，再到十五大、十六大以来的进一步发展，我国收入分配制度日益完善。收入分配制度逐步探索并日益完善的过程，大致可以分为四个阶段（见表4—1），划分的主要依据是党和国家对分配原则、公平与效率关系及收入分配的其他问题等处理上的重大变化和进展（见表4—2）。

表4—1　　　改革开放以来我国收入分配制度发展的四个阶段

| 具体阶段 | 有关文件中的表述 |
| --- | --- |
| 第 一 阶 段：十三大到十四大 | 十三大报告："社会主义初级阶段的分配方式所必须坚持的原则是以按劳分配为主体，其他分配方式为补充"，十四大报告重申了上述分配原则，并强调"兼顾公平与效率" |
| 第 二 阶 段：十四届三中全会 | 十四届三中全会《关于建立社会主义市场经济体制若干问题的决定》："个人分配要坚持按劳分配为主体、多种分配方式并存的制度，体现效率优先、兼顾公平的原则""国家依法保护法人和居民的一切合法收入和财产……允许属于个人的资本等生产要素参与收益分配" |
| 第 三 阶 段：十五大 | 十五大报告："把按劳分配和按生产要素分配结合起来，坚持效率优先、兼顾公平……依法保护合法收入……允许和鼓励资本、技术等生产要素参与收益分配" |
| 第 四 阶 段：十六大以来 | 十六大报告："确立劳动、资本、技术和管理等生产要素按贡献参与分配的原则，完善按劳分配为主体、多种分配方式并存的分配制度。初次分配注重效率，发挥市场的作用，再分配注重公平，加强政府对收入分配的调节职能" |

资料来源：根据党中央历次代表大会文件整理而来。

———————————

① 杨辉：《马克思主义个人收入分配理论中国化研究》，世界图书出版公司2011年版，第115—116页。

表4—2　　　改革开放以来我国收入分配制度的重大变化和进展

| 进展表现 | 第一阶段 | 第二阶段 | 第三阶段 | 第四阶段 |
|---|---|---|---|---|
| 分配原则方面 | 首次允许其他分配方式作为按劳分配的补充 | 多种分配方式地位得到提升，从"补充"提高到了"并存" | 第一次在党的文献中把按生产要素作为我国初级阶段的一项分配原则，表明收入分配制度框架已经初步确立 | 对按生产要素分配从"允许""鼓励"发展为"确立"，并指出生产要素是按其"贡献"参与分配的，对按生产要素分配原则的实行作了进一步的明确 |
| 公平与效率方面 | 公平与效率关系上，"兼顾"为主 | 效率与公平关系上，偏向效率 | 坚持"效率优先、兼顾公平" | 对效率与公平的原则分领域加以区分 |
| 收入分配的其他问题 | | 首次使用了"生产要素分配"的概念，提出保护合法收入 | 强调"依法保护合法收入" | 区分政府和市场在收入分配中的作用，分配制度与现实更好地结合，具有了更具体的操作可行性 |

资料来源：根据党中央历次代表大会文件整理而来。

　　具体分析，改革开放以来，我国分配制度的完善主要体现在以下三个方面：第一，坚持按劳分配的原则。这是与我国公有制为主体的基本经济制度相适应的分配方式，也是在当前的生产力发展水平上最大限度确保劳动者收入公平的分配原则，体现了社会主义制度的本质。第二，按劳分配与其他分配方式并存。这是与我国多种所有制经济共同发展的经济制度相适合的分配方式，它与我国当前的生产力发展阶段相适应。我国处于社会主义初级阶段，生产力发展受到极大限制，资本、土地、信息、技术等生产要素成为经济发展的最大"瓶颈"。要突破这些瓶颈就必须要鼓励生产要素所有者拿出自己的生产要素进行生产，必须确保要素所有者在收入分配中获得应有的收益。因此，当前只有坚持按生产要素分配与按劳分配相结合，才能真正让财富创造的源泉充分涌流。第三，效率与公平的平衡。效率与公平的关系问题，一直是国家想要处理好却又难以处理好的一个问题。两者之间总是存在着替代关系：提高平等程度会降低效率，提高效率又会降低平等程度。新中国成立初期，我们过分重视公平、牺牲效率，最终使得经济发展一度停滞；改革开放初期，我们反其道而行，坚持效率优先，结果却牺牲了公平，贫富差距日益拉大；现在我们寻求效率与公平之间的平衡，将它们分领域、分层次对待，强调初次分配和再分配都要处理好两者的关系，尤其在再分配环节要更加注重公平。初次分配和再分配涉及两个问题：一是要提高居民收入；二是要缩小收入差距。提高居民收入主要着眼于提高效率，把蛋糕做大；缩小收入差距则是着眼于公平，把蛋糕分好。应该说，这样一种寻求平衡的态度和做法较之于过去偏向一方的态度和做法有了很大的进步，但是要处理好两者的关系，仍然不是件易事。效率领域如何发展生产力才能不损害公平、公平领域如何分配才能不损害效率，都需要持续的探讨和进一步的研究。

劳动价值论在中国的实践，既推动了理论本身的发展，同时也给理论带来了新的问题，即如何应对劳动领域和分配领域出现的新情况。这些新情况，既是理论在发展过程中遇到的现实挑战，也是理论在今后继续深化和丰富的动力。

### 二 社会主义社会劳动领域出现的新情况

进入知识经济社会，劳动领域出现了许多与马克思劳动价值论产生时代不同的新情况。知识、技术对经济增长的作用日益凸显，劳动的主体进一步扩大，劳动形式日渐多样，劳动领域日益丰富，这些新情况都对劳动价值论提出了挑战。概括起来主要有以下几点：

#### （一）劳动主体多元化

马克思劳动价值论研究的劳动主体主要是从事物质生产的劳动工人。虽然马克思也曾明确提过"总体工人"的概念，即"随着劳动过程的协作性质本身的发展，生产劳动和它的承担者即生产工人的概念也就必然扩大。为了从事生产劳动，现在不一定要亲自动手；只要成为总体工人的一个器官，完成他所属的某一种职能就够了"[①]，但是这个概念长期被忽视。学者们往往只把直接从事生产者看作生产工人，而把产

---

[①] 马克思：《资本论》（第一卷），人民出版社 2004 年版，第 582 页。

前、产中、产后为生产服务的劳动看作非生产劳动，甚至看作非劳动，从而把这些部门的工人看作非生产劳动者，甚至非劳动者。他们还把为生产服务的管理人员和科技知识分子当作剥削者进行批判。当今社会，由于劳动职能的分化和劳动部门的细化，劳动主体的外延进一步扩大，除了从事物质生产的劳动者外，还有从事科技研究与开发的劳动者、从事管理的劳动者、从事服务的劳动者、从事信息收集与处理的劳动者等。至此，劳动主体呈现多元化趋势，已不再是单一的传统意义上的产业工人，而是包括一切从事劳动活动的劳动者。这就需要对不同主体的劳动作一新的界定。

**（二）劳动形式多样化**

与马克思时代相比，现代劳动形式也发生了一系列变化，主要有：

一是从劳动的自然形式上看，生产商品的劳动逐步由体力劳动为主转向脑力劳动为主，劳动成为富有个性的创造性活动。这就使得知识、技术、信息等要素在现代劳动中的含量日益增大，对劳动价值论提出了挑战，即是活劳动创造价值还是这些生产要素创造价值？

二是服务业或第三产业的形成。随着产业结构的调整和演进，第三产业呈现迅速崛起、后来居上的态势。从纵向看，一个国家、一个地区，经济越发达，居民越富裕，第三产业的比重就越高；从横向看，随着经济的发展和社会的进步，世界各国的第三产业比重都在增大。第三产业的迅速发展给劳动价值论带来一系列亟待解决的新问题：是否只有物质生产劳动才创造价值？服务是否有价值？如果服务有价值，用劳动提供了服务的第三产业创不创造价值呢？如果并不只有物质生产劳动才创造价值，那么到底什么样的劳动才创造价值？[①]

三是随着科学技术的提高和机器设备的改进，科技劳动逐渐成为价值创造的主导因素，直接操作劳动逐渐让位于自动化、智能化机器，劳动协作可以在不同时空中实现。这也对劳动价值论提出挑战，即科技劳动中的机器化生产是否创造价值？它与活劳动创造价值的原理是否一致？

---

① 王维平、庄三红等：《马克思主义基本原理当代价值研究》，中国社会科学出版社2011年版，第33页。

四是由于生产规模的扩大和分工的系统化，管理劳动的作用尤其突出。这就引出对管理劳动性质的界定及其是否创造价值的探讨。

五是从劳动的社会形式看，由市场关系联结的两个层次的联合劳动（雇佣劳动和自愿劳动）是社会主义市场经济条件下劳动的基本特征，经营管理劳动等多种社会形式的劳动并存于社会主义初级阶段，体力劳动和脑力劳动的分工成为劳动阶级内部的分工。① 如何科学界定这些新的劳动形式的性质及协调彼此间的关系，也成为劳动价值论要加以回答的问题。

**（三）劳动领域丰富化**

社会消费的范围、人类需要对象的范围、生产劳动的范围，是与一定的生产力水平相对应，并随生产力的发展而变化，是历史的范畴。因而，随着劳动具体形态的不断扩展，生产劳动的领域发生了新的变化。当代资本主义社会，在两次科技革命的推动下，特别是在由工业经济向知识经济转化过程中，传统产业不断衰落，新兴产业不断崛起，产业结构不断升级，大量劳动力向第三产业和新兴产业转移，第三产业的产值和就业人数空前增加。这种状况直接导致了劳动由生产领域向其他领域转移和扩展，商品生产性劳动的领域已不再仅限于物质生产领域，而是一直延伸到了社会服务领域和精神文化领域。因此，劳动不仅包括物质生产性劳动，而且涵盖服务生产性劳动和精神文化生产性劳动。

上述劳动领域出现的新情况，对劳动价值论带来了诸多挑战：一是伴随着劳动主体的多元化，在当前的经济发展中，我们能否仅靠劳动的生产性与非生产性来判定一种劳动，若是不能，又该如何对待新形势下各类劳动群体的劳动？二是由于劳动形式的多样化，究竟该如何界定生产劳动？哪些劳动形式才能称之为生产劳动？三是当前劳动领域日渐丰富化，随之而来的新兴产业领域中习以为常的科技劳动、管理劳动和服务劳动等在经济发展中的地位，我们该如何对待？这都是新时期劳动价值论需要进一步回答的问题，也是其丰富和发展的题中之义。

---

① 杨国宝：《社会主义劳动和劳动价值理论研究综述》，《南京政治学院学报》2002年第5期，第122页。

### 三　社会主义社会分配领域出现的新问题

我国当前的分配与马克思、恩格斯所设想的社会主义分配有较大的差异，生产力水平的较不发达和我国的基本国情决定了在分配领域还不能按需分配，而只能采取按劳分配为主体、多种分配方式并存的分配原则。同时，随着分配制度改革的深化，生产要素按贡献参与分配已经成为了这一分配原则中重要的组成部分。我国的分配原则与劳动价值论之间是何关系？生产要素按贡献参与分配的理论依据是什么？生产要素按贡献参与分配对居民收入分配会带来什么影响？这都是劳动价值论时代化所面临的问题，需要进一步探讨。此外，社会主义社会分配领域新出现的问题（如劳动收入占比下降，劳动收入与资本、要素收入之间比例失调等），也需要劳动价值论加以回答和解决。这就需要结合我国分配领域出现的新情况，进一步分析劳动价值论在价值分配领域面临的挑战。

#### （一）按劳分配主体地位受到冲击

按劳分配是我国在公有制为主体的经济制度下所采取的分配方式，这一分配方式的本质要求是要保证劳动者之间的公平和公正，要消灭剥削，消除凭借对生产资料的所有权而对他人劳动成果进行无偿占有的现象。这一分配方式既允许劳动者之间因为提供劳动数量的不同而引起的合理收入差距，但又反对差距太大和两极分化。但是在当前，收入差距却不断拉大，两极分化逐渐加剧，这主要缘于收入分配原则中按劳分配的主体地位受到冲击。具体而言，这一冲击主要表现在：第一，公有制范围内按劳分配没有得到较好的贯彻。如前所述，按劳分配是我国主要的分配方式，从建立社会主义公有制以来，我国就一直探索按劳分配的具体实现形式，但是按劳分配方式并没有得到真正的贯彻。例如在国有企业内实行的按劳分配存在着平均主义严重；同工不同酬；体制外收入差距过大；企业管理者、经营者与在岗普通职工的收入差距扩大以及地区之间、行业之间的收入差距拉大等问题。这些现象不符合按劳分配原则，导致对按劳分配本身的负面影响，无法实现按劳分配的本质要求。第二，按劳分配对按要素分配的整合引导作用减弱。目前全国范围内存在着大量的非公有制企业，这些企业内部按要素分配成为分配的主要形式。在当前的经济发展水平上，这一分配形式有助于推动我国经济的发展，但这并不意味着，对于非公有制企业的收入分配就可以放任不管。因为按要素分配的方式必然会加大收入差距，因此，要发挥按劳分配对其的整合和引导作用。这一作用主要体现为在非公有制企业内部要尊重和提高劳动力要素的价值。然而，现实情况是，劳动力报酬在生产要素中的地位得不到体现，各种资本、土地、机器等要素的价值大大超过了劳动力本身，由于拥有资本等要素的人毕竟是少数，这就进一步拉大收入差距。第三，劳动收入在收入分配中的比重下降。要使按劳分配处于主体地位，就要突出劳动在收入分配中的地位和作用，突出劳动收入占比的重要性。然而，在当前的收入分配格局中，不仅居民收入比重下降，而且劳动报酬的比重更是严重下降，这些都冲击着按劳分配的主体地位。

**（二）收入分配差距拉大，社会摩擦日益加剧**

衡量一个社会收入分配是否均衡的重要指标是基尼系数，这一系数按国际惯例，超过 0.4 即为警戒状态，而我国目前的贫富差距正在逼近社会容忍的"红线"。2009 年，我国的城镇居民收入差距达到了 0.34，而农村居民的收入差距更是达到了 0.39，这都是较高的数字。据世界银行测算，2009 年我国基尼系数高达 0.47，在所有公布的 135 个国家中名列第 36 位。财富在不同阶层的分布差距更已高达 32 倍。这些数据的统计更多是以不同地区、不同行业、不同主体的平均收入水平加以计算，其中还不包括低于平均水平收入和高于平均水平收入之间的具体比较，若是将这些因素也考虑在内，那么收入差距应该会更大。这都说明当前改变收入分配不均状况迫在眉睫。收入分配不均的状况主要体现在不同地区、不同行业和不同主体之间。

1. 不同地区收入份额的比较分析[①]

改革开放以来，我国城乡居民收入差距总体上呈不断扩大的态势，主要体现在总量、人均收入实际增长率以及人均收入水平三个层面。

---

① 需要说明的是，基于文章研究对象的需要，这里的不同地区收入份额的分析，我们主要针对全国范围内城乡之间的收入差距进行分析，而非针对东部、中部、西部、东北部等具体地区的比较。

    首先，在总量上，城镇居民和农村居民两大主体的收入总量差距拉大，居民可支配收入呈现出城镇居民总收入所占比重持续上升、农村居民总收入比重持续下降的特点。从名义结构上考察，与改革开放初期相比，城镇居民总收入比重从1978年的35.7%上升到2009年的74.1%，上升了38.4个百分点，年均上升1.2个百分点；而农村居民收入比重则从1978年的64.3%下降到2009年的25.9%，下降了38.4个百分点，年均下降1.2个百分点[①]。21世纪的前十年，城乡居民收入的相对差距和绝对差距开始加速扩大（见表4—3）。据统计，2009年，占全国总人口53.4%的农村人口所获得的收入仅仅占全部居民收入的25.9%，而占全国总人口46.6%的城市人口所获得的收入却占到了74.1%。与2008年相比，城镇居民收入所占比例上升0.8个百分点，而农村居民收入所占比例则下降了0.8个百分点。[②]

表4—3　　　　　　**城乡居民名义总收入的不同占比**　　　　　　单位:%

| 年份 | 城镇居民收入占居民可支配收入的比重 | 农村居民收入占居民可支配收入的比重 |
|---|---|---|
| 2000 | 60.5 | 39.5 |
| 2001 | 62.9 | 37.1 |
| 2002 | 66.0 | 34.0 |
| 2003 | 68.1 | 31.9 |
| 2004 | 69.2 | 30.8 |
| 2005 | 70.3 | 29.7 |
| 2006 | 71.6 | 28.4 |
| 2007 | 72.7 | 27.3 |
| 2008 | 73.3 | 26.7 |
| 2009 | 74.1 | 25.9 |

资料来源：根据《中国统计摘要（2010）》的有关数据整理。

---

    ① 张东生等：《中国居民收入分配年度报告（2010）》，经济科学出版社2010年版，第8页。

    ② 同上书，第8、13页。

其次，在收入增长率上，不同时期城镇居民人均的实际收入增长率与农村居民的人均实际收入增长率各有差异，但是从 1998 年，特别是 21 世纪以来，前者的增长速度就明显超过后者。在 1979 年到 1988 年期间的大多数年份里，农村居民的人均收入增长率曾经快于城镇居民的人均收入增长率，这主要得益于当时农村地区实行的联产承包责任制改革，加上城市改革当时尚处于起步初期，因此造成了农村居民人均收入实际增长率快于城镇居民的人均收入实际增长率。然而，在 1989 年至 1994 年间，伴随着城市改革的全面推行，城镇居民的人均收入实际增长率明显快于农村居民的人均收入实际增长率。1995 年至 1997 年，农村居民人均收入增长率也仅仅是小幅度超过城镇居民。而在 1998 年以后，城镇居民人均收入增长率快于农村居民人均收入增长率的状况就一直持续至今（详见表 4—4）。

| 表4—4 | 城乡居民人均收入实际增长率比较 | 单位:% |
|---|---|---|
| 年份 | 城镇居民人均收入实际增长率 | 农村居民人均收入实际增长率 |
| 1998 | 5.8 | 4.3 |
| 1999 | 9.3 | 3.8 |
| 2000 | 6.4 | 2.1 |
| 2001 | 8.5 | 4.2 |
| 2002 | 13.4 | 4.8 |
| 2003 | 9.0 | 4.3 |
| 2004 | 7.7 | 6.8 |
| 2005 | 9.6 | 6.2 |

资料来源：根据张东生等主编的《中国居民收入分配年度报告（2006）》的有关表格整理。

最后，在人均收入水平上，城乡居民的人均收入水平差距持续扩大。剔除价格因素，对比改革开放以来的城乡居民人均收入可以发现，虽然城乡居民的人均收入都有所增加，但是两者之间的差距却在逐步拉大。城镇居民人均收入在绝对量上超过农村居民人均收入，两者之间存在着数倍的差距，且这一倍数逐年增长。进入 21 世纪的头十年，这一倍数更是逐渐扩大，一度达到 3.3 倍（见表 4—5）。这些统计数据还不包括城镇居民所享受的各类福利，这就意味着城乡居民在人均收入水平的实际差距可能比表中所列数据还要大。城乡居民之间的收入差距可见一斑，从中可窥探我国当前收入分配中存在的问题。

表 4—5　　　　　　　　　城乡居民人均收入水平比较

| 年份 | 城镇居民人均可支配收入（元） | 农村居民人均可支配收入（元） | 城镇居民人均收入相当于农村居民人均收入的倍数（倍） |
|---|---|---|---|
| 2000 | 6280.0 | 2253.4 | 2.79 |
| 2001 | 6859.6 | 2366.4 | 2.90 |
| 2002 | 7702.8 | 2475.6 | 3.11 |
| 2003 | 8472.2 | 2622.2 | 3.23 |
| 2004 | 9421.6 | 2936.4 | 3.21 |
| 2005 | 10493.0 | 3254.9 | 3.22 |
| 2006 | 11759.5 | 3587.0 | 3.28 |
| 2007 | 13785.8 | 4140.4 | 3.33 |
| 2008 | 15780.8 | 4760.6 | 3.31 |
| 2009 | 17174.7 | 5153.2 | 3.33 |

资料来源：节选自张东生等主编的《中国居民收入分配年度报告（2010）》。

2. 不同行业收入份额的比较分析

改革开放以来，各行业在岗职工的平均工资水平大大提高，但同时，不同行业间的平均工资差距却进一步加大，尤其是垄断行业与其他行业的收入差距越来越明显。从全国范围内看，行业间的收入差距普遍存在不断扩大的趋势。整体上看，传统行业（即农、林、牧、渔）和充分竞争行业低于全国平均工资水平，高于全国平均工资的主要是高科技行业（例如信息传输、计算机服务和软件业、科学研究等）和垄断行业（包括金融业、电力、交通运输、仓储和邮政业等）。在高于全国的平均工资水平排位较为靠前的几大行业中，垄断行业占了多数。2007 年，国家发改委曾选取了 18 个垄断行业进行统计，在这个样本中，在岗职工人数约为 1222 万人，占全部行业在岗职工人数的 10.8%，但是它们的职工工资总额却占到了全部行业工资总额的 17.2%①，从中可以看出，这些行业的人均工资水平远远超过全国的平均工资水平。并且根据统计，这些行业不仅平均工资水平高于全国平均工资水平，而且工资增长率也颇高，例如排在第一位的金融业中的证券业，其行业平均工资 2007 年为 142979 元，比 2006 年的 85522 元增长了将近 70%，且从 2003 年到 2007 年这 5 年间，该行业的平均工资增长速度超过了 35%。这就不难看出当前在不同行业间的收入差距，尤其是垄断行业在收入分配中的不合理工资水平，成为当前收入分配改革需要解决的问题之一。

3. 不同主体收入份额的比较分析②

政府、企业和居民的收入分配是宏观收入分配关系中最为重要的，这三者也构成收入分配格局中的三大主要主体。当前提出在初次分配中提高居民收入占比，就是强调要正确处理好政府、企业和居民三大主体在收入分配中的比例关系。进入 21 世纪，政府、企业和居民三者的分配关系发生了显著变化，不仅体现在初次分配中，也体现在再分配过程中。首先，在初次分配中，政府、企业和居民三者的收入分配比例呈现出政府和企业收入比重上升，居民收入比重下降的特点。据统计，2000 年政府、企业和居民三者收入初次分配比例为 17.4%、17.9% 和 64.7%，而到了 2008 年，这一分配比例变为 17.5%、25.3% 和 57.2%③，居民收入占比下降了 7.5%。其次，在再分配过程中，政府、企业和居民的可支配收入比重也呈现出与初次分配相同的特点，即政府、企业的可支配收入比重上升，居民可支配收入比重下降（详见表 4—6）。

---

① 张东生等：《中国居民收入分配年度报告（2008）》，经济科学出版社 2008 年版，第 69 页。

② 需要指出，这里的主体不是指经济发展过程中的微观主体，而是指宏观收入分配格局中的三大主体，即政府、企业和个人。

③ 张东生等：《中国居民收入分配年度报告（2010）》，经济科学出版社 2010 年版，第 19 页。

表4—6　　　　　　　　国民可支配总收入结构　　　　　　单位:%

| 年份 | 政府 | 企业 | 居民 |
| --- | --- | --- | --- |
| 2000 | 18.9 | 15.6 | 65.5 |
| 2001 | 18.7 | 17.4 | 63.9 |
| 2002 | 19.2 | 17.7 | 63.1 |
| 2003 | 19.6 | 18.0 | 62.4 |
| 2004 | 19.3 | 20.9 | 59.8 |
| 2005 | 20.0 | 20.8 | 59.2 |
| 2006 | 21.4 | 19.9 | 58.7 |
| 2007 | 21.9 | 20.2 | 57.9 |
| 2008 | 21.3 | 21.6 | 57.1 |

资料来源:选自张东生等主编的《中国居民收入分配年度报告(2010)》。

　　结合上述分析可以看出,我国的收入分配格局中居民收入占比呈现出下降趋势。尤其是20世纪的后10年,居民可支配收入与经济总量的快速增长不相匹配,增长缓慢。城镇居民人均可支配收入的名义增长率比GDP的名义增长率低两个百分点,农村居民收入的增长率则更低。[①]这与发达国家的收入分配格局恰恰相反。在大多数发达国家的收入分配格局中,居民拿大头、政府拿中头、企业拿小头。不仅如此,它们还确保居民可支配收入在国民可支配总收入中较高的比重。例如,从1994—2004年,大多数发达国家的居民可支配收入占比基本在65%以上,而同时期中国的这一比重则为64.7%[②],低于发达国家。这一比重现今更是降到了60%以下,这就应该引起重视,防止出现初次分配偏向于政府和资本,确保居民的劳动收入。

### (三)劳动收入增长缓慢,劳动收入占比下降

　　调整收入分配结构关键在于提高两个比重:一是初次分配中劳动报酬的比重;二是国民收入分配中居民收入分配的比重。其中,初次分配

① 罗长远、张军:《劳动收入占比下降的经济学解释——基于中国省级面板数据的分析》,《管理世界》2009年第5期,第25页。

② 张东生等:《中国居民收入分配年度报告(2008)》,经济科学出版社2008年版,第15页。

政策是重点。目前初次分配中，资本所得偏多、劳动所得偏少，即劳动收入占比下降。因此，十八大报告指出，要逐步提高居民收入占比（即居民收入在国民收入分配中的比重）和劳动收入占比（即劳动报酬在初次分配中的比重）。这里的"两个比重"不仅意味着要提高居民的可支配收入，而且也意味着要提高居民收入中的劳动报酬，这一思想表现在分配过程中便要求要注重公平。这一举措的提出，正是基于以往实践中居民收入占比和劳动收入占比都比较低的问题。居民收入在国民收入分配中的比重问题，主要表现为前文所分析的政府、企业和居民三大主体之间的收入分配差距；劳动收入占比下降的问题，则主要体现在居民收入来源中劳动收入与其他收入形式之间的差距。

　　我国居民收入占比下降、居民可支配收入减少的主要原因之一，就是劳动收入增长缓慢，劳动收入占比不断下降。劳动收入一直是居民可支配收入的主要来源，占了70%以上的比例，居民可支配收入增长缓慢与劳动收入占比下降直接相关。据统计，从2000—2008年，除了2002年劳动者报酬增长速度快于国民总收入增长以外，其余几年劳动者报酬增长速度都慢于国民总收入增长，年均增长率仅为13.4%，低于国民总收入增长1.8个百分点。[①] 并且从1996—2006年，劳动收入占比已经从54%下降至40%。[②] 若是借鉴西方国家的统计方法，这个比重可能还要进一步下降。因为西方国家在计算劳动收入时主要体现为工薪收入，即仅考虑劳动者的工资收入，未考虑自营收入的影响。以美国为例，其劳动收入占比基本维持在65%的水平左右；若是考虑自营收入中劳动收入的影响，则其劳动收入占比将会明显提高，总体水平将超过70%。[③] 而在中国，统计劳动收入的指标中不仅包括工薪收入，还包括自营收入中的劳动收入（我国劳动收入统计中将自营收入中的2/3作为劳动收入，而其他1/3作为资本收入）。若是按照西方国家的计算体系，我国的劳动收入占比将会明显降低，比重会变得更小。有学者用

---

　　① 张东生等：《中国居民收入分配年度报告（2010）》，经济科学出版社2010年版，第23页。

　　② 同上。

　　③ 杨巨：《论我国劳动收入占比的现状及其效应》，《湖南财经高等专科学校学报》2010年第4期，第58页。

工资占国民收入的比重来表示改革开放以来劳动收入占比的走势，研究发现，劳动收入占比从 1982 年开始下降，到 1989 年有所提高，而从1990 年开始新一轮的下降，直到 2000 年才有所缓和①，但仍是处于下降的趋势，直到近一两年党中央方针政策的变化，劳动收入占比才有所提高。

总体而言，我国劳动收入占比主要呈现出以下几个特点：第一，劳动收入占比总体水平较低。这一情况与大多数国家背道而驰。国际上多数发展中国家和发达国家劳动收入占比大致处于 55%—65% 的水平，而在中国，这一比重却仅仅高于拉美一些收入分配严重不均的国家，如巴西。② 第二，劳动收入占比逐年下降。根据《中国居民收入分配年度报告（2006）》的统计，在城镇居民收入来源中，劳动收入中的工薪收入的比重逐步下降：从 1995 年的 79.2% 下降到 2005 年的 68.9%，每年大约减少 1 个百分点③，到 2007 年更是降到 68.7%。并且从收入构成看，工薪收入比重下降，经营净收入、转移性收入比重逐年增加。④另有统计指出，从 1992—2004 年，劳动收入占比逐年下降，下降幅度高达 15.6%。⑤ 第三，劳动收入占比的变化呈现结构性差异。劳动收入占比的下降，主要源于企业特别是非金融机构的劳动收入占比和自营活动的劳动收入占比同时下降。随着市场经济的发展，私有企业和外资企业数量越来越多，这些企业的收入分配逐渐向资本倾斜，因此，企业的劳动收入占比直接影响着未来总劳动收入占比的趋势。这一新情况也对劳动价值论提出了挑战，具体体现在：劳动收入影响到国民收入在居民、企业和国家三大主体之间的分配，劳动收入占比下降意味着政府收

---

　　① 王兴华：《论提高我国劳动收入占比的原因与困难》，《华东经济管理》2010 年第 10期，第 47 页。

　　② 罗长远、张军：《劳动收入占比下降的经济学解释——基于中国省级面板数据的分析》，《管理世界》2009 年第 5 期，第 25 页。

　　③ 张东生等：《中国居民收入分配年度报告（2006）》，经济科学出版社 2006 年版，第6 页。

　　④ 张东生等：《中国居民收入分配年度报告（2008）》，经济科学出版社 2008 年版，第26 页。

　　⑤ 杨巨：《论我国劳动收入占比的现状及其效应》，《湖南财经高等专科学校学报》2010年第 4 期，第 59 页。

入和企业的资本收入上升，这与劳动价值论的观点是不相符合的。按照马克思的劳动价值论，劳动者的活劳动是价值创造的唯一源泉，而当前收入分配现状却未能体现出劳动在收入分配中的主体地位，甚至还出现了劳动收入与资本收入、要素收入之间比例的严重失调，资本为主的其他生产要素过度侵占劳动收入等现象。这就亟待劳动价值论在分配问题上予以理论阐释和实践启迪。

总之，在当前的收入分配格局中，不同地区、不同行业和不同主体间的收入差距日益拉大，社会摩擦也随之日益加剧，劳动收入增长缓慢，劳动收入占比下降等都是当前收入分配体制改革中迫切需要解决的问题，而运用劳动价值论这一理论武器来审视、分析及尝试解决这些问题，既是新时代劳动价值论彰显其理论魅力之所在，更是劳动价值论的历史使命与时代职责之所在。

# 第五章 劳动价值论的时代内涵与启迪

## 第一节 社会主义社会劳动论的新视野

劳动价值论创新与发展的前提就是要从事实出发，当前社会主义社会实践中出现的新问题、新情况成为劳动价值论时代化的出发点，形成劳动价值论时代内涵的来源，更是劳动价值论时代启迪之所在。就劳动理论而言，随着经济生活的发展和社会分工的细化，应对生产劳动的内涵和外延作一新的界定，正确对待劳动形式的划分和各种劳动在经济生产中的作用。

### 一 社会主义社会劳动划分的丰富化

任何理论都是当代实践的产物，任何实践也都需要不断地更新理论。经过三十多年的改革开放，特别是中国特色社会主义市场经济的发展，三资企业和民营企业创造的财富越来越多，创造的价值也越来越大，高新产业的兴起对传统产业的冲击，从事传统产业的失业人口激增。社会主义市场经济的重塑和体制的转型，带来更深层次的社会阶层构成变化：工人阶级队伍壮大、结构发生变化且日益知识化、有产化；个体户、中介组织的从业人员、受聘于外资企业的管理技术人员、民营科技企业的创业人员和技术人员、私营企业主、自由职业人员等一批新的社会阶层也已出现。随着这些新情况的出现，社会主义社会背景下的劳动概念发生了极大变化，劳动类型不断增多。劳动种类划分更是繁多，有直接劳动与间接劳动之分，有自主劳动与集体劳动之分，有积极劳动与消极劳动之分，有实体劳动与虚拟劳动之分，有现实劳动与延伸劳动之分，有组织劳动与参与劳动之分，有基础劳动与深层劳动之分，有创造劳动与执行劳动之分，更有核心劳动与外围劳动之分等。

综观现有文献，关于劳动形式的划分更多是从性质上简单分为生产性劳动与非生产性劳动、体力劳动与脑力劳动，这种类型的划分无助于解释当前经济发展中各种劳动形式的作用，应从新的角度正确认识新出现的劳动形式，焕发劳动价值论的时代生命力。为了更好地理解劳动的具体含义、类型和作用，也为了能更好地树立正确的劳动观，推进社会主义市场经济，有必要对社会主义社会出现的劳动形式作一新的划分与界定。

### （一）直接劳动与间接劳动

马克思时代所谈的劳动主要是物质生产领域里工人或体力劳动者的劳动，劳动的主体主要是从事物质生产的劳动工人。依据传统的观点，在劳动过程中，按照劳动主体是否直接参与物质生产过程，可以将生产劳动分为直接生产劳动与间接生产劳动两类。所谓直接生产劳动，是指劳动主体直接从事物质生产的劳动过程；所谓间接劳动，则是指劳动者不直接从事物质领域生产的劳动过程。在当代，社会主义社会劳动由生产领域开始向其他领域转移和扩展，物质生产领域、社会服务领域和精神文化领域等都是商品生产性劳动所涉及的领域了。在社会主义社会，直接劳动的范围已经日趋缩小，并且日益被智能化、自动化的机器所取代，越来越多的人正在从直接劳动的领域转向了间接劳动的领域，越来越多的人从事着为生产过程提供配套措施的职业。从市场经济的横向角度看，当前市场运行中的矛盾主要表现在需求方面而非供给方面，因此经济活动的重点也发生了变化，逐渐由直接生产领域转向间接服务领域，例如开拓市场、售后服务、创造需求等。这也使得劳动的范围和重点不再局限于传统的生产领域，而是向这些新的领域延伸和转移，劳动的形式也不再局限于直接生产劳动。因此，对于直接劳动和间接劳动的界定不能再仅仅局限于物质生产领域，还应该扩展到服务领域。为此，可以对直接劳动和间接劳动作一新的界定。

所谓直接劳动，是指劳动主体直接从事包括物质生产在内的各种生产过程；所谓间接劳动，则是指劳动主体不直接从事生产的劳动过程，但以其他方式（如投资、决策等）参与劳动过程及为生产过程所需的各种条件作必要准备的劳动。它们为物质生产服务，提供信息、资金、技术，并进行相关的理论科研研究。我们把这种为物质生产服务、生产非物质形态商品的劳动和为物质生产服务的理论科研劳动称为"间接劳动"。

需要指出的是，不论是直接劳动还是间接劳动，都创造价值。价值的创造过程是直接劳动和间接劳动共同"社会地"生产的过程。直接劳动是间接劳动得以顺利进行的必要物质基础，间接劳动是直接劳动取得更大成果的重要保障。只有将直接劳动与间接劳动同时进行，不分轻重，社会主义社会才能创造出更多的有形和无形价值。

### （二）合法劳动与非法劳动

社会主义社会是个法制社会，一切劳动行为都应该符合现行的法律法规。只有这样的劳动才会受到法律的保护和社会的尊重。然而对于什么劳动行为是合法的、什么劳动行为是非法的，则需要作进一步的界定。

所谓合法劳动，顾名思义，就是符合现行法律法规的劳动，反之则为非法劳动。然而，在社会主义社会还应该为合法与非法的界定多加一层含义，这就是应该以"三个有利于"的标准来判定。合法劳动除了守法之外，还应该有利于社会主义社会生产力的发展，有利于社会主义国家综合国力的增强，有利于社会主义人民生活水平的提高。同时，合法劳动还应该维护最广大劳动者的切身利益。反之，非法劳动就是不符合上述标准的劳动。

当前对于合法劳动和非法劳动的判定过程中，还会涉及对"合法的非劳动收入"的界定。这一概念是伴随着非公有制经济的发展而日益受到重视的。改革开放以来，各种外资企业、私营企业等非公有制经济得到了迅速发展并形成了相当的规模。它们的劳动算不算是合法的劳动？它们的劳动收入是否应该受到法律的保护？这一系列问题需要我们加以解答，这里就涉及了"非劳动收入"的界定问题。顾名思义，非劳动收入就是指凭借劳动以外的其他途径而获取的收入，例如凭借资产取得的资产性收入和通过其他途径获得的转移性收入，都是非劳动收入的具体表现。由于传统意识形态的作用，中国民众对"非劳动收入"似乎充满了敌意，和"非劳动收入"内涵相近的，就是贬义词"不劳而获"，甚至误认为是非法收入。这种认识不利于正确认识当前非公有制企业的收入，也不利于这些企业的进一步发展，因此，有必要正本清源。事实上，所有的收入，不管是劳动收入还是非劳动收入都有可能是合法的，也有可能是非法的，不能简单地认为非劳动收入本身就是非法收入。合不合法只是起到一种修饰和限制的作用，说明收入获取的渠道是否符合法律或国家的有关规定，而非劳动收入和劳动收入才是收入的具体形式。在这个意义上，我们强调要保护合法收入（含通过合法手段获得的劳动收入和非劳动收入），打击、取缔和清缴一切非法收入。由此，可以看出非劳动收入不等于非法收入，合法的非劳动收入更不等同于非法的劳动收入。

在社会主义条件下应该承认，非公有制经济的劳动和公有制经济的劳动一样也应该受到保护和尊重。特别是对那些高科技的私营企业主，更应该承认他们的劳动和收入。因为在他们的经营活动中，不仅要进行经营管理，还要进行科学技术发明，这是集两种复杂劳动于一身的劳动，对于发展生产力、增强国家综合国力和提高人民生活水平都有着十分重要的意义。因此，依据生产要素参与分配的原则，对待这些非公有制经济中的非劳动收入，要承认其合法性和合理性。在社会主义条件下，保护私营企业主等非公有制经济主体的劳动收入的同时，还要正确处理好非公有制企业的剩余价值，在收入分配中，要通过各项法律政策等对剩余价值的分配进行管理、调控、引导和监督，这有利于合理规范非公企业的收入，发挥非公企业的最大作用。例如可以通过税收限制私营企业主的过高收入、制定私营企业工人工资及福利待遇的最低保障、制定各种措施鼓励私营企业主将税后利润用于扩大再生产、为整个社会创造更大的经济效益等方式，最大限度地将非公有制经济的发展与整个社会的发展结合起来。

十六大报告明确提出："一切合法的劳动收入和合法的非劳动收入，都应该得到保护。"因此，区别合法劳动和非法劳动，认清和保护合法的非劳动收入，打击非法收入，才能真正实现对投资行为及其收益的平等保护，有利于中国市场经济的发展。

### （三）自主劳动与集体劳动

自主劳动是从马克思、恩格斯合写的著作《德意志意识形态》中"自主活动"这一概念转化而来的。这种劳动强调的是劳动者在价值形成和价值占有两个过程都能成为自己的主人。一方面，他在生产过程中能够按照自己的意志进行生产，实现自身劳动力和生产资料的结合；另一方面，在生产过程之后，他还能够充分占有和支配自身劳动创造的价值。之所以在社会主义社会强调要注重对自主劳动的研究，是因为社会主义社会的劳动与资本主义雇佣劳动最本质的区别就在于，劳动者要成为自己、企业、国家和社会的主人。

在资本主义社会，劳动的本质是雇佣劳动制。马克思指出："资本主义时代的特点是，对工人本身来说，劳动力是归他所有的一种商品的形式，他的劳动因而具有雇佣劳动的形式。"① 这种雇佣劳动是一种受资本统治的劳动，因此被马克思称为"异化劳动"。这种劳动所生产出来的产品，不是用来满足劳动者自身的需要和发展，而是被转化为劳动者的对立物——资本。因此，这种劳动导致的结果是：劳动者劳动越多，被榨取的血汗就越多，受剥削就越重。

社会主义公有制建立起来后，劳动者的劳动开始转化为自主劳动，这是对雇佣劳动的根本改变和解放。社会主义社会的劳动在本质上应该是自主劳动，这是因为社会主义社会建立了生产资料公有制，因而劳动者成了生产资料的主人，能够实现劳动与生产资料的直接结合。他们在劳动过程中当家作主，不再受别人的奴役和强制，把资本统治劳动、"物支配人"的颠倒世界重新颠倒过来，变为劳动支配生产资料、"人支配物"，即劳动者按照自己的意志进行生产，最大限度地实现对自己生活和发展需要的满足。劳动不再是被迫的，而是自主的；不再是异化的，而成为增进福利、促进自身全面发展的手段。但是，在现实的实践中，这一过程的实现却是相当困难的。在社会主义社会建立之初，一方面，企业的管理者和"代表者"由于权力过于集中，"瞎指挥"成风，不仅造成物质资源大量浪费，同时也损害了劳动者的权利，压抑了劳动者的积极性和创造性，导致经济发展几乎停滞。另一方面，劳动者在就业过程中实际上处于不利的地位，由于劳动岗位统一分配加上"一次分配定终身"，劳动者对自己的劳动力丧失自主权，与企业之间不存在双向选择的关系，相反是一种人身依附关系。这也导致了自主劳动的实

---

① 马克思：《资本论》（第一卷），人民出版社 2004 年版，第 198 页。

现极为困难。十一届三中全会后，经济体制改革提上日程，它所要解决的根本问题，就是重新确立国家与企业之间、企业与劳动者之间的关系，切实把自主权还给企业和劳动者。因此，在当今社会主义社会，自主劳动还应该有一个更为全面的界定，它不仅仅意味着生产过程的自主生产，还表现在：就企业而言，它要能够真正成为市场经济的主体，自主经营、自负盈亏，实现自我发展；就劳动者而言，他要能够真正成为自己的主人，自主择业、自由流动，实现自我价值。这才是全面的自主劳动，才是我们提倡的自主劳动。

集体劳动通常是指众多的人集中在同一集体单位，共同占有生产资料，有计划地一起协同劳动，共同创造并占有产品。集体是由处在同一集体中的个人组成的，因此集体劳动中包含着个人劳动。但是，社会主义集体劳动中劳动者与生产资料的直接结合与个体劳动中二者的直接结合也有所不同。个体劳动以劳动者私人占有生产资料为前提条件，因此，两者的直接结合仅仅局限在私人占有的狭小范围内。每个劳动者的劳动彼此孤立，完全受个人意志支配，劳动成果也完全由个人占有和支配。而社会主义集体劳动是以劳动者共同占有生产资料为基础的社会化劳动，每个劳动者的劳动受企业劳动者总体意志的支配，劳动成果也由总体共同占有并按一定的原则进行分配。

社会主义社会建立了生产资料公有制，劳动者以社会主人的身份联合为一个整体，共同占有生产资料，实现了劳动者与生产资料的初步直接结合。根据社会分工和社会化大生产的要求，劳动者分别以企业为单位组织成若干集体劳动单元，专门和某类生产资料相结合。劳动者集体直接支配和使用这些生产资料，通过交换使集体劳动转化为社会劳动，并执行相应的分配职能，保证本集体劳动者利益的充分实现。因此，在集体劳动中决不能压抑劳动者的个性和主动性，相反，应该为个性的张扬、主动性的发挥创造条件，最终达到社会的整体效益。

当然，在集体劳动中，存在着非常细致而又严密的分工与协作关系。这种协作性的劳动可以突破个体劳动的限制，创造出一种新的生产力——集体力。马克思曾用战斗中个人与集体在战斗力上的差距作比喻，指出单个骑兵或步兵的分散进攻和抵抗与一个骑兵连或步兵团的进攻和抵抗存在着本质的差别。同理，"单个劳动者的力量的机械总和，与许多人手同时共同完成同一不可分割的操作（例如举重、转绞车、清除道路上的障碍物等）所发挥的社会力量"也有着本质的差别。在这里，集体结合劳动的效果是个人劳动根本不可能达到或者只能小规模达到的，又或者是个人劳动在更长的时间内才能达到的。这是因为，通过集体劳动的相互协作，不仅仅提高了个人的生产力，而且"创造了一种生产力，这种生产力本身必然是集体力"①。因此，有效协作的集体劳动能够发挥其相对于个体劳动的"种属"优越性，在同一时间里能创造出比同量的个体劳动多得多的产品。

综上，在社会主义社会，应该在充分实现劳动者自主劳动的基础上，发挥集体劳动的最大"合力"，并在集体劳动过程中充分尊重劳动者个人的自主性，实现劳动者的全面发展。

### （四）积极劳动与消极劳动

劳动具有积极与消极两个方面的意义。区分积极劳动和消极劳动主要的标准在于劳动者从事劳动的态度和状态。所谓积极劳动是指人们以一种主动的态度要求从事为自己、为他人、为社会作出贡献的劳动，包括体力劳动和脑力劳动，这样的劳动是光荣的。消极劳动则相反，它是指劳动主体被动地承受带有强迫性质的劳动，这样的劳动是惩罚性的。

社会主义社会由于生产力还未发展到高度发达的水平，因此提供的劳动岗位有限，这就存在着就业压力大、失业的现象。在有限的岗位，人们对于岗位的选择空间也相对狭小，因此容易出现"干一行不爱这一行"的现象，甚至出现找不到容得下自己的"庙"。在不适合自己的岗位，人们对于劳动的激情无法得到充分体现，人们对于劳动更多地理解为谋生的手段，而非自身的需要。正如马克思在《1844年经济学哲学手稿》中指出的那样："劳动对工人来说是外在的东西，是不属于他本质的东西，因此，他在自己的劳动中不是肯定自己，而是否定自己，并不感到幸福，而是感到不幸，并不自由地发挥自己的肉体力量和精神力量，而是使自己的肉体受到损伤、精神遭到摧残。因此，劳动者只是在劳动之外才感到自由自在，而在劳动之内则感到如坐针毡。因此，他的劳动不是自愿的，而是一种被迫的强制劳动。从而，劳动不是需要的

---

① 马克思：《资本论》（第一卷），人民出版社2004年版，第378页。

满足，而只是满足劳动以外的其他各种需要的手段。"这时，"只要肉体的强制或其他强制一停止，人们就会像逃避鼠疫那样逃避劳动。外在的劳动，人在其中使自己外化的劳动，是一种自我牺牲、自我折磨的劳动。"①

一旦如此，人们的才能必将受到极大限制，人成为人才的可能性也将受限。而在知识经济、信息时代，各国的竞争实际是人才的竞争，人才在劳动中的劳动状态会影响各国生产的发展。所谓人才无外乎看他是否比别人技高一筹，是否比别人贡献更大。这一贡献大小的差异不仅取决于个人素质的高低和主观的努力程度，也取决于客观环境条件的差异，尤其是在原有素质和主观努力程度相同的条件下。对于个人的素质和主观努力程度，只能由个人加以实现，作为社会层面，能做的便是尽可能地创造一个公平公正的客观环境，以人为本，提供一个公平竞争的舞台，形成有利于人才发挥聪明才智的育人、选人、用人机制。这样才能做到竞争起点的公平与公正，人才才能在素质的比较和主观努力的比试中得以显现。缺乏公平竞争的机制、论资排辈、任人唯亲、干部终身制等，会使人看不到自我实现的希望，他们更加不愿意主动要求劳动，做一番事业，而只能被动地承担任务，忙于工作。这不仅不利于社会主义生产力的解放与发展，也不利于人的全面发展。

总之，社会主义社会的劳动应该努力实现消极劳动向积极劳动的转变，最大限度地发挥人的主观能动性，挖掘人的巨大潜力，充分实现人的劳动价值。

### （五）实体劳动与虚拟劳动

所谓实体劳动主要是指在一定的物质空间和同一的时间内进行的物质资料生产、销售以及直接为此提供劳务所形成的劳动，主要包括农业、工业、交通运输业、商业、建筑业、邮电业等产业部门。实体劳动更多的是传统意义上的劳动，它囊括了生产力的三要素：劳动者、生产资料、生产对象。它需要借助劳动主体的劳动，需要消耗交通、社会公共设施和物质资源等生产资料，还需要借助改造劳动对象来达到经济效

---

① 马克思：《1844年经济学哲学手稿》（节选），《马克思恩格斯选集》第1卷，人民出版社1995年版，第43—44页。

益。这在农业社会和工业社会表现得尤其突出，因此可以说，实体劳动是农业社会和工业社会的主要劳动形式。

自从人类社会诞生以来，不同社会制度对于生产力的依赖形式有所不同。奴隶社会鄙视自然力，酷爱暴力；封建社会鄙视暴力，酷爱权力；资产阶级社会鄙视权力，酷爱经济力；而知识经济时代则鄙视经济力，酷爱智力。当前知识的发展，人类社会进入了一个全新的时代——信息时代。社会发展到信息时代，世界上的一切信息均可以数字化，都可以虚拟化，包括劳动也可以被虚拟化。因此，劳动方式出现了一个新的趋势，即劳动方式越来越虚拟化。我们将这种新出现的劳动形式称为虚拟劳动。所谓虚拟劳动是相对于实体劳动而言的，主要指超越时空限制，借助最新的电子科技手段，所进行的以金融服务业为中心的劳动形态。虚拟劳动无限扩展了劳动的空间、时间、对象和手段，特别是人工智能或软智能体的出现，更日益虚拟化了劳动主体和劳动方式。应该说，虚拟劳动的出现是历史发展的必然，它的适度发展是以正常的社会需求和投资关系为基础的，它常常伴随着实体劳动的发展而发展，因此对国民财富的增长起着一定的促进作用。目前虚拟劳动主要包括三种范畴：一是虚拟资本，例如证券、期货、期权等交易活动，简单地说就是以钱生钱的活动；二是以信息技术为工具进行的经济活动，例如电子商务等；三是用计算机模拟的、可视化的经济活动。当前，与实体劳动相对应的虚拟劳动有了更为宽泛的内涵，金融经济、信息经济以及与服务领域有关的其他许多劳动内容都可以包括在内。有人说，现在的世界大战不再是传统意义上的军事大战，而是在金融领域展开的新一轮世界大战，这场大战将带来比两次世界大战更为深远的影响。这就足以证明虚拟劳动的重要性。虚拟劳动带来了劳动方式的虚拟化、劳动环境的虚拟化、劳动对象的虚拟化，极大促进了经济的发展：第一，劳动方式的虚拟化改善了劳动主体的能力与素质，不仅增强了劳动者对信息获取、传递、认识、处理和运用的能力，并且促进了劳动者素质的提高，加快了知识劳动者的出现与递增。第二，劳动环境的虚拟化减少了对物质资源和人力资源的消耗，尤其是赛博空间的出现，不仅减少了劳动对实时空间的依赖，也减少了劳动对公共交通设施等物质资源的消耗。例如大量的专业网络（电子银行、电子商务、电子政务、电子物流等）都极大缩短了结算、洽谈、采购、会议等繁杂的程序，因而也就减少了相关程序所需的人力、物力及一系列社会资源的大量消耗。第三，劳动对象的虚拟化大大地减少了试验成本，如"数字化虚拟人"就是医学研究对象人的虚拟化，这就减少了医学试验中失败的损失。

然而，从当前的经济发展来看，实体劳动的范围呈缩小的趋势，虚拟劳动正在成为新兴的劳动形式。这样的发展趋势与虚拟劳动发展的适度原则是不相符合的，对于实体劳动与虚拟劳动，我们应该同样重视。如果我们将实体劳动比作硬件，那么虚拟劳动就可以看作软件。虚拟劳动越发达，实体劳动配置有限资源的能力就越强、效率也越高。因为没有软件的支撑，硬件就不能有效地运转。但同时我们也应该注重实体经济的支撑，若是没有了实体劳动的硬件基础，再好的软件也无法发挥作用，甚至可能会坍塌，当前的金融危机就是最好的例子。

### （六）现实劳动与延伸劳动

当前现实劳动存在的范围和领域发生了变化，不再仅限于和商品生产及市场运行有关的领域，而是广泛延伸到了人们生产生活的各个领域，尤其是非物质生产领域。为此，我们可以将社会主义社会劳动作现实与延伸之分。所谓现实劳动主要指传统意义上的物质生产过程，即创造物质资料的劳动。而延伸劳动则是物质生产过程的延续和深化，是拓宽了的、具有更广的内涵和外延的劳动。在现代社会，延伸劳动主要有三种形式：科技劳动、管理劳动和服务劳动。

传统的社会主义经济理论主要阐述了现实的物质生产劳动，未明确定位和评价从事科学技术工作、经营管理以及第三产业中的绝大部分劳动。然而，随着生产力发展和科技进步，在当代，科学技术日益成为创造价值、增进财富的决定性因素和动力，科技劳动作为一种具有高度创造性的复杂劳动在相同时间内能创造出更多的价值；随着社会分工的日益细化、市场竞争的日趋激烈、经济运行变数的逐渐增多，经营管理工作作为另一种特殊的复杂劳动，是简单劳动的"倍加"，其职能也越来越重要，是非常重要的生产力；在我国，当前第三产业对国内生产总值（GDP）的贡献率空前提高，地位举足轻重，第三产业中的绝大部分服务劳动（例如金融、保险、会计、信息等）是以服务形式的消费存在的，它们都是现代市场经济中总体劳动的有机组成部分。这些延伸劳动不仅拓宽了劳动的范围，而且为我国劳动力的转移提供了广阔的空间，舒缓了劳动力人口的巨大压力。

总而言之，现实劳动是整个国民经济的基础，其基础地位不容动摇，然而延伸劳动的迅猛发展正在日益成为各国生产力的主力军，加之其对现实劳动能起到极大的推动和促进作用，因此，在社会主义市场经济的建设中，我们更应该重视发展这些延伸劳动，鼓励科技创新、管理创新和服务创新，发展生产力。

### （七）组织劳动与参与劳动

在社会主义社会，人们以不同的方式进行劳动。其中有一部分人本身不参与到具体的劳动过程中，他们作为管理人员，将资本、土地、劳动、技术等生产要素组织起来进行劳动。我们把这种劳动称作组织劳动。优秀的管理人才善于将各种生产要素加以组织，促进资源的合理配置，实现规模经济和经济效益最大化。还有一部分人，他们以自己的劳动力、技术、资本等各种要素参与到劳动过程中来，或直接生产，或间接服务，创造财富。我们把这种劳动称为参与劳动。参与劳动与组织劳动不同的地方在于，参与劳动仅仅是以一种或多种方式参与到劳动过程当中，但对于自己投入的资源是否处于最优配置并不是太在意，也并没有为实现这种最佳组合进行过多的干预，他们获得利益往往要依赖管理人员的组织劳动。组织劳动通过将参与劳动的劳动主体的各种资源进行整合和配置，并结合企业当前面临的形势，对有限的资源进行最大的利用，从而保证参与劳动的劳动主体能够获得最大的利益。

从两者的关系上考察，参与劳动是组织劳动的基础，没有参与劳动的存在，组织劳动所要组织的对象即各种生产要素就不复存在了；组织劳动则是参与劳动的提升，它保证劳动主体参与劳动的有效性和有益性。没有组织劳动，一味地参与劳动并不能达到为社会创造巨大财富的作用，有时甚至会造成资源浪费的现象。社会主义社会的劳动应该是有效的劳动，为此应该在参与劳动的基础上对劳动要素进行最优的组织，达到效益最大化。

### （八）基础劳动与深层劳动

社会主义社会的劳动还有基础与深层之分。所谓基础劳动，就是指为其他生产提供必要的物质资料、设备设施等浅层次的劳动，主要包括农业、工业、建筑业、交通运输业和邮电业等部门的劳动。这些劳动人员分布在各行各业，包括如搬运工人、装卸工人、清洁工人等。他们为社会主义社会的建设提供浅层的但却是基础的劳动，有时甚至需要付出比常人更多的辛苦。不分脏活累活，他们全部都做，默默无闻地奉献着。除了基础劳动之外，还存在另外一些劳动。这些劳动不像基础劳动那样容易被人们所认识，它们更多的是以一种潜在的形式存在着，因为它们本身可能跟具体的生产过程并不直接接触。例如在高校从事基础理论研究的学者们，从表面看来，他们本身并不直接参与到生产过程，操作机器、安装零部件等，但是只要深入考察就可以发现，他们的的确确为社会生产力的发展起到了引领的作用。一项技术的发明，一个理论的提出，都可能为社会带来生产力的革命和极大的腾飞。我们把这种形式上潜在但却会对生产产生巨大积极作用的劳动叫作深层劳动。

基础劳动与深层劳动的差别不在于哪种劳动更低贱或高贵，也不在于哪种劳动是真正的生产或非生产劳动，而仅仅在于劳动方式上的不同。人类在进化过程中，生产工具的发明和使用，使人类自为状态的劳动产生了社会性的分化，出现了劳动生产的社会性的分工，进而出现了基础劳动与深层劳动这两种不同的劳动方式。两种劳动方式的出现从本质上讲是适应人类社会劳动生产的发展需要而产生的，其劳动方式虽有不同，但劳动的实质目的都是相同的，都是为了人类社会的生存与发展。基础劳动为人类的生存提供了可靠的保障，营造一个良好的生存空间；深层劳动为人类的发展提供了前进的动力，开创一个美好的未来世界。两者都是人类社会不可缺少的，都是光荣的。

因此，在社会主义社会中，我们在尊重深层劳动的同时，也要充分尊重基础劳动，尊重这些劳动者的选择、人格和价值。

### （九）创造劳动与执行劳动

现代科技革命以其工艺的、技术的、理论的成果武装劳动者，使劳动者的素质不断提高，劳动的创造性、智能性大大加强。在直接生产过程中，工人的操作劳动正在让位于自动化和智能化的机器。这些自动化技术设备不仅需要人去控制和管理，还需要人去改进和发展，这就要求人们发挥积极主动性，更多地去从事一些创造性工作。正如彼得·德鲁克在《后资本主义社会》一书中指出的：我们正处在知识发展时代，这时最基本的经济资源不是资本、自然资源，而是知识。随着知识与信息日益成为核心要素资源，知识的作用、人力资源的作用将越来越大，人的思想、人的创意的作用越来越明显。在许多企业，昔日手工操作的机器已被自动控制设备所取代，劳动者手中的工具已不再是钳子、扳手，而是计算机线路板、鼠标等控制器，这就将劳动的创新性上升到重要的地位。十七大报告也提出要提高自主创新能力，建设创新型国家。建设创新型国家，从根本上说要依靠创造性劳动。

所谓创造劳动，是相对于常规劳动或执行劳动而言的，也可称为创新劳动，是指能够作出创造的劳动，即能够作出知识创造、技术创造、制度创造以及其他创造的劳动。最早对创新劳动问题进行专门研究的论文是曾绪宜1994年1月发表的《创造性劳动价值论》。他在这篇文章提出了把"劳动"分为一般性劳动和创造性劳动的观点。"所谓一般性劳动，是指劳动的内容和形式已经在社会一定的范围内充分扩展了的那种性质的劳动。""所谓创造性劳动，是指人类创造事物、新方法、新理论和不断开辟它的应用范围的活动。"① 在现代工业化国家中，直接以消耗体力为主的劳动支出在产品成本中的比重正在迅速减少，现代工业生产所需要的不是简单的体力运作，而是具有创造性的技能型和知识型劳动。劳动不再是简单的模仿和机械的重复，而是富有个性的创新性活动。创新是价值创造和增值的核心，创新的程度越高，生产的商品或服务就越多，劳动创造的价值就越大。在创造性劳动中，人们日益富有创新性和个性，重复性的执行劳动比重下降，创新性劳动的比重上升，劳动成为充分展现个人自由与意志的活动。

而执行劳动，即通常所说的常规劳动，它是在已有的技术、方法、组织形式等条件下，为获得已有种类的劳动产品而进行的操作性劳动。目前，操作性的执行劳动依然居主导地位，但创造劳动在经济生活中的地位不断上升，各种技术发明、知识创造层出不穷。

创造劳动与执行劳动是对立的统一。在一定意义上，执行劳动是对创造劳动的重复；创造劳动是对执行劳动的突破；经过一定时期的执行劳动则进入创造劳动，又经过新的执行劳动再进入新的创造劳动。重

---

① 曾绪宜：《创造性劳动价值论》，《求索》1994年第1期，第73—74页。

复、创造，再重复、再创造，往复无穷。创造劳动的不断复制和社会扩散，是靠执行劳动来完成的。也就是说，执行劳动是对创造劳动的模仿、复制和社会化推广，这才使得创造劳动成为普遍化和主导化的劳动。同样，执行劳动的量的积累并不是无限制的，执行劳动过分地模仿和重复就会出现过剩，从而导致马克思所阐述的平均利润率下降规律的作用或无效劳动的产生，这个问题就要由创造劳动来解决。通过创造劳动在内涵上、在质上对执行劳动进行改造和提升，对执行劳动进行"创造性的破坏"，从而使劳动在新质上进行，人类社会由此得以不断进步。

因此，社会主义社会的劳动应该是创造劳动与执行劳动的紧密配合，互相辅佐，共同进步。

### （十）核心劳动与外围劳动

社会主义社会的劳动并不是都处于同一层次的，它们之间像个层层包围的圆。这里可以借助科学哲学家拉卡托斯的一个形象比喻来说明。根据科学哲学家拉卡托斯的说法，科学体系是由"硬核"和"保护带"两部分构成的，硬核是一个科学体系得以确立的核心理论，而保护带则是建立在核心理论基础上的其他理论。一个完善的劳动结构体系也是由居于核心地位的核心劳动和处于保护地带的外围劳动所构成的。在劳动体系中，总有一种或几种劳动在生产力的发展过程中发挥着主导作用，占据着核心地位。这样的劳动，就是核心劳动。它不仅代表着整个社会生产力发展的总方向和总特征，而且也代表着一个国家的核心竞争力。核心竞争力在国家层面表现为一个国家的创新体系，而其中最重要的便是技术创新。只有通过技术创新才能将创新的成果转化为现实生产力，从而提高一个国家的竞争力。在劳动体系核心之外的是"保护带"，保护带由处于从属地位的外围劳动构成。所谓外围劳动，顾名思义，处于核心劳动的外围，它为核心劳动提供必需的匹配品，如物质资料、基础性设施等。例如，为信息产业提供配套服务的服务部门，包括生产所需的材料供应部门、研发人员的开发和培训机构等，它们进行的劳动属于外围劳动的领域。

从两者的相互关系来看，核心劳动约束着外围劳动，为外围劳动提供方向和根据，从而维护劳动体系的稳定和统一，也维持着一个国家的核心竞争力。保护带中的外围劳动越靠近内核，受核心劳动的影响越大，越靠近外围则灵活性越大。社会经济生活中总是不断有新情况出现，这些新情况都会冲击外围劳动，外围劳动遭受冲击之后，尽量在劳动体系的基本倾向上调整自己，使生活的变化不至于影响核心劳动，起到保护核心劳动的作用。当现实生活不断冲击时，外围保护带会一层一层地剥落，直至核心劳动裸露在外，此时核心劳动没有外围劳动的保护，经不起时代变化的撞击，整个社会生产力体系的坍塌也只是时间问题了。

因此，在大力发展核心劳动的同时，不能忽略对外围劳动的发展和优化，只有这样才能保证核心劳动的"高枕无忧"。而发展外围劳动的同时，又不能忽略核心劳动的重要性，应充分发挥核心劳动的映射和拉动作用，优化外围劳动的结构，推动国民经济的整体增长和飞跃。

前文从劳动范畴对各种具体劳动的形式作了划分，这一划分较之于以往简单地以生产劳动和非生产劳动来划分劳动更为丰富，同时也有助于更好地认识当前新出现的各种劳动形式。但是不论对具体劳动作什么样的丰富和分析，必须指出的是，活劳动仍然是价值创造的唯一源泉，这一劳动价值论的内核是不变的。

## 二  科学对待社会主义社会劳动的生产性与非生产性

马克思主义经典作家所处的时代，正是资本主义工业经济迅速发展的时期，产业工人在创造社会财富的过程中发挥着巨大作用。为了唤取工人阶级的觉醒，马克思特别强调了产业工人的劳动在创造价值中的作用。传统的马克思主义劳动观和劳动价值论认为，创造价值的劳动，主要是指物质资料的生产活动，特别是产业工人的劳动。虽然马克思也论述过包括非体力劳动（即科学方面的劳动）在内的"总体工人"的劳动，但长期以来我们还是多把体力劳动者看作是创造价值和社会财富的劳动者。随着生产力的发展和社会的进步，产业结构在不断发展和变化，第三产业越来越发达，各种服务业迅猛发展。一些发达国家第三产业的增加值已超过第一、第二产业的总和，并因此进入后工业社会，向知识经济过渡。产业结构的变化，也带来就业结构的变化，大量劳动者从事各种服务业。同时，随着科技革命的兴起和高新技术的发展，科学技术工作不仅成为相对独立的劳动形态，而且在现代社会化生产中已成为最重要的劳动。此外，随着社会化生产的发展和管理革命的推进，经营管理成为一种仅次于科技劳动的重要劳动形态；同社会主义商品生产相联系的精神产品的生产和服务业的劳动也已成为劳动的又一重要形态。这就要求突破生产劳动和非生产劳动的界限，适应这一变化和要求。分析生产劳动与非生产劳动的问题，可以从一般生产劳动与特定社会历史条件两个角度加以考察，这是马克思分析资本主义制度下生产劳动与非生产劳动性质所遵循的方法。

### （一）马克思对资本主义制度下生产劳动与非生产劳动的分析

马克思在分析资本主义制度下的生产劳动与非生产劳动时，首先从一般生产劳动的观点来考察，这种考察办法就是撇开劳动的具体社会性质决定性，而对劳动过程的一般性作一分析。他从简单劳动过程的观点出发，指出："在劳动过程中，人的活动借助劳动资料使劳动对象发生预定的变化。过程消失在产品中。它的产品是使用价值，是经过形式变化而适合人的需要的自然物质。劳动与劳动对象结合在一起。劳动物化了，而对象被加工了。在劳动者方面曾以动的形式表现出来的东西，现在在产品方面作为静的属性，以存在的形式表现出来。"① 正是根据简单劳动过程的这种性质，马克思给一般意义的生产劳动下了一个定义："如果整个过程从其结果的角度，从产品的角度加以考察，那么劳动资料和劳动对象二者表现为生产资料，劳动本身则表现为生产劳动。"② 也就是说，一般意义的生产劳动，是指劳动力与生产资料相结合、进行物质资料的生产、创造出新的使用价值的劳动。这个定义对任何社会形态都是适用的，因此马克思称之为生产劳动的普遍定义。在这样的生产劳动界定中，可以看到，它与社会历史条件无关，只要它生产出使用价值满足人们的需要都可以称之为生产劳动。但是，马克思在下了这个定义以后，紧接着就指出这个定义对于资本主义生产过程是绝对不够的，因为在资本主义制度下，"生产工人的概念决不只包含活动和效果之间

---

① 马克思：《资本论》（第一卷），人民出版社 2004 年版，第 211 页。
② 同上。

的关系"①，生产工人的概念还应包含一种特殊社会地、历史地产生的生产关系。因此，在不同的社会制度下，由于生产关系不同，生产劳动的含义也就不同，这就决定了不同社会制度下生产劳动的特殊定义。

马克思分析资本主义制度下的生产劳动与非生产劳动时，首先肯定资本主义的劳动过程并不排除劳动过程的普遍定义。但是，马克思又指出："从资本主义生产的意义上说，生产劳动是这样一种雇佣劳动，它同资本的可变部分（花在工资上的那部分资本）相交换，不仅把这部分资本（也就是自己劳动能力的价值）再生产出来，而且，除此之外，还为资本家生产剩余价值。仅仅由于这一点，商品或货币才转化为资本，才作为资本生产出来。只有生产资本的雇佣劳动才是生产劳动。"②正是根据这个含义，马克思给资本主义生产劳动下了个具体定义："是指社会地规定了的劳动，这种劳动包含着劳动的买者和卖者之间的一个十分确定的关系。"③ 由此可见，马克思关于一般意义的生产劳动的普遍定义和资本主义生产劳动的具体定义，是从生产力和生产关系两个不同方面来考察的。前者表明人对自然的关系，反映人们的简单劳动过程，即人与自然之间的物质交换从而创造新的使用价值的过程，这种关系和过程是任何社会都存在的；后者则表明资本主义制度下人们之间的经济关系，即资本与雇佣劳动的关系，反映着价值增殖即剩余价值的生产过程，这种关系和过程是资本主义制度下所特有的。总之，从马克思对资本主义制度下生产劳动与非生产劳动的分析，可以看出划分生产劳动与非生产劳动有两种标志：一种是从简单劳动过程的观点出发，看是否体现了人与自然之间的物质交换，是否创造了新的使用价值并有劳动物化其中；一种是从资本主义生产关系的特点出发，看是否体现了资本与雇佣劳动之间的关系，是否能为资本带来剩余价值。

社会主义制度下生产劳动与非生产劳动的分析也可以借鉴马克思对资本主义制度下生产劳动与非生产劳动分析的基本方法论原理，从两个方面进行考察。

---

① 马克思：《资本论》（第一卷），人民出版社2004年版，第582页。
② 马克思：《剩余价值理论》，《马克思恩格斯全集》第26卷 I，人民出版社1972年版，第142页。
③ 同上书，第426页。

**（二）社会主义制度下生产劳动与非生产劳动的分析**

如前所述，马克思从简单劳动过程的本性出发，对生产劳动所下的普遍定义，即创造物质资料的劳动是生产劳动的定义，对社会主义社会也是完全适用的。这也是分析社会主义制度下生产劳动和非生产劳动问题的基本出发点。

根据这个普遍定义，在社会主义社会，一切物质生产部门的劳动，不管采取什么形式（全民的、集体的，甚至个体的形式），都是属于生产劳动。具体来说，农业、工业、建筑业（包括生产性和非生产性建筑）、交通运输业和邮电业（只包括属于生产过程的那部分）、商业中的生产过程（包括商品的包装、分类、保管和运输过程）、物资技术供应部门、农副产品采购部门（仅指执行保管、分类、运送等生产过程）、其他物质生产部门的劳动，都能创造某种具体的物质资料，都能创造一部分国民收入。[①] 在社会主义社会，随着社会分工协作的发展和生产社会化程度的提高，这种生产劳动一般的范围有日益扩大的趋势。在当代，交换关系和分配关系、消费关系对生产关系的重大反作用，使我们界定劳动的性质不仅要看狭义的生产过程和生产关系。我们考察社会主义生产劳动的出发点，应当是社会主义生产关系的本质，它不仅反映在直接的物质资料的生产过程中（虽然这是主要的、决定性的），而且还反映在分配、交换和消费等关系中。社会主义经济关系的本质和社会主义生产的目的是最大限度地满足整个社会的物质和文化需要，据此，反映社会主义经济关系特殊性的生产劳动的具体定义应当是：凡是能直接满足整个社会的物质和文化需要的劳动，就是生产劳动；只是间接有助于社会的物质文化需要的满足或不能满足社会需要的劳动，就是非生产劳动。[②] 因此，反映社会主义生产关系实质的生产劳动，除了主要是指直接生产物质资料的活动外，还包括某些非物质生产但能直接满足这一目的的活动。能直接满足整个社会的物质文化需要的是要能直接创造某种使用价值的劳动，这样的劳动有两种情况：一种是能对象化为

---

① 何炼成：《深化对劳动和劳动价值论的研究和认识——四十年来我的研究轨迹》，经济科学出版社 2002 年版，第 23—24 页。

② 同上书，第 25 页。

某种具体的物质资料，表现在"存在的形态上"，即某种具体的使用价值，这主要是物质生产部门所创造的生产资料和消费资料，也包括某些服务性行业（如饮食业）所创造的产品；另一种是不能对象化为某些具体物品，只是在"动的形态上"的劳动，但它能创造一种可以满足某种社会需要的"特殊使用价值"，这主要是服务部门所提供的"服务"或"劳务"的大部分，也包括演员、教师、医生提供的劳务等。① 生产性劳动部门作为直接的物质产品生产部门，直接转移旧价值和创造新价值，这些部门的劳动是社会财富积累的基础性部门，对直接满足整个社会的需要具有决定的意义，也是服务部门劳动得以进行的物质基础。服务部门的劳动虽然在社会主义社会具有不可忽视的意义，其重要性也随着社会主义的发展而日益增加，但它终究不是满足社会需要的主要的决定的部分，且必须以直接物质产品生产部门的劳动为基础。但是从社会主义经济关系的本质来看，这两者都应当属于社会主义社会所特有的生产劳动的范畴。而属于非生产劳动的部门是纯粹商业部门、国防部门、政府各级行政部门、不和生产直接联系也不提供服务的科学研究部门等。② 这些非生产部门工作者的劳动对满足整个社会的需要来说都是必要的，但它们并不提供任何形式的使用价值，也不创造任何国民收入，因此只能说是在间接的意义上来满足整个社会的需要。

马克思认为，只有物质生产部门的劳动才是生产性劳动，才创造价值，这个观点并不过时。而对于什么是生产性劳动，在马克思看来，则是在不同社会经济制度和不同社会经济发展阶段上具有不同内涵和外延的概念，因此是可变的。在社会主义市场经济条件下，社会财富的主要形式不再被看作是一般剩余价值，而是能够满足企业和社会积累财富的资本和市场需要的商品和劳务，是有利于增强国家综合国力的各种资本品、商品和服务。以此为标准，生产一切能满足人们正常物质和文化需求的商品和服务的劳动均具有生产关系上的生产性。因此，在社会主义条件下，生产性劳动的内涵和外延都应该发生变化。从内涵上看，生产

---

① 何炼成：《深化对劳动和劳动价值论的研究和认识——四十年来我的研究轨迹》，经济科学出版社 2002 年版，第 25 页。

② 同上。

性劳动表现为生产能够满足人们物质和文化需要、能够实现人的全面发展要求的手段的劳动。从劳动的具体形态上看，伴随劳动社会化程度的提高，间接参与物质产品和使用价值创造的劳动的范围扩大，生产性劳动的范围将不断扩大。从劳动方式上看，生产性劳动不仅包括体力劳动，而且包括日益增多的精神劳动。在内涵上，应进一步明确，创造价值的劳动不仅包括体力劳动，更应包括脑力劳动，从事科技、知识、管理的人不仅能够创造价值，而且能够创造更大的价值，这些劳动应该属于创造价值的劳动。无论是雇用工人的劳动，还是私营企业主经营管理企业付出的劳动，都应该是创造价值的源泉。在外延上，不仅包括从事物质生产的劳动，也应该包括从事第三产业的劳动。拓宽对劳动内涵和外延的认识不仅有理论意义，更重要的是有重大现实意义，目的在于强调"尊重劳动、尊重知识、尊重人才、尊重创造"，从而实现让一切劳动、知识、技术、管理和资本的活力竞相迸发，让一切创造社会财富的源泉充分涌流，以造福于人民。

在扩大生产劳动的范围中，服务劳动、科技劳动和管理劳动是三个重要方面。在现代经济和社会发展中，这三个方面的劳动在社会总劳动中的比重在上升，其创造的价值在社会总价值中的比重也在上升。因此，需要科学理解在当前社会中多种劳动各自的分工及其地位。

### 三　科学理解多种劳动分工

#### （一）物质生产的基础地位

马克思在《〈政治经济学批判〉序言》中揭示出，"物质生活的生产方式制约着整个社会生活、政治生活和精神生活的过程"①，这一历史唯物主义观点，到现在仍然是适用的。首先，无论哪一个时代，物质生产始终是人类社会存在和发展的基础，它本身解决的是"生"的问题，只有解决了人们的衣食住行，才能谈得上其他劳动形式的发展。其次，随着时代的发展，劳动生产率日益提高，产业结构逐渐优化，人们误以为生产决定或主导的时代已经过去了，取而代之的是分配关系或是

---

① 马克思：《〈政治经济学批判〉序言》，《马克思恩格斯选集》第2卷，人民出版社1995年版，第32页。

其他的经济活动。然而，我们必须指出，物质生产劳动是一切经济活动的原始动力，它是经济乃至整个社会发展的终极动力源泉。没有现实的生产，分配、交换、消费，都是无源之水、无本之木，创造社会财富的不是分配、流通和消费领域，而只能是生产领域。再次，在当下强调物质生产的基础地位有着特殊的意义。从当前的经济发展来看，实体劳动的范围呈现缩小的趋势，虚拟劳动正在成为新兴的劳动形式，金融行业更是成了各国经济发展的风向标和领头羊。人们借助于各式各样的金融工具来进行投资以获取利润，但是由于金融行业本身的高杠杆性，容易导致金融经济中的投机现象，这样一种具有高风险的行业，若是脱离了实体经济的支撑，就容易造成泡沫经济，从而导致金融危机。因此，为了防范这一虚拟经济带来的风险，当前更要强调物质生产的基础地位，充分优化产业结构，提高国家的实体经济实力。当然这里强调物质生产劳动的基础地位，并不是强调在量上的优势，而是强调质上的优势，即劳动生产效率的提高和结构的优化。

**（二）科技劳动的创新地位**

马克思认为科学技术革命是推动经济和社会发展的强大杠杆，在当前的经济发展中，科技进步及其在生产中的运用已经成为新的亮点。据统计，20世纪初，在发达资本主义国家中，科技进步对经济增长的贡献率仅为5%—20%，而到了70年代则已经增长到60%，80年代更是达到了80%以上。[1] 科技劳动的形式最具有探索性和创造性，它能生产出各种新知识，包括新观点、新技术、新思想、新方法，并在应用中转化为各种物质产品和精神产品。科技正越来越多地渗透到经济生活的各个方面，无论工业、农业还是服务业，科技都在其中起到重大的作用。随着科技产品的日益丰富，现代经济活动的内容和形式都发生了深刻的变化，科技产品的创造、生产和传导成为经济生活的重要内容。在生产过程中，科技劳动者作为总体工人的一部分，他的劳动产品虽然没有确定的物质形态，但是，只要他的劳动融入总体工人的劳动之中，就是创造价值的劳动。随着科学技术的发展及其在生产过程中的运用，生产劳动的含义发生着深刻的变化，科技劳动将成为创造价值的劳动的主要部

---

① 陈永志：《劳动价值论的创新与发展研究》，福建人民出版社2010年版，第101页。

分。因为把科学技术运用于生产过程，不仅提高了生产资料的效能和效率，更为重要的是造就出了高素质的劳动者、科技人员、管理人员。科技劳动不同于一般物质产品的生产劳动。科技生产要花费更多、更复杂的劳动，因为科技本身凝结了比物质产品更多的人类劳动，所以在生产过程中，它所转移的价值也更多。因此，在当前的经济发展中，科技劳动的创新在价值创造和价值实现中都起到了巨大的作用。

### （三）管理劳动的整合地位

进入 21 世纪，管理劳动越来越受到重视，它与科技劳动一样，已经成为所有劳动形式中最重要的劳动。管理劳动是整个生产劳动不可分割的一部分，它在社会生产过程中必须进行计划、组织、协调、指挥、监督等一系列管理活动。所谓的管理劳动主要包括两方面内容：一方面是对生产要素及生产经营运动过程建立起系统的结构和程序，并对其进行调控，使之形成系统的有序运动，保证总体劳动的正常产出水平并促进其增长；另一方面是根据经济组织或社会经济运行情况的变化，对现有生产要素及其生产经营运动过程的运动结构和程序重新排列组合和优化，从而适应情况的变化并大幅度提高总体劳动的产出水平。① 管理劳动已经不是一般意义上的复杂劳动，而是一种高度复杂劳动，始终是在智能的支配下完成的。这种高度复杂劳动比体力劳动乃至一般复杂劳动能够创造更高的价值。管理劳动是生产劳动的一部分，管理劳动者也是"总体工人"的一部分。随着生产社会化水平的提高，社会分工日益多样化，一个生产过程必须由许多劳动者的劳动共同来完成。因此，商品价值的创造也必然要由许多的劳动者的劳动来共同完成。管理人员在这一生产过程链条上从事管理职能的劳动一旦凝结在商品中，无疑就构成了生产劳动的重要部分，管理劳动创造商品的价值也就无可厚非了。这里需要指出的是，在马克思的分析中，批判的不是管理活动本身，他所批判的，一是将资本家或企业主的收入用管理工资的概念来掩盖其来源于剩余价值的实质；二是由资本和雇佣劳动对立性质而产生的资本主义管埋劳动。社会主义社会正是要克服马克思所批判的，既要反对将全部企业利润辩护解释为管理劳动所创造的工资，又要承认管理劳动在生产

① 洪银兴等：《资本论的现代解析》，经济科学出版社 2005 年版，第 80—81 页。

中重要的整合作用，承认管理劳动创造价值。

## （四）服务劳动的保障地位

当前经济产业结构中，第三产业快速发展，在国民经济中所占的比例与日俱增，其就业人数也越来越多，对经济增长的贡献越来越大。2013 年我国服务业增加值占 GDP 比重提升到 46.1%，首次超过第二产业。2014 年上半年，服务业占比上升到 46.6%，高于第二产业 0.6 个百分点。[①] 据此，服务劳动在社会经济生产中的地位如何、是否创造价值等问题也就引起人们的关注和探讨。我国对第三产业划分为两大部门和四个层次[②]，但是不论其怎样划分，都可以看出第三产业的内涵是十分丰富的，不能简单笼统地认为其是生产劳动或是非生产劳动。若是从其服务对象而言，第三产业可以分成为物质生产服务的劳动和为生活服务的劳动。若是为物质生产服务的劳动，它们是物质生产过程某些服务职能随着社会生产的分工细化而独立分离出来的，可以视为是"总体工人"的某种职能的独立。它们间接为物质生产服务，是生产性劳动，创造价值，例如第一层次中交通运输业和物资供销业等。而为生活服务的劳动，则必须要进一步细分。一种是可以物化的服务劳动，即"把自己的劳动固定在某种物上，并且确实使这些物的价值提高了"[③]。这种服务劳动与做同类工作的独立手工业者的劳动是一样的，都是生产商品，即创造使用价值和价值的劳动，例如科学研究和综合技术服务、教育服务、金融和保险服务等；另一类服务，马克思称之为纯粹的服务，"它不采取实物的形式，不作为物而离开服务者独立存在"[④]，这种服务

---

① 王一鸣：《全面认识中国经济新常态》，《求是》2014 年第 22 期。

② 所谓两大部门，即流通部门和服务部门。四个层次分别为，第一层次主要包括交通运输业、邮电通信业、商业、饮食业、物资供销和仓储业，属于流通部门；第二层次指为生产和生活服务的部门，包括金融保险业、地质勘查业、房地产业、公用事业、居民服务业、旅游业、信息咨询服务业、各类技术服务业等；第三层次指为提高科学文化水平和居民素质服务的部门，包括教育、文化、科学研究事业、卫生、体育和社会福利事业等；第四层次指为社会公共需要服务的部门，包括国家机关、党政机关、社会团体以及军队和警察等，后三个层次都属于服务部门。（参见丁堡骏《马克思劳动价值理论与当代现实》，经济科学出版社 2005 年版，第 211—212 页。）

③ 马克思：《剩余价值理论》，《马克思恩格斯全集》第 26 卷 I，人民出版社 1972 年版，第 156 页。

④ 同上书，第 158 页。

劳动提供的消费品是一种无形产品。这种劳动不是物化的劳动，而是提供随即消失的服务，是非生产性劳动。例如，有国家官吏、军人、艺术家、牧师、法官、律师、教师等。当然，区分服务劳动的生产性与非生产性都不能抹去服务劳动的重要作用，它不仅在满足人们的物质需求上有其作用，在满足人们的精神文化需求方面更有着不可替代的作用。可以说物质生产解决的是人类生的问题，服务劳动则解决人们活的问题。物质生活是人与动物生存方式的共同内容，能够真正反映人的本质特点的生活，只有精神生活。因此，在当前构建社会主义和谐社会中，服务劳动不仅在经济上起到重要的推动作用，更是在社会发展过程中起到重要的保障作用。

### 四　深入研究社会主义社会劳动的意义

拓宽社会主义社会劳动论的新视野，不仅对于当前正确认识各种劳动的作用有着重要的意义，而且对于当前构建社会主义和谐劳动关系也有着巨大的意义。具体表现在：

第一，在社会主义初级阶段的市场经济条件下，所有的劳动，都应从属于社会主义商品生产，都应从属于中国特色社会主义建设事业，凡是从事社会主义商品生产经营、推动我国生产力发展的活动以及其他有利于中国特色社会主义建设事业的活动都是劳动，从事这样一些活动的人员都是中国特色社会主义事业的建设者，都是社会主义的劳动者。

第二，社会主义基本经济制度下，劳动者是国家的主人，公有经济中的劳动者是国家和企业的双重主人，非公有经济中的劳动者是受社会主义国家法律保护的劳动者。占主体地位的社会主义生产关系决定了劳动者之间的平等关系，即使是非公有经济中的劳动者和企业主之间也不再是赤裸裸的剥削与被剥削关系。

第三，在社会主义市场经济条件下，劳动力是有尊严的商品而非一般商品，这种劳动力商品的流动虽然受市场波动和供求关系的影响，但是它是管理有序的流动和配置。在公有制企业里，劳动者是企业的主人；在非公有制企业里，劳动者是有尊严的生产要素。国家和企业要通过劳动法和各项规章制度保护劳动者的利益，最大限度地杜绝各种对劳动者的侵权行为。

第四，社会主义国家要坚持劳动人民当家作主的价值观，要以人为本，以劳动者为核心，协调好各类劳动者之间的利益关系，特别是要调整好非公有制企业的劳资关系，正确处理人民内部矛盾，构建和谐企业，以保证劳动人民健康劳动、合理劳动、自主劳动，为构建社会主义和谐社会创造基础条件。

# 第二节　社会主义社会价值论的新视野

马克思劳动价值论的出发点是劳动，但其研究的落脚点却在于价值，结合社会主义社会实际，这一落脚点更应该体现在价值分配领域。对于价值分配的探讨，劳动价值论较少论述，它更多地探讨劳动与价值创造之间的关系。然而，价值创造仅仅是价值产生的过程，关注的是"价值是谁""从何而来"的问题；社会主义社会不仅仅要关注价值从何而来，更要关注创造出来的价值最终"归于何处""去向何方"，这就涉及价值分配的问题。因此，社会主义社会价值论研究的视野应拓宽，要厘清价值创造与价值分配之间的关系、分析社会主义社会初级阶段的分配制度、正视收入分配的多元影响因素、探讨劳动价值论对共同富裕实现的启迪。

## 一　厘清价值创造与分配的关系

厘清价值创造和价值分配的关系是社会主义社会价值论的首要问题。在劳动价值论的传统理论视野中，马克思指出了价值创造中活劳动的决定地位，认为价值创造的唯一源泉是活劳动，物化劳动只转移自身的旧价值。这一观点从本质上是正确的，但传统的劳动价值论虽然认识到物化劳动的作用，却由于时代的限制，未能进一步分析物化劳动在价值创造中的作用，也未能进一步探讨活劳动和物化劳动在价值分配中的具体关系处理。当前有部分学者针对我国的分配制度提出质疑，认为既然物化劳动不是价值创造的源泉，那它为何也可以获得价值分配？既然活劳动是价值创造的唯一源泉，那为何在当前的分配过程中，劳动收入占比却日益下降？针对这样的疑问，我们需要进一步厘清价值创造和价值分配的关系，正确认识当前的分配制度，从而推动分配体制改革。

### （一）价值创造与使用价值形成

在劳动价值论的分析中，马克思明确指出，商品的生产是价值创造过程和使用价值形成过程的统一。就价值创造而言，价值是人们抽象劳动的凝结，不包含任何物化劳动的成分在内，但这并不意味着，价值创造过程是脱离于物化劳动的过程。在这里，使用价值是价值的物质承担者，尽管它本身并不构成价值的组成部分。就使用价值形成而言，各种物质的生产要素如机器、设备、自然资源等，都参与其中，这些物化劳动必须通过人的劳动才能形成新的使用价值。在这个过程中，使用价值构成的是社会的财富。哥达纲领的起草者误读了马克思《资本论》中的观点，导致对劳动价值论的误解（这种误解和误读可能已经蔓延到整个工人党内），马克思曾针对这种情况，对自己劳动价值论以前的观点加以补充性和完善性地说明与交代。他想说明，仅强调劳动要素的决定作用，不仅不符合科学道理，而且对工人运动是有害的，会导致人们的错误认识，即只要劳动就能创造价值，而不管生产资料在谁手里从而不管劳动价值怎样分配；这种危害还在于，历史上的剥削阶级都在告诫劳动者，只要埋头劳动，价值会自然产生。马克思在《哥达纲领批判》中针对人们对劳动价值论的误解，明确指出了，劳动不能直接创造价值，劳动只能创造财富或使用价值。可以说，《哥达纲领批判》这部著作，是马克思劳动价值论进一步科学化的标志，是马克思劳动价值论回应各种质疑和挑战的科学论著。马克思在《哥达纲领批判》中指出："劳动不是一切财富的源泉。自然界和劳动一样也是使用价值的源泉……"[①] 这就表明，物化劳动在使用价值形成过程中也起到了重要的作用。但是使用价值与价值本身就是两个截然不同的概念，因而，使用价值的形成与价值的创造也是两个不同的概念。因此，我们不能将价值创造的源泉与使用价值形成的源泉等同起来，前者的源泉只能是唯一的，即劳动，而后者的源泉可以是多样的，即活劳动和物化劳动等。

### （二）价值创造与价值分配

在区别价值创造和使用价值形成的基础上，还须进一步区分价值创

---

① 马克思：《哥达纲领批判》，《马克思恩格斯选集》第 3 卷，人民出版社 1995 年版，第 298 页。

造与价值分配。价值创造和价值分配是两个不同的过程。从时间角度看，价值创造先于价值分配，只有创造出了价值，才能谈得上价值的分配；从空间角度看，价值创造与价值分配隶属于不同的空间领域，前者是在生产过程实现的，后者则是在分配和再分配的过程实现的。就研究对象而言，价值创造和价值分配研究的是不同的对象。价值创造过程研究的是价值创造的源泉问题，即商品经济条件下商品价值决定的本源问题，据此承认了劳动作为价值的唯一源泉；而价值分配领域着重研究的是价值被创造出来以后如何在社会各阶层、各成员中分配、分配比例的大小等问题①，并力求探讨价值分配的公平与公正。因此两者是不同的两个概念。对于价值创造的源泉，我们始终认为只有劳动才是商品价值决定的本原，不论社会制度是否相同，也不论经济发展水平是否一样，更不论参与价值形成过程的要素有多少；而对于价值分配则不同，不同的社会制度、不同的经济发展水平和参与价值形成过程的生产要素的种类等都会影响社会的分配方式。例如，在当前的社会主义初级阶段，我国采取了按劳分配为主体、多种分配方式并存的分配方式，而到了共产主义社会，这一分配制度就会相应地发展为按需分配。因此，价值创造并不是价值分配的理论依据，这在马克思对萨伊"三位一体"公式的批判中就已经阐明了的。

当然，价值创造与价值分配之间并不是完全没有联系的，相反，价值分配是对价值创造的逻辑延续，从价值创造到价值分配在逻辑上是一个从本质到现象的转化过程，两者之间存在一系列的转化环节。采用逻辑推理的方法，可以将价值创造与价值分配之间的转化过程用图5—1表示。

价值创造——价值形成——价值的抽象规定转化为生产价值的具体规定——价值分配

**图5—1　价值创造与价值分配的转化过程**

---

①　顾海良、张雷声：《马克思劳动价值论的历史与现实》，人民出版社2002年版，第239—240页。

如图 5—1 所示，价值分配无疑会受到价值创造的影响，尤其是价值创造的多少、价值创造的方式都会影响到价值分配的具体情况。因此，价值创造与价值分配并不是完全对立的。

### （三）财富分配与价值分配

当前学界有一种观点认为，收入分配问题是一个价值如何分割的问题，这种观点本身虽不能说是绝对错误的，但是有其不恰当之处，表现在对收入分配实质的认识上有所偏差。收入分配不能简单等同于价值分割或价值分配，这两者之间是有区别的。首先，两者涉及的分配对象不同。收入分配强调的是对财富或使用价值的分配，而价值分配则是就价值本身的分割来谈的。其次，两者出现的时间也是不同的。从时间上来讲，收入分配早于价值分配。在原始社会，社会成员之间也需要进行产品分配，当时更多的是按习惯和需要来分配，这个时候的分配本身仅仅涉及社会的财富而不涉及价值。价值是一个在商品出现后才出现的历史范畴，它是伴随着商品经济的发展而发展的。同理，价值分配也是在商品经济社会中才涉及的，这个时候社会产品在作为财富分配的同时也表现为价值的分配。从这个意义上讲，只有在商品经济出现以后，社会产品分配才在作为使用价值分配或财富分配的同时，又表现为价值的分割。在社会主义初级阶段的大背景下，我国依然存在着商品经济，因此，当前在对待收入分配问题时，必须既考虑到财富分配的因素，也要考虑到价值分配的因素，因而也才有了对价值创造与财富创造过程的各自考量。

结合上述的分析，从根本上说，价值创造所反映的是社会经济关系，而使用价值或财富形成所体现的则是人与自然的关系，反映的是经济活动中人与自然的关系。这两者之间是统一的，决不是相互排斥的，但是也决不能相互替代。在当前的经济学研究中，学者关注的焦点从理论层面和制度层面转向了体制层面，尤其关注生产力的发展和财富创造的问题，但是不能用财富创造的理论或研究来取代价值创造的理论或研究，也不能把财富生产的意义强加于价值创造之上[①]，而应该实现两者

---

①　顾海良、张雷声：《马克思劳动价值论的历史与现实》，人民出版社 2002 年版，第 254 页。

之间的统一，既发挥活劳动的作用，创造价值；也发挥财富创造中其他要素的作用，创造财富，这才是双赢。分配作为价值创造和财富创造是否能落实到社会成员手中的主要环节，需要同时考虑价值创造和财富创造的影响因素，不能顾此失彼，确实做到分配的公平公正、价值创造的和谐高效和财富创造的充分涌流。三者是一个彼此制约的整体，只有综合考虑才能真正实现社会生产的目的。

## 二　科学认识社会主义初级阶段的分配制度

党的十八大报告中指出："完善按劳分配为主体、多种分配方式并存的分配制度……"这一关于分配制度的论述是对我国长期以来在分配领域实践的总结，也是对不合理的分配体制的补充和完善。对这项分配制度，只有深刻认识其理论依据，才能做到理解和认同，进而贯彻坚持。然而，关于这一分配制度本身的理论依据为何，学界却有着不同的观点。一种是认为劳动价值论就是按劳分配原则的理论依据，并以劳动价值论来否认生产要素参与分配；另一种观点则刚好相反，以生产要素参与分配来质疑劳动价值论的科学性，进而提出生产要素价值论等多种观点来批驳劳动价值论。这些观点均缘于未能科学地认识社会主义初级阶段的分配制度本身，因而，我们需要对分配制度本身与劳动价值论的关系进行总结，并结合上述关于价值创造、价值分配和财富创造等之间关系的分析，科学认识当前的分配制度。

### （一）科学认识分配制度与劳动价值论

如前所析，价值创造与价值分配是两个不同的概念，劳动创造价值这一原理与当前的分配制度形成之间并不存在着直接的决定与被决定的关系。劳动创造价值这一原理力求说明价值实体的问题，即商品价值决定的本源是劳动；而分配制度本身说明的是价值如何在社会各阶层、各成员之间进行分配的问题。同时，劳动价值论不与经济制度本身相关联，不随着经济制度的演变而变化；分配制度则不同，它随着不同的社会经济制度发生变化，不同的经济制度所采取的分配制度是不同的。因此，劳动价值论与分配制度之间并没有直接的决定关系。分配由生产关系决定，这是马克思主义的基本观点。马克思曾在《哥达纲领批判》中指出，"消费资料的任何一种分配，都不过是生产条件本身分配的结果。而生产条件的分配，则表现生产方式本身的性质"①。因此，一定社会条件下分配制度的形成，同这个社会的所有制性质直接相关。生产资料所有制的性质及其形式，构成了一个社会的基本经济制度，这个基本经济制度决定着生产的全部性质和运动，决定着各个社会成员按照自身在社会生产中所处的地位和所拥有的权利形成一定的分配关系。② 从这个意义讲，我国现阶段实行的分配制度不是由劳动价值论本身决定的，而是由我国的生产资料所有制和基本经济制度决定的。具体而言，当前实行按劳分配为主体的分配原则，是由我国生产资料公有制决定的。在现阶段公有制经济占主体的形势下，按劳分配是能够最大限度确保劳动人民公平的重要分配原则。按生产要素贡献参与分配，同样也由我国的基本经济制度决定的。这是由于现今发展阶段，还不能完全依靠公有制经济来推动社会大发展，还必须依靠多种所有制经济共同发展，还不能消灭商品经济，相反还要大力发展商品经济，因此依然要保留按生产要素分配的方式。当然，这里按生产要素贡献参与分配的依据不是指生产要素是价值创造的源泉，而是指生产要素的所有权。因此，其本身并不与劳动价值论相违背。

### （二）科学认识按劳分配

我国的主要分配原则是按劳分配，其本身并不是由劳动价值论所决定的，而是由我国的生产资料所有制和现有的生产力水平决定的。但这并不意味着按劳分配原则与劳动价值论之间毫无关联，相反劳动价值论为当前的按劳分配原则提供许多重要的启示。

马克思曾在《哥达纲领批判》一书中对按劳分配这一方式作了详细的分析，主要内容包括以下几点：第一，按劳分配的必要条件是生产资料公有制。只有在公有制的前提下，才能排除任何人凭借生产资料的占有剥削他人劳动成果的可能性。在这里，一方面，任何人要提供产品都必须通过自己的劳动；另一方面，"除了个人的消费资料，没有任何

---

① 马克思：《哥达纲领批判》，《马克思恩格斯选集》第 3 卷，人民出版社 1995 年版，第 305 页。

② 顾海良、张雷声：《马克思劳动价值论的历史与现实》，人民出版社 2002 年版，第 240 页。

东西可以转化为个人的财产"①。第二，按劳分配的衡量尺度是劳动量。劳动量的大小以劳动时间来计算，等量劳动领取等量报酬。第三，按劳分配的具体形式是劳动凭证。在这个形式中，劳动者向社会提供劳动之后，"从社会领得一张凭证……他根据这张凭证从社会储存中领得一份耗费同等劳动量的消费资料"②。第四，按劳分配的分配对象是个人消费品。马克思指出，在社会主义社会，按劳分配的对象不是社会总产品，而是扣除了积累基金和社会消费基金之后的个人消费品。

上述内容的分析，对于当前实行按劳分配为主体的分配原则有重要的启示：

首先，马克思的"按劳分配"方式，其本质要求是不允许凭借生产资料所有权无偿占有劳动者的劳动成果，从而实现劳动者的权利平等、劳动平等和分配平等。这在人类历史上第一次维护了劳动人民的利益。

其次，马克思的"按劳分配"方式实施的结果不是平均主义，它强调的是一种既有个人收入差距，但是又反对这种差距过大和两极分化。他曾指出，即使两个从事一样劳动、工作能力完全相同的劳动者，也可能因为各自所处的环境和所需负担的不同，导致其收入上产生差距。因此，马克思并不强调在收入分配上的绝对平均主义。在社会主义阶段，只有按劳分配才能最大限度地发挥一切社会成员的积极性，但这绝不意味着我们对于两极分化不加遏制，这与按劳分配方式的本质要求是不相符合的。

最后，科学的劳动价值论与马克思的"按劳分配"方式在核心和精神实质是一致的，都是强调以人为本。在劳动价值论中，最核心的观点就是活劳动是价值创造的唯一源泉，因此要强调尊重活劳动、尊重劳动者，在分配过程中要凸显劳动的作用。同样，马克思的按劳分配原则强调的是在生产资料公有制的前提下，劳动者的劳动成果不再被"物"的所有者无偿占有，相反，它们属于劳动者本身，这也就改变了劳动者

---

① 马克思：《哥达纲领批判》，《马克思恩格斯选集》第 3 卷，人民出版社 1995 年版，第 305 页。

② 同上书，第 304 页。

原来那种异化劳动的状态，将劳动还原到自由、自觉的状态。从这一点上看，两者都倡导解放劳动、保护劳动者，本质上都强调以人为本、以广大劳动者为本。劳动价值论在新时期对于实行按劳分配这一分配原则有着更为显著的作用。正如前一章所分析的，当前的收入初次分配中，劳动所得日趋下降，资本所得不断上升，在非公有制企业内，按生产要素分配使机器排挤劳动力、资本所得挤占劳动所得的现象更是突出，这就背离了马克思劳动价值论和按劳分配思想的以人为本的精神实质。因此，在当前的收入分配中要更加体现按劳分配的主体地位，并在这一前提下，对按生产要素的分配予以积极的引导，从而实现收入向劳动者倾斜，真正体现广大劳动者的利益。

我国实行的分配原则既强调要调动人们劳动的积极性，又允许存在个人收入的合理差距。因此，只有坚持按劳分配的主体地位，才能在制度上保证社会主义的最大公正和共同富裕。

**（三）科学认识生产要素按贡献参与分配**

确立劳动、资本、技术和管理等生产要素按贡献参与分配的原则，是对我国收入分配制度的完善，也是社会主义基本经济制度和市场经济的基本要求。收入分配制度不仅仅要做到让收入在不同群体之间实现公平分配，也要做到让社会财富的创造不受限制，即要处理好公平与效率之间的关系。要"让一切创造社会财富的源泉充分涌流"，实际上就是要从社会财富产生源泉中解除一切障碍。要真正让财富创造的源泉充分涌流，就必须科学对待当前的按要素贡献参与分配的合理之处，具体包含以下三方面的内容：

首先，财富创造的源泉不仅仅是劳动。马克思认为，创造价值的源泉只能是劳动，但是财富与价值不同，它是由商品的使用价值构成的，因此财富创造的源泉就不需要也不可能只是唯一的或者只是劳动，至少还应该包括劳动资料和劳动对象。因此在《资本论》和对《哥达纲领》的批判中，马克思都曾明确指出："劳动并不是它所生产的使用价值即物质财富的惟一源泉"[①]，"自然界同劳动一样也是使用价值（而物质财

---

[①]　马克思：《资本论》（第一卷），人民出版社 2004 年版，第 56 页。

富就是由使用价值构成的！）的源泉"①，这些都说明了财富创造源泉的多样性以及物化劳动在财富创造中的巨大作用。在今天，物化劳动集中体现为劳动、资本、技术、管理等生产要素，这些要素都是创造社会财富的源泉，都可以按贡献参与分配，这是对马克思主义经济理论的创新和发展。承认财富创造的源泉不仅仅是劳动，有助于推动一切社会力量和一切积极因素迸发活力，创造更多更大的财富。

其次，财富创造的主体不仅仅是狭义的工人。市场经济发展到今天，中国特色社会主义事业的建设者已经不仅仅是工人或农民这一始终推动我国生产力发展和社会进步的根本力量，还包括各个阶层的不同人员。具体而言，还包括在社会变革中出现的民营科技企业的创业人员和技术人员、受聘于外资企业的管理技术人员、个体户、私营企业主、中介组织的从业人员、自由职业人员等社会阶层，他们都是中国特色社会主义事业的建设者。承认财富创造的主体不仅仅是工人，从个人层面，有助于这支建设者队伍中的每一个成员能够树立主人翁意识，积极主动地投身于社会主义建设；从社会层面，有助于全社会鼓励他们的创业精神，支持他们的有益活动，保护他们的合法权益。因此，全社会要形成一种激励人积极上进的气氛，尊重劳动、尊重知识、尊重人才、尊重创造；要充分团结为祖国富强贡献力量的社会各阶层，努力形成各尽其能、各得其所的局面。事实上，也只有这样，才能形成一支充满生机和活力的建设者队伍。

最后，生产要素按贡献参与分配。我国现阶段实行的按要素分配与资本主义社会的按要素分配有着重大的区别。这一区别主要体现在：第一，我国的生产要素参与分配是按生产要素的贡献来进行分配的。这里的贡献是强调按生产要素所有者自身在创造财富和价值过程中的具体贡献，其经济实质是按生产要素所有者在要素创造财富和活劳动创造价值过程中所贡献或提供的要素数量及其产权关系来分配的。因此，这里的贡献不是指生产要素本身创造了价值，也不是指生产要素所有者本人亲自创造了财富和价值，它只是强调生产要素的所有者拿出了自己的生产

---

① 马克思：《哥达纲领批判》，《马克思恩格斯选集》第 3 卷，人民出版社 1995 年版，第 298 页。

要素，例如土地、资本等，与劳动力相结合，由劳动者创造财富和价值。因此，生产要素参与到生产过程中，其最终转化为财富还是要与劳动者的劳动相结合。换言之，是劳动者运用了各种生产要素创造出财富和价值，在这个过程中，价值创造的源泉仍然只有活劳动。因此，在按要素分配的过程中还是要突出劳动的贡献，这与劳动价值论本身并不相矛盾。另外，为了更好地激励要素所有者将拥有的生产要素投入到经济活动中，必须从分配上保证他们能够从中获得相应的收入和回报，因此必须强调生产要素参与分配，这才能提高资源使用和配置的效率。当然，生产要素参与分配的依据是各自的贡献大小，这是一种对等的关系。此外，就资源状况而言，我国除了劳动力资源较为丰富之外，其他的生产要素（如土地、知识、资本、技术等）都极为短缺，这种状况反过来制约了人力资源优势的发挥。而生产要素参与分配的措施激励要素的所有者将短缺的要素投入生产过程，恰好能为劳动力提供更多的就业机会，充分利用我国丰富的劳动力资源，发挥人力资源优势。因此我们必须确立生产要素按贡献参与分配的原则，"放手让一切劳动、知识、技术、管理和资本的活力竞相迸发，让一切创造社会财富的源泉充分涌流，以造福于人民"[①]。第二，在我国现阶段实行的按要素分配是在按劳分配为主体的社会主义经济制度下，尤其是在按劳动力要素分配的具体实现形式上与资本主义制度下的按要素分配是有所区别的。劳动力是一种特殊的商品，劳动力的供求关系会直接影响其价值量的大小，但是，劳动力价值的决定还受到历史和道德因素的影响，不能单纯从市场因素考虑。因此，在社会主义市场经济体制下，要通过健全工会组织、完善劳动立法等措施来保障劳动力的价值及劳动者的尊严。

综上，社会生产的资源配置必须有市场参与才能人尽其才、物尽其用。社会主义市场经济史无前例，在这样的社会经济体制下，社会关系出现了崭新的模式。因此，在处理收入分配问题上首先要充分发挥社会各方面的积极因素，使尽可能广泛的社会成员加入到中国特色社会主义的建设者队伍中，焕发建设的积极性。但是，这一过程不能脱离社会主

---

① 《中共十三届四中全会以来历次全国代表大会中央全会重要文献选编》，中央文献出版社 2002 年版，第 662 页。

义国家的性质和本质，仍需要坚持按劳分配的主体地位，提倡劳动收入成为个人收入的主要形式，避免两极分化。

### 三 正视收入分配影响因素的多元化

决定分配关系的是生产关系，但是在具体的收入分配过程中，其影响因素是多元的，而不仅仅是生产的因素，主要包括：

#### （一）收入分配的直接影响因素

收入分配的直接影响因素，主要是指在收入分配中直接决定人们的分配的比例和大小的一般因素，这些因素是影响收入分配的一般因素，尽管其具体内容可能会因为不同国家或是不同社会制度而有所不同，但其基本形式是不变的，是需要遵循的一般原则。这一因素主要包括：

第一，收入总量的大小，即社会财富生产本身的大小。在收入初次分配中，进行分配的对象是国民生产总值，因此，国民生产总值本身的大小，会直接影响人们收入分配的多少。蛋糕做得越大，人们手中能够拿到的蛋糕才有可能越大。因此，政府、企业、居民都应该发挥各自最大的积极性和主动性，提高劳动生产率，创造更多的财富。当然这只是个必要条件，还不是充分条件。充分条件是这块大蛋糕能够全部纳入收入分配的范围，并且能够最终公正地分配到个人手中。因此这就涉及第二个因素。

第二，收入分配的方式，即收入分配的具体实现形式或分配原则。具体的实现形式不同国家可以有不同的选择，分配原则的选择和落实情况都会直接影响到人们最终的收入分配状况。例如在资本主义国家，按生产要素分配是主要的分配方式，因此，就会使得人们之间的收入分配差距较大。而具体到我国，就是按劳分配为主体、多种分配方式并存的分配原则，这就要求我们不能任由收入差距拉大，相反应该坚持按劳分配的主体地位，保证人们收入之间的合理差距。

第三，收入分配的依据，即收入分配按照基本的分配原则进行分配时需要采取何种标准来衡量。这一依据的选择，也会直接影响到人们的收入分配。由于我国现阶段所采取的分配原则，在收入分配依据的选择上，按劳分配主要以劳动为依据，具体来讲，是以劳动付出的大小及其效率为依据，这一衡量标准综合考量了劳动的数量与质量，力求做到在收入分配中体现公平公正。按生产要素分配原则，则主要是以要素所有权作为基础，并在此基础上考量生产要素在生产过程中的贡献，最终以要素贡献的大小来确定其所获得收入的大小。

第四，国家方针政策的影响。国家制定和颁布的各项与收入分配相关的方针政策也会直接影响收入分配分布状况，这一点在我国分配制度改革进程中体现得尤为明显。国家每一次方针政策的颁布，从只有按劳分配到按劳分配为主体、再到多种分配方式并存；从过分注重公平到效率优先兼顾公平、再到公平和效率都要处理好；从历次的个税改革；从对待合法的非劳动收入等一系列措施的实施，都对分配制度本身直至收入分配依据产生直接的影响，并且还会产生持续的影响。因此，国家在颁布各项方针政策时，需要充分调研、反复论证，确保方针政策的落实对于收入分配的积极影响。

### （二）收入分配的间接影响因素

上述因素是影响收入分配的直接因素，但在具体的实施过程中，收入分配还要受到其他间接因素的影响，这些间接因素有的时候甚至比直接因素体现得更为显露和直观。

收入分配的间接影响因素，并不仅仅是从功能学角度认为其对收入分配的作用是间接的，而是由于其作用的发挥需要借助上文所分析的直接影响因素。换言之，间接影响因素在不同国家不同制度下是会发生变化的，它不是影响收入分配的一般因素，而是影响收入分配的特殊因素。从这个意义上讲，这些因素对收入分配起到了间接的影响作用。结合我国分配制度的具体分析，这些因素主要包括：

第一，收入分配的机制。收入分配是一个多方博弈的过程，至少是分配方和接受分配方之间的博弈，在这个过程中，收入分配的具体机制会影响到收入分配的最终情况。以工资收入的分配为例①，一般来说，工资分配的机制主要包括工资的决定机制、工资的增长机制、工资支付的保障机制等，这些机制的完善健全与否将会直接关系到工资的分配情况。若是工资的决定机制主体不明确，或是由经营者说了算；工资的增

---

① 之所以选择工资作为例子，是因为在我国的收入分配格局中，工资收入是当前居民收入的主要来源。

长机制不健全，职工工资不能随企业效益发展而同步提高；工资支付的保障机制不健全，工资拖欠或是工资支付不足额等，那么对于分配的接受方——职工而言，无疑是不利的，这也无疑会影响收入分配的最终情况。

第二，劳动者自身的素质。在我国，作为按劳分配的主要依据，劳动的数量与质量与劳动者本身的素质密切相关。劳动者为社会提供更高质量的劳动，为经营者提供的被社会承认的社会必要劳动越多，收入分配自然也就越多。这里的劳动者素质，不仅包括劳动者本身所掌握的知识、技能（这一方面的素质已经越来越得到大家的认可和重视），还包括劳动者本身的身体素质（这一方面的素质当前有所下降）。劳动者的身体素质如何会直接影响到他的工作状态及工作年限，这也会影响到劳动的数量与质量，最终影响到劳动者的收入分配。同时，劳动作为价值创造的唯一源泉和财富创造的主要源泉，劳动者自身的素质如何也会影响到一个社会的价值创造和财富创造。因此，当前要重视劳动者素质的全面提升，这样才能做到既把蛋糕做大，又能保证劳动者得到更多的收入份额。

第三，要素所有权的分布及运用。凭借生产要素参与分配的前提是要拥有要素所有权，而在我国，各种生产要素分属于不同的利益主体，各自所拥有的生产要素数量不一，将生产要素投入生产的积极性和主动性也不一致。生产要素拥有数量多的或更愿意将生产要素投入生产的主体，其获得的非劳动收入较之于生产要素拥有数量少的或不愿将生产要素投入生产的主体，更有可能多一些，这就会造成收入分配上的差异。因此，在不改变当前多种分配形式的情况下，可以适当考虑将生产要素的所有权分布得更广泛一些，并把要素所有者的积极性和主动性更好地调动起来，以此来实现收入分配中公平与效率的统一。当前有些地方已经着手进行农村土地确权并颁发相关证书的工作，既赋予农民土地经营权以获得劳动收入，也赋予农民宅基地使用权和宅基地盖房子的权利获得以土地要素的收入，这就是扩大要素所有权的一个例证。通过这一举措，不仅能提升农民的整体的收入水平，同时能够推动农村土地要素和劳动力要素的广泛运用。

### （三）收入分配的社会伦理因素

收入分配不仅仅是一个单纯的经济问题，还是一个社会问题，收入分配公平与否直接关系到社会能否稳定与和谐。世界各国都期望能够在收入分配中更好地体现正义，因而采取不同的做法，进行不懈地探索。我国作为社会主义国家，更应如此，社会主义的本质就是在解放和发展生产力的基础上，逐渐消灭剥削，消除两极分化，最终实现共同富裕。因此，社会主义制度下的收入分配，除了遵循市场经济的基本原则，还必须结合社会主义的分配原则，体现社会主义分配中的公平公正。这就是影响收入分配的伦理因素。但必须明确唯物史观的一个重要原理，那就是价值观服从历史观，目的性服从规律性，经济规律是第一位的，是起决定作用的，社会伦理是第二位的，是被决定的。不坚持这个原理，我们就会在分配问题上重新陷入空想社会主义的泥潭。伦理因素究其实质就是要体现以人为本的本质要求，并实现收入分配的最大公正，缩小贫富差距。具体到我国，在收入分配过程中，不同的分配主体从伦理因素考虑，需要在收入分配过程中作出不同的努力。伦理因素的主动贯彻，要通过合理的政策和制度安排来实现，以免挫伤人的积极性和破坏市场经济的基本规则。

首先，对政府而言，在收入分配中尤其是在再分配过程中，其一，要充分发挥宏观调控的作用，确保初次分配和再分配过程中的公平。针对劳动者的利益，国家在初次分配过程中要严格劳动执法，保护劳动者的正当权益不受侵害，只有这样才能使提高劳动报酬真正落到实处。其二，政府还需要尽到监督矫正的作用，克服收入分配中的不合法、不合理问题。在我国，除了劳动者本身，还有许多弱势群体也需要在收入分配中体现其利益。例如孤寡老人、残疾人等，这些人群大多数不具备劳动力和生产要素，因此，若是按照市场经济的分配原则，这些群体的利益就会得不到保障。作为社会主义国家，这种情况是不允许的，需要加以解决。因此，在弱势群体的分配中就更需要考虑到伦理因素。国家在这一过程需要建立相应的社会保障制度来实现不同群体之间的利益均衡。其三，国家在收入分配过程中还需要将收入差距控制在社会可容忍的范围之内，通过完善的税收制度调节不同地区、不同行业、不同群体的贫富差距。总之，国家要在影响收入分配的伦理因素中起到主体的作用，以期维护收入分配的公平。

其次，对社会而言，在收入初次分配中，要充分健全有关社会组织（例如工会组织），防止劳动者在收入份额决定过程中的劣势地位。这里的工会不同于现在所看到的各个机关的附属机构的工会，而是强调要组建起劳动者真正进行维权的自律的社会组织，从而实现劳资双方博弈过程中的平等。同时，在社会领域，还要注重发挥第三次分配的作用，即通过慈善捐赠的方式从物质和精神上缓解弱势群体的困境，这一方式被喻为是社会保障的"最后一道防线"，起着调节社会公平的重要作用。

再次，对企业而言，企业不仅是一个经济单位，也是社会的一个细胞，这个细胞作为社会的一部分，理应承担相应的社会责任。具体来讲，企业除了实现组织的特殊目的和使命（即追求利润最大化）之外，还承担着满足员工物质和精神需求的责任，更承担着对社会的影响和责任。后两者更多的就是企业在收入分配中考虑的伦理因素。从职工方面入手，企业需要考虑的伦理因素主要有：要为职工的工作提供一个安全舒适的生产环境，维护职工的生命安全；提供一个公平竞争的工作机会，保障职工在起点上的公平；保障职工的合法权益，不能任意裁减工人、延长作业时间、拖欠和克扣职工工资，相反要改进职工工资正常的增长机制等。从社会层面入手，企业需要考虑的伦理因素就更多了。企业首先要顾及和重视社会的安全，当前食品安全、药品安全、生产安全以及企业对资源环境的破坏等问题，都急需企业提高和强化社会责任意识；同时，企业还应顾及企业利润对社会其他主体的侵占，企业主体应该尽可能地参与收入的再分配过程，与社会、政府一起努力实现社会公平。例如提供部分的盈利，兴办各种公益事业，就不失为一个不错的选择。

最后，对居民而言，在收入分配中需要考虑的伦理因素，就是要通过合法的途径获取自己的收入，并且要在当前的经济体制下各尽所能，力求在经济发展中出一份力，不能坐享其成或是对经济建设进行非法的破坏活动。只有这样，自己的收入分配才能不以危害其他人的利益为条件，符合最大多数人的分配利益。

### （四）收入分配的偶然影响因素

在收入分配中，除了上述直接、间接和伦理的影响因素之外，还有一些因素会造成最终分配状况的不同。由于这些因素并不是经常出现，而是在一些特殊情况下才会出现的，并且其影响范围不是特别广泛，故将之统称为偶然因素。这些因素内容较多，这里列举主要的几种加以说明。

其一，偶然所得。在税法中，偶然所得是指个人得奖、中奖、中彩以及其他偶然性质的所得，这部分收入在收入分配中的比例虽然不大，但是它的数额却会远远高于正常的工资收入，因此，这一因素有时也会造成部分人收入分配的差异。例如，人们中奖后可以改善生活状况，从而有资金进行生产，进而改变自身的经济状况，与其他未中奖的人们比较起来，这就会导致收入分配格局中的收入差距。针对这一因素，国家需要采取相应的措施（如征收偶然所得税等），力求将这部分收入造成的收入差距控制在较小的范围内。

其二，劳动者自身对劳动力市场信息的掌握。之所以将这一因素也归为偶然因素，是因为在劳动力市场充分自由竞争、劳动力自由流动的情况下，这一因素的作用不大。但倘若劳动力市场处于割裂和较为封闭的状态时，这一因素就会影响到劳动力自身的价值，从而影响到劳动者的收入。对于劳动者而言，越充分了解劳动力市场信息，其在市场上实现自身价值的能力也就越强，越能获得与自身劳动力价值相吻合的报酬。针对这一因素，国家需要消除劳动力市场的割裂和封闭状态，尽可能地维护市场公平竞争，奠定劳动力价值得到合理体现、劳动者报酬率得到客观反映的基础。

其三，劳动者对于自身权益的维护意识。若在一个理想的公平正义社会里，劳动者的权益是不会受到侵害的。但是在现实社会中，劳资关系还处于对抗状态，劳动者的权益还是会得不到保证。这一时刻，维权意识本身的强弱也会影响到收入的最终状况。一个学会运用相关的法律法规或是有关组织的力量维护自己正当权益的劳动者，较之于不会用法律武器保护自己的劳动者，更有可能得到良好的工作机会或是更多的收入等相应的权益。针对这一因素，除了劳动者本身学法用法之外，国家还应该完善有关法律法规，严格劳动执法，并健全各种有关的劳动组织，保障劳动者的正当权益。

## 四　劳动价值论时代化与最终共富目标

### （一）劳动价值论基于人的解放而对分配关系的构想

在马克思劳动价值论的分析中，除了对劳动和价值源泉的分析之外，还有许多关于人的解放的旨趣，如对于活劳动和劳动者的尊重、关于公平公正内涵的分析等，这些基于人的解放立场的分析对个人分配消费品具有重要的启迪意义。

1. 让活劳动支配死劳动，现在劳动支配过去劳动

马克思分析资本的实质时，曾指出"只是由于积累起来的、过去的、对象化的劳动支配直接的、活的劳动，积累起来的劳动才变为资本"①。因此，资本的实质"在于活劳动是替积累起来的劳动充当保存并增加其交换价值的手段"②。这里的积累起来的劳动就是指的死劳动或过去劳动，即物化劳动。从这一分析中可以看出，正是活劳动才使得物化劳动得以转移自身的价值并实现价值的增值，它才是价值创造的唯一源泉。然而"在资产阶级社会里，获得劳动只是增殖已经积累起来的劳动的一种手段"，"在资产阶级社会里是过去支配现在"③，这种状况恰好是将活劳动与物化劳动的作用颠倒过来。因而在社会主义社会，我们不能让死劳动、过去劳动来支配活动；相反，应该充分尊重活劳动，充分发挥活劳动的作用，真正做到活劳动支配死劳动、现在劳动支配过去劳动。

2. 让人从手段变成目的

在马克思的分析中，由于资本主义生产资料的私有制，工人的生命活动对他而言不过是使之能够生存的一种手段而已，人类自由的有意识的活动成为了生活的手段；同时，私有制也导致工人本身（不是作为生产劳动的目的，而是作为生产劳动的手段）变成了资本追求自身增殖的手段。而按照劳动价值论的核心原理，活劳动是价值创造的唯一源

---

① 马克思：《雇佣劳动与资本》，《马克思恩格斯选集》第 1 卷，人民出版社 1995 年版，第 346 页。

② 同上。

③ 同上书，第 287 页。

泉，那么作为活劳动执行者的工人，就不应该成为一种追求剩余价值的手段，而应该被视为是商品生产的目的，即商品生产的最终目的就是要满足人的需要，并让人从生产过程中获得相应的解放，从而使真正人的需要成为需要，把人与人的关系还给人自身。"让人从手段变成目的"的主张，使劳动价值论成为了工人阶级的"圣经"，也彻底批判了资本主义生产的非人化。社会主义制度是对资本主义制度的扬弃，社会主义生产是对资本主义生产的发展和完善，因此，在社会主义社会中，更要彰显马克思劳动价值论"让人从手段变成目的"的主张，充分尊重劳动者，以人为本。

3. 扬弃资本占有规律对劳动的否定

劳动价值论中还指出了资本占有规律对劳动的否定，从而造成的劳动的异化现象。所谓资本占有规律，是从商品所有权规律转化而来的，当劳动力成为商品时，商品所有权规律就转化为资本占有规律，即资本家凭借生产资料私有权占有雇佣工人创造的剩余价值的规律。在这个过程中，形式上资本与劳动力是等价交换，但实质上却是资本对劳动力的无偿占有；在这个过程中，劳动力的所有权和劳动是相分离的，它已经不属于劳动而属于资本了；在这个过程中，随着劳动力所有权的转换，劳动产品也就不再属于劳动者而属于资本家了。因此，在这种情况下，工人不再是独立的商品生产者，而成为了劳动力的出卖者；工人的劳动不再是自主的劳动，而成为了一种异化的强制劳动。我们要扬弃这种资本占有规律对劳动的否定，将真正自主的劳动还给人自身。

4. 按需分配对按劳分配的未来超越

按照前面对按劳分配的分析，它对于"不同等的工作能力"这一天然特权的默认，恰恰体现了社会主义社会中阶层之间、城乡之间、脑力劳动和体力劳动之间的差别，这显然是一种弊病。但是这种弊病不会一直维持下去的，它是刚刚从资本主义社会里产生时的状态，而到了共产主义社会的高级阶段，我们能够"完全超出资产阶级权利的狭隘眼界"，从而实现各尽所能、按需分配。马克思对于实现按劳分配向按需分配的转化的条件也作了分析，具体有：一是必须消除社会分工，即个人不再"奴隶般地服从分工"①，因为分工必然造成劳动的社会差别，而这种社会差别及劳动自身的生理差别必然要求分配上的差别，所以只能实现按劳分配而不能实行按需分配。因此，只有消除了社会分工，才能消除不同劳动之间的差别和对立，从而才有了按需分配的可能性。二是要使劳动本身不再是个人谋生的手段，而是成为个人生活的第一需要。只有实现了这一条件，人们才能摆脱在劳动中强迫劳动的状态，也才能摆脱对物质消费资料的依赖。如果劳动对于人们而言还是谋生的手段，那么人的需求就不能真正地体现出来，更谈不上按需分配了。三是要实现个人的全面发展，即个人在社会中不再依赖于物的关系，摆脱了物的统治，从而实现了真正意义上的人的关系的丰富化。只有这样，人们才能真正反映自己的真实需求，实现按需分配。最后，还必须满足社会生产力极大发展的条件。只有在社会生产力极大发展、社会财富充分涌流的基础上，社会才能实现最终的按需分配，反之，在生产力未充分发展的情况下谈按需分配，无异于是空中楼阁。

### （二）坚持劳动者的主体地位和分配权益

创造价值的主导因素是人，劳动在人类社会的发展和生产中始终处于中心、本源的重要地位。其他的生产要素（包括机器、知识）都是人创造出来的，劳动是价值创造的决定因素和最终源泉。没有活劳动的创造，任何价值都无法形成。马克思曾指出："劳动……是人和自然之间的物质变换即人类生活得以实现的永恒的自然必然性"②，这意味着自然界丰裕的资源都要通过人的劳动才可能进入人类生活。价值的源泉是劳动，劳动者又是劳动的主体，因此，劳动者也是商品生产和价值创造的主体。这就是科学的劳动价值论揭示的基本内涵，它提出了对活劳动的尊重和对劳动者的尊重。这一基本内涵，揭示了劳动和劳动者的本体地位，承认劳动和劳动者是社会发展和进步的最终动力及主体。因而，在当前的市场经济中要坚持劳动者主体地位。具体表现在以下几个方面：

---

① 马克思：《哥达纲领批判》，《马克思恩格斯选集》第 3 卷，人民出版社 1995 年版，第 305 页。

② 马克思：《资本论》（第一卷），人民出版社 2004 年版，第 56 页。

　　首先，要确定新时期劳动者的范围。之所以强调这一点，是为了区别对劳动者的传统界定。传统对劳动者的看法存在着两个缺点：一是以财产的有无来判断劳动者，进而认为只有没有财产的才是真正的无产阶级；一是过分重视体力劳动的劳动者，忽视其他领域的劳动者，认为只有体力劳动的劳动者才是真正的劳动者。当前需要对劳动者的范围作出合理准确的确定：一方面，社会主义劳动者的确定不能单纯以财产的有无或多少作为标准，而要以社会成员的现实表现和实际贡献为依据。这是因为，工人阶级在当下已不再是传统意义上的"无产"阶级，他们通过自己的合法劳动获得了相应的收入，个人财富也得以逐渐增加，慢慢变成了"有产"阶级。工人通过合法劳动富裕起来，不仅有利于增加个人财富，而且有利于社会生产力的发展。同时，当前社会还允许按生产要素分配，这也会使得少数人先富起来，促进社会生产力的发展，先富带动全体社会成员共同富裕，维护了社会稳定。若是单纯以财产作为劳动者的确定标准，就会否定通过劳动和通过生产要素参与分配等合法方式富裕起来的劳动者，这无疑是不妥的。因此，不能单纯以财产的有无或财产的多少来判断是否是劳动者，而要看他们的"思想政治状况和现实表现"、看他们财产的获取渠道和对财产的支配使用方式以及看他们"以自己的劳动对建设中国特色社会主义事业所做的贡献"①。另一方面，随着时代的发展，当前的劳动领域不仅有物质生产领域还有许多其他新兴的劳动领域，例如第三产业，这些领域的工人，也是劳动者，也为社会的发展和经济的增长作出了巨大的贡献。此外，在社会变革中新出现的社会阶层，只要是通过诚实劳动、诚实工作、合法经营为发展生产力和其他事业作出贡献的，就都是光荣的和应该得到承认与尊重的。正如十六大报告所指出的那样："要尊重和保护一切有益于人民和社会的劳动，不论是体力劳动还是脑力劳动，不论是简单劳动还是复杂劳动。"② 归根到底，我们要把在现实生活中对社会主义事业作出贡献的所有阶层都包含在劳动者的范围之内，确保他们的主体地位。

---

　　① 《中共十三届四中全会以来历次全国代表大会中央全会重要文献选编》，中央文献出版社 2002 年版，第 662 页。

　　② 同上。

　　其次，要明确劳动者主体地位的内涵。之所以要明确劳动者主体地位的内涵，是因为在现实中，对于劳动者主体地位的理解更多的是从权利的角度入手，而忽视了这其实是一个权利与义务相统一的概念，其内涵涉及权利与义务两个方面。具体来讲，主体地位的义务方面主要体现在劳动者是社会主义建设的主体，劳动者要积极主动地参与到社会主义建设中来，承担起建设的责任；主体地位的权利方面则主要体现在劳动者是社会主义建设的目的，社会要充分保障劳动者的合法权益。究其实质，就是从劳动者主体地位实现双方的角度对主体地位的内涵作一明确。

　　从劳动者角度看，在市场经济的发展过程中，劳动者的社会地位发生了很大变化，由于现阶段雇佣劳动形式依然存在，因此劳动者从"主人翁"变成了劳动关系中不具有产权和经营权的劳动者，这种变化无形中使得劳动者对自身主体地位产生了危机感，甚至丧失了主体的意识。因此，需要重新树立起劳动者对自身主体地位的认识，使每一个劳动者明晰自己仍然是社会主义建设的主体，仍然是经济发展的主要推动者。在这一方面，劳动者的主体地位主要表现为劳动者的自主性，即劳动者自我主体意识的体现，具体有：一是劳动者为提高自己政治地位而表现出来的参与国家事务及企业民主管理的当家作主意识；二是劳动者为提高自己的经济地位而表现出来的竞争意识和劳动积极性；三是劳动者为提高自己的社会地位而表现出来的对自己职业行为、劳动成果及社会形象而采取的认真负责的精神；四是劳动者为维护自己在劳动法律关系中的地位而表现出来的追求平等的意识。① 只有劳动者自身树立起了主体地位的意识，才有可能主动要求和主动实现自身的主体地位。

　　从社会角度看，光有劳动者的主体意识还不够，毕竟劳动者主观需求的实现还需要借助于社会的客观条件。劳动者的强烈主体诉求只有加上社会营造的实现环境，才有可能实现。这就意味着社会要为劳动者主体地位的实现提供必要的条件，包括：一是要从思想上改变自身对劳动者的认识，不再只从一般的市场经济角度来对待劳动者，一味地将其等

---

　　① 谭泓：《构建和谐劳动关系中劳动者主体地位的提高与综合素质的提升》，《当代世界与社会主义》2010 年第 4 期，第 172 页。

同于一般的劳动力，而要正视、认可并坚持劳动者的主体地位；明确劳动者是国家和社会的主人，他们的权益（包括劳动权益）要受到国家法律的保护；劳动者作为有尊严的商品在公平竞争中自由流动。二是要努力建立并不断完善保障劳动者主体地位的体制机制，通过法律、制度等多种途径，保障劳动者的正当权益。社会为每一个劳动者建立凌驾于具体企业和部门的社会保障制度以适应劳动者的流动和岗位选择；企业和单位依法维护劳动者的合法收入和其他权益并受社会的监督。三是要努力建立并不断完善提高劳动者主体素质的教育体系，通过正规教育、职业技能培训等多种途径，加强劳动者自身的综合素质。

最后，要区别对待不同劳动者的主体地位。坚持劳动者的主体地位，除了从一般意义上明确劳动者主体地位的内涵之外，还需要具体区别对待不同劳动者的主体地位。包括以下几个方面：

1. 确立不同领域劳动者的平等地位

社会主义社会的劳动者不论从事何种正当职业、不管处于何种工作领域，他们的地位都是平等的。这是因为，在社会主义公有制条件下，劳动者与生产资料的结合具备了基本的制度前提。劳动者对自身的劳动力享有占有权，对生产资料也享有了所有权，这就避免了劳动力的所有权与使用权的分离。这种直接结合的实现需要通过两个基本层次：首先是就全社会范围而言，由于生产资料公有制，全社会成员都是生产资料的所有者；由于社会化大生产，全社会的劳动都可以视为联合的劳动，因此劳动者可以通过进入社会生产而成为全社会联合劳动者的一员，实现与生产资料的直接结合。当然，就全社会而言，这主要是法律意义上的直接结合，因为此时的劳动者还未从潜在的状态转变为现实的状态，还未涉及真正意义上的直接集合。要实现后者，就需要通过第二个基本层次的结合。这一层次的结合是就企业范围而言的，劳动者通过特定的就业形式进入特定的企业，参与到企业的联合劳动，作为企业联合劳动者的一员与生产资料直接结合起来，并通过自己的劳动获取相应的劳动收益，推动社会主义生产过程的实际进行。正是通过与生产资料的直接结合，劳动者作为社会主义联合劳动主体的一分子，因而具有平等的地位。对于不同领域劳动者平等地位的确立，才能进一步真正实现劳动者的主体地位，营造劳动者之间的和谐关系。

## 2. 肯定要素提供者的建设者角色

之所以强调要肯定要素提供者的建设角色，承认其地位，一方面，是由于社会主义条件下，生产力水平尚不发达，需要进一步解放和发展。而在这一过程中，资本、技术、信息等资源的稀缺是发展中国家经济的发展"瓶颈"，我国也不例外。因此，要突破生产发展的瓶颈，就需要激励要素所有者参与到生产过程中，积极地投入资本、技术和知识等生产要素，推动经济的增长和财富的增加。另一方面，按要素贡献参与分配的原则激励要素所有者将生产要素投入生产过程，为劳动者提供了更多的就业机会，充分利用劳动力资源，这恰好可以缓解我国劳动力资源丰富但却利用不足的窘境。因此，必须充分认识到要素提供者在社会主义建设、社会财富增加与生产力发展等方面的重要贡献和作用，肯定他们的社会主义建设者的地位。需要指出的是，这里强调要肯定的是"要素提供者"的建设者角色，而不是"要素所有者"的建设者角色，这是因为，只有要素所有者将自己的生产要素提供给具体的生产过程，才能发挥生产要素的作用，创造社会财富。若是仅强调要素所有者的作用，则未必能够保证生产要素投入到生产过程，因此，要素所有权仅仅是要素所有者能够参与分配的必要而非充分条件，要实现充分条件，必须要强调由要素所有者向要素提供者的角色转变。

## 3. 坚持劳动者的分配权益

所谓权益既包括权利（或权力）①，也包括利益，因而分配权益强调的是在分配过程中的权利（或权力）分配和利益分配两个方面。两者既有联系又有区别，单就收入分配而言，属于利益分配范畴，但是其本身又是确定收入支配权、所有权的体现，而收入分配的依据也是包括诸如生产要素所有权等因素。从某种程度上，收入分配的权益体现着权利（或权力）和利益两方面的内容。因此，在坚持分配权益过程中，应该把利益分配与权利（或权力）分配联系起来考察。在以往关于分配权益方面的考察，我们更多的是强调利益之间的公平公正分配，而忽

---

① 这里之所以将权力和权利并用，是考虑到收入分配中的不同主体因素，对于劳动者而言，这里的"权"更多的是指"权利"；对于国家而言，这一"权"则是指"权力"，故在这里将两者并列使用。但在后文的叙述中则根据不同主体的需要加以区别地使用，并非混淆。

视了权利（或权力）本身的平等分配。然而，正是权利（或权力）的分配规定和制约着利益分配的结果，因此，在分析分配权益时必须要综合两方面考量。坚持劳动者的分配权益，并不止于劳动者，还涉及劳动者之外的其他主体的分配权益问题。因此这里，我们分主体具体分析劳动者分配权益的内容及坚持的措施。

第一，坚持劳动者的分配权益，要坚持劳动者本身的分配权益。劳动者在收入分配过程中本应该享有收入分配的支配权和所有权，但事实上，其所享有的权利却最少，可以说劳动者是收入分配格局中的弱势一方。具体来看，坚持劳动者的分配权益，主要包括以下几个方面：一是完善劳动者的劳动付出权益，这是调动劳动者积极性和主动性的根本措施。这一权益既要求赋予劳动者工作的权利，也要求赋予劳动者凭借自己的正当劳动付出获得相应收益的权利，并且要做到分配的公平与公正，既不能是平均主义，也不能是贫富差距无限拉大。二是规范要素所有权的合法与适度权益，这对社会主义国家尤为重要。在现阶段的收入分配中，既要赋予生产要素参与分配的合法权益，保证财富创造不受影响；同时也要规范生产要素获得的收益，将其控制在适度的范围内，并且要逐渐弱化生产要素的这种权益，提高劳动者的劳动付出权益，这样才能使收入分配差距不至于过大。需要指出的是，对于生产要素所有权的分配权益不能随意地否认或是弱化，否则会影响到经济生产。三是明确经营管理者的权益，这是提高企业自主权和增强企业活力的关键。如前所述，经营管理者也是劳动者的组成部分，因此坚持劳动者的分配权益，必须要考量这一阶层成员的权益。对于经营管理者，首先要确保他们在经济发展中的责任，即要承担起推动企业发展、增加社会财富的责任，同时也要赋予他们在收入分配中享有的相应权益，即在完成自身责任的前提下，凭借自身的劳动和劳动力要素获得相应的分配份额，因为他们的劳动是更为复杂的劳动，创造更多的价值和财富。

第二，坚持劳动者的分配权益，要妥善协调不同主体之间的分配权益。因为坚持劳动者的分配权益，不能仅从劳动者角度入手，还需要着眼于分配格局中的其他主体，这样才能既坚持劳动者的分配权益，又不危害其他主体的分配权益。根据前面的分析，这里的其他主体主要涉及企业和国家。一是对于企业而言，收入分配中要满足企业的发展权益，合理保障企业的扩大再生产，保障企业的长远发展，既不能为了只顾劳动者的分配权益，就过度侵占企业发展所需的资金，即"劳动侵占资本"；也不能只顾企业本身的分配权益，就过度侵占劳动者的合法收入，即"资本侵占劳动"。二是对于国家而言，收入分配中，还要满足国家实现宏观调控职能的权益。国家在收入分配中既是参与初次分配的主体之一，又是实现分配公平公正的主要主体，因此，它在收入分配中既享有收入分配的所有权，又享有收入分配的支配权。一方面，从所有权角度，国家在实现收入分配公平公正的过程中需要发挥其宏观调控的能力。随着市场经济体制改革的深入，国家的宏观调控趋于间接化，但这并不是要削弱国家的宏观调控权益，相反，在这一改革的进程中，对于经济活动中的违法乱纪行为、收入分配不公现象等，应该进一步加强国家的管制，这是国家应负的责任和应尽的义务。国家宏观调控能力的发挥需要有相应的经济基础，因此，在收入分配中，要顾及国家享有的宏观调控权益，保证其获得应得的收入利益。另一方面，从支配权角度，国家在收入分配中占据主导的有利地位。这一权力就要求在收入分配过程中对国家的收入份额应作出相应的限制，防止国家凭借收入分配的支配权侵害广大劳动者和企业的正当分配权益。当前提出的提高居民收入在国民收入中的比重和提高劳动报酬在居民收入中的比重，就是为了更好地协调不同主体之间的分配权益，保障广大劳动者的分配权益。

### （三）正确对待和处理非劳动收入

劳动价值论的时代化还体现在要重新界定非劳动收入，并对它加以正确地对待和处理。由于马克思劳动价值论诞生的年代是大工业发展的初期，非劳动收入主要是以生产资料私人占有而无偿占有他人劳动成果获得的，因此，马克思对于这些非劳动收入是持批判态度的。新中国成立至改革开放前，我国将非劳动收入界定为资本主义的剥削收入，因此对于非劳动收入和非生产性劳动都是采取否认和打压的态度。经过思想上的解放、对初级阶段国情的认识及对社会主义本质的理解，国家在对待非劳动收入态度上实现了一次新的转变，即从原先的不保护转变为保护一切合法的非劳动收入。正确对待和处理非劳动收入涉及以下四个方面：

一是要正确对待非劳动收入与剥削收入。在以往存在剥削制度的社会中，非劳动收入主要表现为剥削收入，因此人们在观念上容易将非劳动收入都视为剥削收入。这一观点在我国曾一度盛行。但事实上，非劳动收入与剥削收入是两个不同的概念，不能简单地等同。例如在市场经济条件下，劳动者的利息收入，股票、债券收入或彩票收入等，是通过市场机制获得的合法非劳动收入，但却并不是剥削收入。因此，可以说，剥削收入属于非劳动收入，但是非劳动收入并不都是剥削收入。之所以要区分非劳动收入与剥削收入，是因为在我国对于剥削更多的是持一种批判和消灭的态度。因此，若是将非劳动收入等同于剥削收入，那么无疑不能做到真正保护非劳动收入。剥削现象是一个令人深恶痛绝的社会现象，因此对于剥削收入，是要力求消灭的。但是在当前的经济发展阶段，我们必须要正确对待剥削现象和剥削收入，不能简单一棍子打死。正如刘少奇同志1949年在天津讲话中指出的，剥削制度是很坏的，但是我们现在不是要不要取消剥削的问题，而是能不能取消剥削的问题。应该看到，现阶段我国的基本经济制度是公有制为主体、多种所有制经济共同发展，确保公有制的主体地位意味着资产阶级作为剥削阶级而存在的历史已经一去不复返了；但由于私有制经济这一剥削现象的基础依然有很大的发展空间，因此通过私人占有生产资料而无偿占有他人劳动及其成果的剥削现象也依然存在。不能简单地认为在当前的社会主义初级阶段不存在剥削，但同时也应该指出这种剥削与历史上的阶级剥削有着本质的区别：首先，当前的剥削现象在社会中不占主体地位，也不是阶级剥削，而是在经济领域中依附于、并服务于社会主义公有关系的一种剥削现象；其次，私营企业主投入生产的最初资本不具有剥削性质，它不是通过对别人财产剥夺而获得的，相反主要靠自己的劳动逐渐积累形成的；最后，当前某些剥削性质的非劳动收入，只要是合法正当经营，也应该受到保护，这是当前生产力发展的客观要求，而对于非法的剥削收入，则应该加强监督和处理。

二是要正确对待劳动收入与非劳动收入。顾名思义，劳动收入就是凭借劳动所获得的报酬，这一收入的主要构成包括工资性收入和经营性收入。这里的劳动收入不仅包括按劳分配取得的收入，也包括所有非公有制经济领域内劳动者的劳动收入，因此，不能将劳动收入仅限于公有制经济范围内。具体而言，劳动收入包括公有制经济中的按劳分配收入、私营外资企业中的雇佣劳动收入和管理劳动收入、个体经济中的个体劳动收入，还包括在非生产部门中的工作者，如服务部门的从业人员的正常劳动收入。① 非劳动收入则是指凭借劳动以外的途径获得报酬，这一收入的主要构成有按生产要素贡献参与分配获得的部分收入及通过各种渠道所获得的转移性收入。之所以强调是按要素贡献参与分配的部分收入而不是全部收入，是因为按要素贡献参与分配获得的收入中也有部分是属于劳动收入的，例如私营、外资企业经营管理者的收入。私营企业主的企业一般是自己管理，外资企业中的经理阶层也是作为企业的管理者管理生产，他们的劳动都是生产性劳动，创造社会财富和价值。尤其是现代化大企业中的管理劳动，比起直接作用于劳动对象的一般劳动，对社会经济的发展贡献更大，这些企业的管理人员通过自己的复杂管理劳动得到的收入当然属于劳动收入，尽管这些收入高于一般工人的工资。当代经济学分析表明，在市场经济条件下，资本、土地、企业家这些生产要素是短缺的，劳动要素则是过剩的。仅强调劳动要素的收入是违背经济规律的，短期内可以，长期会最终伤害劳动者的利益，使劳动者连就业岗位都没有。非劳动收入不仅存在于非公有制经济，在公有制经济内也同样存在，例如公有制企业中劳动者的存款利息、股票、债券收入及转移性收入等。因此，正确划分劳动收入和非劳动收入，不能单凭收入获得者的身份来判断，而是要看其获取的方式是否是劳动。

三是要正确对待合法收入与非法收入。长期以来，人们习惯认为凡是劳动收入都是合法的，凡是非劳动收入都是不合理的。然而，劳动收入与非劳动收入的区分不在于合不合法，而在于是否由劳动直接获得。同理，合不合法也不在于是否是通过劳动直接获得，而在于获取收入的途径是否符合法律的规定。事实上，正如一切劳动可以区分为有益于社会和有害于社会两种，劳动收入同样也可以作合法与非法之分。劳动者通过正当诚实的劳动所获取的劳动收入就是合法的，应该受到保护；反之，通过非法途径，例如生产假冒伪劣商品等方式得到的收入，即使是劳动收入也是非法的，是要受到严惩的。非劳动收入也有合法与非法之

---

① 卫兴华：《"一切合法的劳动收入和合法的非劳动收入"浅说》，《山西大学学报》（哲学社会科学版）2003 年第 2 期，第 11 页。

分，例如前面所分析的通过按要素贡献参与分配获得的非劳动收入，就是合法的，需要加以保护；反之，非劳动收入中的非法收入，例如贪污受贿的收入等，则是要加以严惩的。因此，要厘清合法收入、非法收入与劳动收入、非劳动收入之间的关系，不能简单画上等号。在社会主义社会，劳动收入和非劳动收入是否要受到法律的保护，并不取决于其本身，而要看这两种收入的获取途径是否合法。非法收入不仅对经济发展造成极大的破坏，其对于收入分配也会产生不利的影响，必须坚决加以取缔和惩处。据统计（详见表5—1），非法收入大约使收入分配差距基尼系数由 0.2961 上升到 0.3888[①]，上升了 31.3%，这些非法收入造成了收入分配差距的日益拉大。因此，在保护合法收入的同时，也不能忽视对非法收入的取缔。

表5—1　　　　　　　　　　**非法收入对收入分配差距的影响**

| 收入分配影响分类 | 正常收入的差别 | 私营非法收入的影响 | 官员非法收入的影响 | 行政费用转化收入的影响 | 总收入差别 |
|---|---|---|---|---|---|
| 基尼系数 | 0.2961 | 0.0846 | 0.0055 | 0.0026 | 0.3888 |

资料来源：耿改智、杨洁：《我国居民收入分配差距问题研究》，《延安大学学报》（社会科学版）2003 年第 2 期。

　　四是要正确对待不同的非劳动收入。当前我国的非劳动收入增长速度和比重都日益上升，然而人们对于非劳动收入的看法却仍然持否定态度。这是因为非劳动收入内部也存在着不同的类别，既有发挥积极作用的非劳动收入，也有起破坏作用的非劳动收入，对于这些非劳动收入我们也必须加以划分和区别对待，才能真正改变人们对非劳动收入的看法。具体来讲，非劳动收入可以分为合法的非劳动收入、非法的非劳动收入及介于中间的灰色非劳动收入三大种类。当前在非劳动收入方面，我国存在的主要问题有：一是对合法的非劳动收入保护力度不够，不仅对合法的财产收入缺乏保护，对转移性收入也缺乏保障；二是对非法的非劳动收入打击力度不够，贪污受贿、暗箱操作等途径获取的非法收入

---

　　① 耿改智、杨洁：《我国居民收入分配差距问题研究》，《延安大学学报》（社会科学版）2003 年第 2 期，第 59 页。

数额巨大，非法侵吞国有资产、偷税漏税等行为屡禁不止。非法的非劳动收入的大量存在，严重扰乱了经济秩序。三是对灰色的非劳动收入界定模糊，相应的法律和法规严重滞后，未能明晰灰色收入的具体内容和执行标准，致使不法分子得以钻法律空子。这些问题都使得当前的非劳动收入颇受非议，消极影响突出。因此，要重新树立起非劳动收入的积极形象，首先要解决非劳动收入中存在的问题，不仅要加大对合法非劳动收入的保护力度，更要杜绝非法的和灰色的非劳动收入。

**（四）坚持社会主义最终实现共同富裕的价值取向**

世界上所有的国家都在追求富裕，但是富裕在不同的国家有不同的内涵：建立在生产资料私有制基础上的资本主义国家中，富裕表现为少数人的富裕和多数人的贫穷；而建立在生产资料公有制基础上的社会主义国家中，富裕则表现为全体社会成员的共同富裕。共同富裕是社会主义的本质要求，因而它也是社会主义的价值取向。

1. 最终实现共同富裕是社会主义的价值取向

解放和发展生产力，消灭剥削、消除两极分化，最终实现共同富裕是社会主义的本质。如果说，前文所分析的焦点分别在于如何解放和发展生产力以及如何消灭剥削和消除两极分化的话，那么上述论述的最终落脚点就在于要实现共同富裕的目标。最终实现共同富裕既是社会主义的本质，同时也是社会主义的价值取向。所谓价值取向，主要指的是主体基于自己的价值观在面对或处理各种矛盾、冲突、关系时所持有的基本价值立场、价值态度及所表现出来的基本价值倾向，它具有实践品格，具有决定和支配主体价值选择的作用。我们树立共同富裕作为社会主义的价值取向，就意味着在处理公平与效率问题上，基本的价值立场和价值倾向是要经过持续努力和奋斗最终实现共同富裕。

理解共同富裕这一价值取向，必须从以下几方面着手：

一是要正确理解共同富裕的内涵。首先，共同富裕不是同时富裕，不是同步富裕，也不是同等富裕，而是一部分人一部分地区先富起来，先富带动后富，是在普遍富裕基础上的差别富裕。这是因为，就社会成员而言，每个成员都是个性鲜明的不同主体，其自身素质的差别、自身生活环境的差别及其对社会贡献的不同，使得其在收入分配中所获得收入也是不同的；就社会地区而言，不同地区的资源禀赋不同、发展条件及其制约因素不同，使得其在财富创造中的能力也是不同的，这也会影响到不同地区人们之间的收入水平；就财富占有而言，真正实现财富占有的公平，不是强调社会全体成员或全部地区对财富占有上的绝对平均，若是绝对平均，反倒是对贡献较大的社会成员或依靠自身努力较先发展地区的不公平。因此，在正确理解共同富裕的内涵时，必须将其理解为在普遍富裕基础上的差别富裕，这一差别就体现在其合理的不同时、不同步和不同等。其次，共同富裕不仅仅是物质上的富裕，还包括精神层面的富裕。物质生活的富裕是共同富裕的基础，但并不是它的全部内容，因为共同富裕的最终反映就在于要实现人们生活质量的改善，物质生活的富裕并不意味着人们生活质量的改善。物质生活是人类生活的生存保障，解决的是"生"的问题，但是它还不能解决"活"的问题，如何更好地"活"是属于精神层面的问题。精神生活是反映人的本质特点的生活，它的发展才是永无止境的，它的富裕更是社会主义共同富裕与资本主义富裕的分界点。因此，在理解共同富裕的内涵时，必须将其理解为是物质文明和精神文明协调发展的共同体。最后，共同富裕不仅仅是社会主义社会发展的目标结果，而是一个逐步实现的动态过程。共同富裕不是一个固定不变的模式，更是一个动态实现的过程，包含着人类从贫穷到富裕再到共同富裕的过程，也包含着人们对于未来的向往、憧憬和追求，它是推动社会不断发展的动力。因此，在理解共同富裕的内涵时，必须将其理解为是一个追求富裕生活的动态过程，而非静止不变的模式。

二是要明确共同富裕的实现前提。共同富裕的实现前提既包括相应的物质基础，也包括相应的政治保障。物质基础是为了实现"富裕"的目的，而政治保障则是为了实现"共同"的方向，缺少其中的任何一个前提，共同富裕都不可能实现。强调政治保障、缺乏物质基础，会导致共同贫穷的局面；强调物质基础、缺乏政治保障，则与资本主义社会的少数富裕没有任何差别。因此，要明确共同富裕的实现前提。这一前提的物质基础是解放和发展生产力，只有生产力极大发展，才能保证人们的生活富裕成为可能。市场经济恰好是实现这一物质基础的必然选择，在这个意义上，市场经济是实现共同富裕的原动力。市场经济运用资源配置的高效功能和公平竞争的机制，最大限度地激发社会成员创造财富的积极性和主动性；同时，它在承认社会成员个体差别的前提下，承认市场经济的分配原则，各尽所能，为经济发展提供动力。当然仅有物质基础是不够的，如果市场经济是实现共同富裕的动力的话，那么为了保证市场经济创造的财富不是少数人的，还需要实现共同富裕的政治保障。这一政治保障就是要坚持社会主义，防止两极分化。社会主义基本制度确保市场经济沿着共同富裕的方向发展，它通过政府的宏观调控、通过生产资料的公有制和按劳分配来调整财富在社会成员间的分配，实现社会公正，防止两极分化。因此，我们的市场经济必须是"社会主义"的市场经济，必须是能够实现共同富裕的市场经济，这是在发展和完善社会主义市场经济道路上必须坚持的价值取向。

三是要注重社会财富的最终归属。实现共同富裕的前提是生产领域生产力的发展和政治领域社会主义制度的保障，然而，检验共同富裕是否真正体现，还必须要看社会财富的最终归属是否体现了共同富裕的价值取向。这就涉及要正确处理收入分配领域中的公平问题，既不能让正常合法的付出得不到合理的报酬，也不能让创造财富的生产要素得不到任何报酬；既不能让劳动收入占比远远高于要素收入占比，也不能让要素收入占比远远高于劳动收入占比。对于劳动者而言，我们要尊重他们的劳动和权益，既赋予他们参加生产的公平机会，又要在收入分配中提高劳动收入的占比，尤其是要提高劳动者的最低工资水准。按劳分配的最终目的就在于要缩小人们之间的收入差距，但是提高劳动收入不能出现对要素收入的侵占现象，否则会造成收入上平均主义但生产却停滞不前的局面。对于生产要素而言，我们在生产领域，强调它们的自然属性，强调它们在财富生产过程中的源泉因素和动力作用；在分配领域，则要体现它们的社会属性，赋予它们在分配过程中的合理地位和份额。因此，对于按生产要素贡献参与分配的劳动者，在收入分配中要给予其获得收入的权益，并且保护他们所获得的合法财产。然而，在社会主义共同富裕的价值取向中，我们要将这一收入限制在适度的范围内，防止出现凭借要素所有权而无偿占有他人劳动成果的剥削现象，更要防止由于这部分收入上升而带来的两极分化。此外，在社会财富的最终归属上，还必须重视国家宏观调控职能的发挥，通过国家税收、社会保障等方式，转移人们之间的财富分配，从而实现社会的共同富裕。

2. 劳动价值论的时代化与最终共同富裕的目标

劳动价值论的时代化，对于最终实现共同富裕的目标具有重要的时代启迪。

第一，树立正确科学的劳动观，创造平等机会。劳动价值论的核心内涵就是强调活劳动是价值创造的唯一源泉，这一基本原理启示我们，在最终实现共同富裕的历史进程中，要树立正确的劳动观，尊重劳动，尊重劳动者，才能奠定共同富裕的物质基础，这是实现共同富裕的必经之路。这里的劳动，既包含脑力劳动和复杂劳动等创新劳动，也包括体力劳动和简单劳动等基础劳动，它们都为现代化建设作出重要贡献。因此，我们要重新界定劳动性质，丰富劳动及劳动者的形式和内涵，承认并尊重一切推动社会进步和发展的劳动。一方面，在社会主义初级阶段，生产力还不发达，需要鼓励各种劳动形式的发展，只要它们有利于生产力的发展，有助于让财富创造的源泉涌流。因此，所有的劳动，只要从属于社会主义商品生产，从属于中国特色社会主义建设事业，就应该得到承认，不分贵贱；从事这些活动的劳动者就应该得到尊重，平等对待。另一方面，社会主义社会公有制生产关系占主体地位，这也决定了劳动者之间是一种平等的关系。不仅在公有制企业中如此，非公经济中劳动者和企业主之间也不是赤裸裸的剥削或人身依附关系。劳动力作为生产要素之一，可以视为一种商品，但是在社会主义市场经济条件下，它不同于一般的商品，它身上体现的是社会主义劳动者的尊严。因此，国家和企业必须最大限度保护劳动者利益，保障劳动人民合理劳动、健康劳动、自主劳动，为构建社会主义和谐社会创造基础条件。只有树立正确的劳动观，让各种劳动各司其职，充分尊重劳动者，才有可能最终实现共同富裕。

第二，完善微观收入分配方式，实现各得其所。建立了最终实现共同富裕的物质基础，还必须完善相应的收入分配方式，才能保证社会财富最终在全体社会成员之间得到合理公平的分配。因此，要采取各种措施缩小贫富差距，实现各尽所能，各得其所。具体表现在：一是要努力提高劳动收入占比。劳动收入占比的高低，直接影响到劳动者收入差距的大小。按照按劳分配的本质要求，劳动收入占比越高，则不同劳动者之间的收入差距会缩小，反之亦然。要提高劳动收入在初次分配中的比重，首先要解决微观分配机制中存在的系统性缺陷，例如工资决定机制的不合理、工资增长机制的不完善、工资支付保障机制的不健全等问题。在工资决定机制上，要克服工资决定主体单一及标准模糊等问题，增强劳动者在工资决定过程中的协商力量，改变其在工资决定中的被动局面，并完善相应的工资标准；在工资增长机制上，要克服工资与企业效益脱节的现象，完善工资与企业效益发展之间同步提高的增长机制；在工资支付保障机制上，要克服工资拖欠和同工不同酬等问题，健全工资支付的相关法律保障和制度保障。要提高劳动收入在初次分配中的比重，其次还要注重维护按劳分配方式的主体地位。因为只有确保按劳分配在收入分配中的主体地位，才能避免劳动收入占比低于要素收入占比的失调状况，也才能遏制人们收入差距过分拉大的趋势。二是要正确对待财富创造的源泉。如何对待财富创造的源泉，直接影响到财富创造的多少。首先，要肯定财富创造的源泉不是只有劳动，各种生产要素也是财富创造的源泉；要明确财富创造的主体不仅仅是工人，许多社会变革中出现的新社会阶层也是财富的创造者。因此，要团结为财富创造贡献力量的社会各阶层人员，形成全体人民各尽所能、各得其所而又和谐相处的局面。其次，要对生产要素参与分配的形式作一限定，既允许生产要素的所有者根据生产要素参与生产的贡献大小获取收入，但是不能将这一收入的比例无限扩大。不仅因为这一分配方式本身会造成收入差距，而且参与生产的生产要素也需要通过广大劳动者、与劳动者的劳动相结合才能实际转化为财富。因此，在按要素贡献分配的过程中还是要突出劳动的贡献，这与科学的劳动价值论本身并不矛盾。综上，在收入分配过程中，完善微观收入分配方式，既要使社会各方面积极因素充分发挥，使社会主义建设者都能够焕发积极性，同时也不能脱离社会主义国家的性质和本质，要坚持按劳分配的主体地位，提倡劳动收入成为个人收入的主要来源，实现各得其所。

第三，完善宏观再分配机制，尽力缩小贫富差距。我国的收入分配差距不断扩大，不仅仅体现在初次分配的方式上，也体现在再分配环节中，国家未能通过宏观调控实现收入再分配中的公平与效率。排除不同地区、不同行业、不同个人之间分配方式的不同和不规范现象，假设它们都规范实行相同的分配原则，将按劳分配与按生产要素分配结合起来，其收入之间仍会存在着地域间、行业间或个体间的差距。从内部分析，这一差距主要是由于资源禀赋因素造成的。不同地区之间的自然环境、基础条件和初始发展水平等因素，会形成很强的"马太效应"，即越是发达的地方，聚集资源的能力越强，经济发展的速度越快，居民收入也就越高，贫困地区则相反，会陷入恶性循环效应之中；不同行业之间也是同理，越是聚集了更多垄断性资源的行业，其经济发展的规模越大，职工收入也就越高，非垄断性行业或是中小企业则相反；不同个体之间也是如此，越是具有更完备综合素质的个体，其劳动效率越高，劳动贡献越大，其收入也就越高。这一由于资源禀赋等自然因素造成的收入分配差距，不能通过市场得到解决，因为市场分配的原则是效率原则，强调的是以资源占有程度或者资源创造利润的多少来进行分配，这样的一种利益分配只能导致收入差距的日益加大。因此，由于自然因素造成的收入差距，需要通过宏观的再分配机制加以调节，千方百计地缩小贫富差距。再分配就主要是针对初次分配出现的不合理或不合法的现象而进行的分配活动，其主体主要是国家，途径是通过宏观调控的机制。然而，当前的宏观再分配机制还存在诸多问题，需要进一步加以完善。

首先，要丰富宏观分配机制的形式。我国的宏观分配机制较为单一，主要是税收和转移性支出两种机制。这两种机制主要针对的是再分配过程，属于事后调节的宏观机制。事后调节固然是必要的，但是一味地只依靠这种事后调节机制，国家在分配过程中无疑会显得较为被动。特别是当劳动收入和其他收入在初次分配过程中已经形成了固定模式，根据路径依赖原理，这时的再分配机制所起到的作用就有限了。因此，必须要丰富完善宏观分配机制本身，不仅要维持原先的再分配调节机制，更要建立事前和事中的分配调节机制。这些机制主要包括法律机制和市场分配机制。所谓完善收入分配的法律机制，即强调国家要进一步完善关于收入分配的有关法律法规。这样在初次分配和再分配过程中，才可以做到有法可依、有据可查，规范收入分配。特别是针对由于非公平竞争、行政壁垒和市场的分割状态等造成的行业垄断和地区封锁所产生的垄断利润，更要从法律法规上加以调节和规范。所谓完善收入分配的市场机制，即强调要发挥市场机制的利益分配功能。一直以来，我们对于市场机制的认识更多的是局限在资源配置功能上，事实上，除了资源配置功能，市场机制在利益分配方面也有其独特的功能。这一利益分配功能具体表现在价值分配、行为激励和优化选择三个方面（见表5—2）。总之，完善收入分配事前和事中的宏观分配机制，将有助于我们在初次分配过程中，初步实现收入分配差距的合理化，提高居民收入，为再分配的调节减轻压力。

表5—2　　　　　　　　市场机制利益分配功能的具体表现

| 具体功能 | 主要内涵 | 主要作用 |
|---|---|---|
| 价值分配功能 | 在市场机制中，经济主体的收入分配以价值为准绳，分配以价值和价格的变动为基准，进而对价值特别是新价值进行分割 | 有助于更好理解收入分配的实质及对劳动作用的认识 |
| 行为激励功能 | 市场机制激励商品生产者不断创新，不断提高劳动生产力，不断追求超额利润的功能 | 有助于更好增加收入分配的总额，提高收入份额 |
| 优化选择功能 | 市场机制具有对企业进行评价、筛选、择优、淘汰，以促使企业素质不断提高的功能 | 有助于提高生产效率，促进生产力的解放和发展 |

资料来源：笔者根据资料整理所得。

其次，要克服再分配机制的"逆向调节"问题。所谓再分配机制的逆向调节问题，是指在收入再分配环节中，国家的宏观调控机制不仅没有实现对居民收入的补偿，相反，还使得居民收入与其他收入之间的差距进一步加大。就税收调节机制而言，其"逆向调节"的主要表现有：一是在个人所得税收入中，高收入者的贡献率不高，相反，工薪阶层成了个人所得税的纳税主体；二是在垄断性行业，职工不仅在职时能取得高收入，退休以后也能通过其他形式领取丰厚的退休收入。此外，国有企业经营性资本收益向居民转移机制缺失等因素，也造成了再分配环节对居民收入的"逆向调节"，从而在总体上扩大了城乡差距。这就需要国家：一要完善运用税收机制调节收入分配的制度，完善税收制度及其相关法律，加大对高收入者的调节力度；二要对高收入行业进行收入规范化和透明化，通过各种手段控制垄断性行业的过高收入；三要加快促进资本收益和垄断利润向居民转移，从而扩大内需，推动经济发展。除了税收机制之外，转移支出机制也存在着"逆向调节"的问题。这一问题主要体现在转移支付过程中出现的"奥肯漏洞"，即在收入再分配转移的过程中，从富人那里征收来的税收只有一部分实际交到穷人的手里，其余部分从漏洞中流走了。这个漏洞的内涵具体有三个方面：一是在收入转移过程中由于中间环节众多、腐败、监管漏洞等原因，导致收入在转移过程中消耗过多，最终到人们手中的所剩无几，这是造成收入转移漏洞的直接原因。二是在运用税收政策时，打击了富人投资的积极性，这是造成收入减少漏洞的间接原因。根据税收的"拉弗曲线"原理，税率若是超过一定限度时，会影响生产和投资的积极性，最终导致生产的停滞。三是在收入转移过程中，部分受助群体的积极性被削弱，容易助长不劳而获的行为。这最终也损害了效率，从而减少了国民收入。因此，加大再分配环节中转移支出力度之余，必须要尽量降低转移过程所造成的效率损害，克服转移支付机制的"逆向调节"。具体方法有规范并公开收入转移过程的具体环节、制定合理的收入征收比例、明晰社会保障的覆盖范围等。

第四，构建代际利益均衡机制，确保发展成果共享。伴随着市场经济体制的改革进程，社会出现了不同代际主体之间的利益分化。之所以要将代际之间的利益分化问题单独列出来讨论，是因为，按照劳动价值论对于劳动者地位的强调和尊重，纳入收入分配关注焦点的可能是正在进行劳动的劳动者，这就会造成对那些未来的潜在劳动者（如未成年人）、暂时丧失劳动机会的劳动者（如失业工人）和曾经的劳动者（如退休工人）缺乏相应的关注。作为共同富裕覆盖的范围，这些主体的利益也是需要顾及的。因此，必须构建起不同代际之间的利益均衡机制，确保社会财富在不同代际的社会成员之间也能够共享。代际利益之间的利益均衡归根结底就要是实现利益在不同代际之间的公正分配。这一利益均衡机制无法通过市场的等价交换原则自发实现，只能依靠政府的有效干预实现。因为给社会成员提供最基本、最必要、最急迫的公共服务，遏制市场经济导致的利益分化，发展成果惠及各代人，都是政府的重要责任。具体来讲，这一机制的构建主要涉及以下几个方面：

一是健全保障未成年人健康与教育的制度。未成年人是将要为社会的发展贡献力量的一代人，是社会发展的强大后备军和有生力量。对于未成年人健康与教育的关注，就是对社会未来发展的关注。当前，未成年人的利益缺失主要在于缺乏相应的健康成长与教育的制度。未成年人的主流思想受到冲击，未成年人犯罪现象日益严重，未成年人的教育问题也日益凸显，这些问题急需解决。目前我国关于未成年人的相关法律，主要有《未成年人保护法》《预防未成年人犯罪法》《义务教育法》等，但它们只作为一些指导性的文件和法律，较为笼统，因此在实际操作中，还需要完善相关的制度和保障机制加以落实。例如，社会和政府需要建立教育监管制度，纠正因校方管教不当、乱收费等致使未成年人辍学的现象，缩小区域教育尤其是城乡间、区域间的教育差距，改变单纯以分数画线、排名次、重智育、轻德育的做法，完善进城务工人员的未成年子女的受教育问题，解决家庭贫困的未成年人的教育资助问题等，通过相应措施保障未成年人的受教育权。又如，建立和完善未成年人受教育权的申诉制度。现有法律在学生申诉权利问题上只有法律意义上的规定，缺乏相应实际操作程序的说明，在申诉权的行使途径、申诉对象、申诉时效、申诉答复期及申诉不满处理等问题，法律法规尚未作出明确的规定。大多数学生在这种司法制度不健全和申诉程序缺失的情况下，表现得极为无助，不懂得维护自己的正当权益。因此，国家应尽快建立和完善未成年人权益的申诉制度和申诉程序，并设立相应的机构和人员对未成年人学生进行援助。①

　　二是要完善中青年员工的失业保险体系。随着市场导向改革的深入进行，失业已经成为一种常见的社会经济现象。失业保险体系的建立主要针对中青年劳动力。中青年在社会格局中是中坚力量，是社会发展的主力军，也是社会承上启下的纽带。他们既要抚养未成年人，又要赡养老人，所面临的压力和所承担的责任无疑是重大的。因此，应该设置相应的社会保障体系兼顾这一代人的利益，具体表现为能够使失业工人在失业情况下维持基本的生活，进而为实现下一阶段的就业创造一个比较平缓的过渡期，即建立失业保险体系。需要指出的是：第一，失业保险和救济只能起到一个暂时性的应急作用，对于中

---

① 程吉：《浅论未成年人受教育权的法律保护》，《吉林广播电视大学学报》2010 年第 4 期，第 59 页。

青年失业者而言，要想真正摆脱困境，获得自己的利益，关键还在于要重新就业。因此，失业保险和救济应该是一种有条件的发放，自愿失业、无正当理由自动离职等原因导致的失业不应该享有失业保险或救济。这也是为了尽可能地激励失业者积极主动地再就业。第二，为了鼓励中青年尽快重新回到劳动生产中，失业保险体系还应该提供适当的职业培训，对失业下岗人员进行再就业培训。第三，当前社会处于体制转轨时期，时常出现企业倒闭后职工失业保险无人管理的现象，为此还应该变单位保险为社会保险，建立统一的机构来管理失业保险的相关事务。

　　三是构建离退休人员的利益增进机制。老年人在年龄、体力、精力、机会等方面处于劣势，他们的生活处境比较窘迫，尤其是广大农村的老年人。因此，他们的利益不仅要得到保障，而且还要尽可能地增进。这一利益增进不仅表现为经济利益的增加，更体现为精神利益的增进。在经济利益方面，老年人在经济上处于劣势，城镇离退休职工除退休工资之外没有其他收入，而在职者除工资以外还有奖金、津贴、福利等其他收入，这些收入在总收入当中所占比例越来越高，使得代际之间的收入差距日益拉大；农村老年人更甚，他们没有退休工资收入，只能通过儿女赡养或是自给自足等方式供养自己。针对经济供养问题，应该保障老年人的基本生活费用，城镇应尽可能提高退休员工的待遇，农村则应该加大社会保障力度，发放养老金；同时还要创新当前的养老保险制度，使老年人除依靠退休工资收入或养老金之外，还能通过其他方式减轻生活负担，满足消费需求。例如，针对老年人体弱多病、容易患上疾病的情况，政府应加大医疗保障力度，尤其是让农村的老人也能够看得起病。在精神利益方面，老年人步入老年生活后，在生理、心理上都有一个转变的过程。他们在这个过程中不仅需要实现物质上的供养、生活上的照料，更要有精神上的慰藉。这就需要我们在精神生活上给予老人更多的关心和照料。针对生活照料，即日常生活护理问题，除了家庭的照料之外，还应该设立相应的机构及人员，照料他们的日常起居；针对精神安慰，即精神生活问题，首先需要社会在老年人还有能力发挥余热的情况下，竭尽所能为他们创造力所能及的劳动机会，以便排解他们的空虚感和孤独感。同时，老年人由于与年轻人的生活经历不同，因而在价值观念、行为方式等诸多方面与青年一代存在着分歧、矛盾甚至冲突，容易使老年人产生失落感和被抛弃感。针对这种现象，社会要为老年人提供更多参与社会生活的渠道，让他们能够幸福愉快地度过晚年。

# 第六章　推进劳动价值论时代化的思考

新时期推进劳动价值论的时代化，需要我们追溯历史、立足当代。追溯历史是为了回归到理论本身的真相，在尊重理论前提的基础上，更好地梳理和挖掘劳动价值论的精髓；立足当代，则是为了更好地指出理论本身的局限，进一步丰富理论的内涵，达到在当代深化和坚持劳动价值论的目的。因此，对于劳动价值论时代化这一命题，必须进行分析和总结，只有这样，才能推进时代化的进程。

## 第一节　对劳动价值论的背景和历史贡献的思考

正如恩格斯所指出的那样，"每一个时代的理论思维……都是一种历史的产物"①，因而也是时代的产物。任何一种理论的产生都与其背景有着千丝万缕的联系，它见证了理论的真理性，也决定了理论的时代性。理论的产生、发展乃至消失都与时代密切相关，伴随着时代的变迁，其形式、内容都会发生变化。因此，只有明确理论产生的时代背景，才能更好地理解理论所侧重研究的问题及其在当时的伟大意义，也只有明确理论产生的特殊时代背景，才能更好地明确当今时代较之以往时代发生的变化。要推进劳动价值论时代化、要准确判断时代变化对劳动价值论的发展带来的是挑战还是机遇、要明确是否应该坚持马克思劳动价值论这一产生于一个多世纪以前的学说等问题，都必须要对劳动价值论的背景分析作出相应的思考。

---

① 恩格斯：《自然辩证法》，《马克思恩格斯选集》第 4 卷，人民出版社 1995 年版，第284 页。

## 一  劳动价值论提出的背景是资本主义大工业初期

之所以强调理论提出的背景，就在于任何一种理论都是针对它产生的时代，研究当时的对象，解决当时的问题。众所周知，马克思劳动价值论提出的背景是资本主义大工业的初期，也是资本主义制度确立和发展的时期。这一时期，在生产力方面呈现出机器代替手工工具、机械力代替人的体力的特征；在生产关系方面呈现出两大特征，即工人阶级与资本之间已经从原先的形式上隶属关系转变成了实质上的隶属关系、资本主义从原先的不自由转变成自由竞争和发展。这就决定了马克思在当时研究资本主义生产方式的三个特点：一是研究主要集中在机器制造业等物质资料生产领域；二是主要研究以工业经济时代的劳动价值关系为主的商品货币关系；三是对价值实体的劳动的考察是在当时的生产力发展水平上进行的。

因此，在劳动价值论提出背景上，需要把握两点：一是由于工业革命的发生，一方面极大地促进了生产力的发展；另一方面相对于今天的后工业化时代而言，生产力的发展又是较低层次的。由此决定，无论是研究的主要对象还是所得出的结论，劳动价值论都不能不受当时条件的制约。把握前一个方面，是为了说明，马克思劳动价值论创立的年代是商品经济发展的年代，因此，这一理论在当时有其产生的历史必然性。同时，在那样一个生产力发展的年代，劳动价值论的研究能够较之于以往有着更为丰富的材料和更为坚实的基础，这也就意味着，这一理论与产生于前资本主义时代的理论是有所区别的，因而，它在当时的背景下所揭示的关于商品经济、关于市场经济的一些基本原理和观点，有其合理之处。承认这一点，在当前深化认识和坚持劳动价值论才是有价值和有意义的，我们也才能在当前建设社会主义市场经济过程中继续发挥劳动价值论的指导作用。把握后一个方面，是为了明确，任何一种针对其产生时代的理论，就其内容和形式而言都有时代的局限性。劳动价值论也不例外，它不能不带有时代的烙印。马克思的劳动价值论产生于机器大工业生产方式刚刚兴起的社会背景下，产生于西欧资本主义国家无产阶级抗争资产阶级野蛮剥削的革命斗争中，这就决定了它的研究背景只能是自由竞争时期生产的无政府状态和社会化大生产，研究的对象只能是这一时期资本主义社会中的基本矛盾——生产资料私人占有和社会化生产之间的矛盾，研究的方法是揭露社会生产和生活中的异化劳动、"异化人"的现象和批判私人资本对社会劳动的支配，研究的目的是追求人的解放与自由全面发展。这是劳动价值论产生的时代特征，也是劳动价值论要解决的当时问题，它们构成了劳动价值论的时代性。

对于劳动价值论产生背景的分析，不仅能够让我们更为合理地对待这一理论，而且对于在当前更好地认识和深化理论也有着重要的启示。着眼于发展市场经济的基本要求，当前的社会主义市场经济与马克思所研究的背景有共性，但是今天的市场经济，无论是发达程度、复杂程度，还是其所依赖的社会经济制度都与当时有巨大的差异；生产力和社会分工的发达程度也远远高于马克思所处的时代。因此，如果完全照搬照抄马克思当时的结论而忽视历史条件已经发生的变化，那也就不能适应变化了的情况对理论的需要。正确的态度应该是，既要继承劳动价值论的精华，也要深化认识和发展劳动价值论中已被实践证明必须发展的内容。

## 二　劳动价值论为工人阶级命运的改变提供了理论依据

马克思主义产生于工人运动中，是指导工人阶级实现自身解放的强大思想武器。历史上从来没有一种理论像马克思主义那样，与工人阶级和劳动人民的命运如此紧密联系在一起。在马克思主义的理论体系中，唯物史观为工人阶级的解放指明了方向和提供了世界观的指导，科学的劳动价值论则为工人阶级的解放提供了最坚实的理论依据，是它将唯物史观与现实紧密地结合在一起，将马克思主义由理想变为现实。马克思的劳动价值论从创立以来，面对的就是无产阶级和资产阶级的尖锐斗争，其根本使命是揭示资本主义经济制度的不合理性及其为新社会制度所取代的必然性，所以它不可避免地具有强烈的阶级性和革命性。这样一种理论对于工人阶级的解放具有重要的指导意义，它指明了工人阶级是代表未来先进生产力的阶级。

首先，工人通过劳动不仅可以占有自然界，而且也可以获得对自己创造价值的唯一所有权。马克思先后在一系列著作中提到工人的"占有"规律，如在《1844年经济学哲学手稿》中提出工人"占有自然界"的命题；在《资本论》中提出了商品价值的"占有规律"的观念，认为劳动是价值最初的占有方式的表现，此外还指出这种占有方式在法律观念上即反映为所有权。这里提及的无论是对自然界的"占有"还是对自己生产的价值的"占有"，都是通过劳动的方式。这就指出劳动在工人解放中的巨大作用：工人可以通过自身的劳动来获得自己的劳动成果，并对它们享有法律上的所有权。这对当前的市场经济建设和发展有着重要的启迪，因为市场经济就是以"劳动对自己劳动成果的所有权表现"① 为基本前提的，因此在市场经济建设中要充分保障工人的劳动权利及其对劳动成果的所有权。

其次，工人通过劳动获得所有权，也就意味着工人具有平等的权利。既然只有通过劳动才能获得对自身劳动成果的所有权，那么他人想要获得不属于自己的劳动成果，只能通过让渡自己的劳动成果来实现对其他产品的所有权。因此在这个交换过程中，强制排他的权力被遏制住了，人们只能通过让渡自己在第一次占有时获得的所有权来实现对他人产品的"第二次占有"，原先的所有权转化为交换过程中的平等权利。当平等的概念在人们的观念中产生并深深扎根的时候，劳动价值论揭示的价值表现的秘密，即一切商品价值都是人类无差别劳动的凝结，具有"等同性和同等意义""才能揭示出来"②。因此，劳动价值论强调劳动的重要性，就意味着人们在劳动面前都是平等的，意味着社会交往是以平等权利作为规范。工人也不例外，他们也具有这样的人权要求，当然可以对自己的劳动成果平等地占有和平等地进行交换。

最后，劳动价值论对剩余价值来源和本质的揭示，也控诉了资本主义对工人的剥削，体现了提升人的尊严的诉求。马克思的劳动价值论强调劳动是价值创造或占有的唯一源泉，要实现不同商品之间交换的前提是彼此的等量劳动或所有权的平等让渡，这是商品经济等价交换的要求。但是，在资本主义商品经济中却不是这样。马克思对这一经济生活的表层和深层作了比较研究，发现表层的商品流通领域确实是等价交

---

① 马克思：《1857—1858 年经济学手稿》（下册），《马克思恩格斯全集》第 46 卷下册，人民出版社 1980 年版，第 462—463 页。
② 马克思：《资本论》（第一卷），人民出版社 2004 年版，第 75 页。

换、童叟无欺、自由平等的；但是在深层的生产领域中，"个人之间表面上的平等和自由就消失了"，剩下的只是对剩余价值的极力榨取。在深层的剩余价值榨取过程中，工人失去了原先能够通过劳动占有的劳动成果，失去了自己对自身劳动力的所有权，被当成剩余价值生产的工具。正是在这一基础上，劳动价值论批判了资本主义对工人的无情剥削，揭露了资本主义生产中的不平等秘密，更唤起了工人阶级寻求自身解放和提升自身尊严与价值的意识。

### 三　劳动价值论为资本主义剥削的揭示提供了利器

马克思的剩余价值学说，以其科学的论证，无情地揭示了以平等自由博爱著称的资产阶级社会仍然是几千年剥削社会史的延伸，是剥削形式的文明化和隐蔽化，最终消灭剥削任重而道远。而这一重要的学说恰好建立在劳动价值论的基础之上，正是通过对劳动价值论的科学分析，通过对资本与雇佣劳动之间交换的本质说明，才揭示出资本主义剩余价值的真正来源和性质，也才揭示出资本主义剥削的秘密。因此，从这个意义上说，劳动价值论是马克思主义政治经济学的基础，是资本主义制度的生理学基础和出发点。要理解资本主义制度的内在有机联系和生活过程，必须从价值决定于劳动时间这一规定出发。劳动价值论为资本主义剥削的揭示提供了锋利的武器。

这一理论武器的作用主要体现在：第一，它区别了劳动和劳动力，指出工人出卖的是劳动力而不是劳动，并进而揭示了"劳动力"这种商品的特殊之处。劳动力的卖者为了实现自己的交换价值而让渡自己的使用价值，然而劳动力与其他商品不同的地方就在于，劳动力的使用价值明显大于它的交换价值，它的使用价值在卖出之后就归属于购买者所有，并且它使用一天所创造的价值比自身一天的价值还要大，这就意味着在流通领域中的等价交换对于买者而言，"是一种特别的幸运"①，而对于卖者而言，则是形式上的公平，但却是实质上的不公平。第二，它揭示了资本主义剥削的隐蔽形式。分析完劳动力商品的特殊之处后，马克思运用劳动价值论这一武器揭示了资本主义制度下隐蔽的剥削形式。

①　马克思：《资本论》（第一卷），人民出版社 2004 年版，第 226 页。

首先，他指出这一剥削形式较之于以往的任何形式，由于借助于"劳动力"这一特殊的商品，因而显得更为隐蔽。这一隐蔽之处就在于剥削发生的地点不在于流通领域，而在于劳动力的消费过程。但是，人们往往只关注到了流通领域中的等价交换，因为这一领域是外露的。在这个流通领域内进行的劳动力的买和卖是你情我愿、等价交换、童叟无欺的，在这里劳动力的买者和卖者以自己自由的意志来缔结契约，并以商品所有者的身份来进行等价交换，因此这里确实是"天赋人权的真正伊甸园"①。这样一种体现自由、平等和所有权的流通领域，掩盖了资本与劳动力之间不平等的关系，隐藏了资本主义剥削的形式。其次，马克思深入到流通领域之外的劳动力消费过程，揭示出这一隐藏着的形式，指出资本主义无情的剥削。在劳动力的消费过程中，原先的平等关系被彻底打破了，在这里，原先的角色发生了变化：原来的货币所有者变成了资本家，劳动力所有者则变成了工人。在这一消费过程中，工人在资本家的监督下劳动，其劳动属于资本家，并且，其劳动产品也是资本家的所有物，而不是直接生产者——工人的所有物。这种情况下，对于资本家而言，工人与他所购买的其他死的要素没有任何区别，因此，他们对待工人的劳动及其劳动的产品均是以所有者的角色自居。此外，他还进一步指出了，资本主义生产过程不仅仅是劳动过程和价值形成过程的统一，它更是劳动过程和价值增殖过程的统一。这就意味着，劳动力的使用过程不仅形成了价值，而且还创造出了大于自身劳动力价值的价值，而这一部分价值恰好就是被工人所忽视，但却被资本家无偿占有的。因此，资本主义的生产和再生产都是以工人创造的剩余价值为基础，资本积累的实质同样离不开工人的劳动。至此，马克思揭开了资本主义社会中一切自由、平等、公正的迷人面纱，将资本主义制度的剥削实质呈现出来，从而为批判资本主义的无情剥削提供了强大的思想武器。

综上，对劳动价值论的提出背景和历史贡献作一思考，是为了既看到它在时代变迁中由于背景的演变所表现出的局限，也看到它在时代变迁中由于理论的科学所表现出的魅力，更看到它在自身产生年代所具有

① 马克思：《资本论》（第一卷），人民出版社 2004 年版，第 204 页。

的理论意义和实践价值。立足于马克思劳动价值论的提出背景，必须承认这一理论在当时的关注焦点和价值取向更多的是为那个年代的工人阶级解放指明方向、启蒙思想，批判那个年代的无情剥削和赤裸裸的不公平。承认劳动价值论的时代性，不是对它的贬低，相反恰恰是推进其时代化的认识起点。劳动价值论不能穷尽真理，如果把劳动价值论当作神一般的学说，当它的某些观点不能解释现实时，神就破灭了；如果把劳动价值论当作人的学说，当它的某些观点不能解释现实时，那是因为时代变了，人还是伟人，理论还是有其价值的。把劳动价值论神化是人们在当下主张完全抛弃该理论的原因之一。因此，在今天，要深化对劳动价值论的认识和研究，必须深刻认识这种历史规定性，将劳动价值论视为富有时代特征的理论，否则就不可能真正全面地理解和把握它。

## 第二节　对劳动价值论理论价值分析的思考

从提出背景和历史贡献分析的角度，我们看到了劳动价值论的时代性，看到了其研究对象的局限性，然而，这一时代性并不意味着要全盘否定劳动价值论的理论价值，相反，它的理论价值并不因时代变迁而有所减弱，在当代还有着重要的启迪。

### 一　劳动价值论发现了劳动二重性学说

与以往的劳动价值论不同，马克思的劳动价值论发现了劳动二重性学说，从而将劳动价值论建立在科学的基础上。科学的劳动价值论正是通过劳动二重性学说，回答了什么劳动形成商品的价值、怎样形成商品价值，从而也揭示了商品、价值等不仅仅是物，而是在物的掩盖下人与人关系的体现。因此可以说，劳动二重性学说是马克思劳动价值论的核心。首先，正是通过劳动二重性学说，马克思阐明了商品的二因素。劳动二重性学说将劳动区分为具体劳动和抽象劳动，进而指出具体劳动的特征决定商品使用价值的特征，抽象劳动的特征决定商品价值的特征。具体劳动的特征决定使用价值的特征：它的有目的性决定了商品必然具有使用价值；它的特殊性决定了商品使用价值的不同及交换的必要性；它的一般性决定了使用价值与社会制度无关，它是在任何社会形态下都存在的，这也就决定了商品使用价值的自然属性。抽象劳动的特征决定价值的特征：它的无差别性决定了各种不同的具体劳动及其产品可以比较和交换；它的抽象性决定了商品价值必须通过与其他商品的交换才能得以表现；它的社会性表明了价值是个别劳动借以表现为社会劳动的一种特定社会形式，这就意味着商品交换必须以等量劳动相交换的原则进行。通过对劳动二重性和商品二因素关系的揭示，我们能更为清晰地把握商品二因素的对立统一关系，更为深入地理解现实商品经济中的经济现象。例如通过理解使用价值和价值的特征，可以更好地分析等价交换现象，理解交换价值的重要作用；通过理解劳动二重性与商品二因素的内在联系，可以更好地理解商品价值量变化的规律，理解商品使用价值的增加与价值量的减少同时发生的现象。其次，正是通过劳动二重性学说，马克思阐明了价值形式的演变，批判了商品拜物教。由于商品的价值不能通过抽象劳动来衡量，因此，只能通过交换中另一个商品的使用价值来表现，这就是等价物。而货币就是这种等价物演变发展的结果。通过这样的价值形式，人与人之间的交换关系就表现为物与物之间的关系，因为生产者只有通过交换他们的产品才发生社会接触，才将自己的个人劳动转化为社会劳动。这一物的运动形式日益控制着商品生产者，商品生产者就拜倒在了物的面前，人们对于商品、货币狂热地追求，最终导致人们对于物的依赖。通过这一分析，马克思批判了商品拜物教和货币拜物教，批判了人与物之间颠倒的关系，从而树立了人在价值创造中的决定地位和人的解放的观念。

因此，只有在劳动二重性分析的基础上，马克思的劳动价值论才完成了对资产阶级劳动价值论的改造，揭示出了资本主义经济发展过程中的一系列问题和规律，为工人阶级的解放提供了强大武器。在当前，只有深刻认识劳动二重性学说，才能更好地坚持和深化劳动价值论。

## 二　劳动价值论揭示了价值和剩余价值的真正源泉

马克思劳动价值论的第二个理论价值就在于，它通过劳动二重性学说，阐明了价值形成过程，揭示了价值和剩余价值的真正源泉。马克思首先将劳动区分为具体劳动和抽象劳动，从而揭示出价值创造的真正源泉在于抽象劳动而不是笼统的劳动。这是科学的劳动价值论较之于以往劳动价值论的进步之所在，也是科学的劳动价值论得以建立的基础。揭示出价值的源泉之后，马克思还进一步分析了价值形成过程。他指出，劳动过程不仅仅包含着生产资料旧价值的转移，更包含着新价值的创造。旧价值通过具体劳动转移，新价值则通过抽象劳动形成，两者在生产过程中同时进行。之所以能够实现新价值的创造和生产资料旧价值的转移同时进行，原因就在于劳动力这一特殊的商品。据此，马克思区别了劳动和劳动力，从而揭示出工人出售给资本家的不是他的劳动，而是他的劳动力。这种特殊的商品，一旦进入资本主义的生产过程，资本家就会通过延长工时、增强劳动强度和提高劳动生产率等方法，使得工人在转移旧价值的过程中，还能通过抽象劳动创造新的价值，并且创造出来的这一部分价值比它自身的价值还要多、还要大。这部分新价值除了补偿劳动力本身的价值之外，还有剩余，这就是剩余价值。由此可见，剩余价值的实质就是工人的劳动创造的超过自身劳动力价值那部分的价值，它被资本家无偿地占有了。至此，剩余价值的来源得到了科学的说明。

科学的劳动价值论向人们阐明了活劳动或抽象劳动是创造价值和新价值的终极源泉，从而揭示了劳动者是创造价值和财富的终极力量。因此，当前我们应该还工人阶级以尊严，应该强调占人口绝大多数的劳动人民对社会发展的贡献。

### 三　劳动价值论彰显了物质劳动的基础地位

马克思劳动价值论产生的年代，是大工业发展的初期，物质劳动是当时主要的劳动形式。因此，马克思侧重考察分析了物质劳动，强调其作用和地位。当前时代发展变化，出现了物质劳动之外的多种其他劳动形式，科技劳动、管理劳动、服务劳动等在经济发展中的贡献日益突出。再加上劳动生产率的提高和产业结构的演进，使得人们误以为生产决定或主导的时代已经过去了，取而代之的是分配活动或是其他的经济活动。但事实上，劳动价值论彰显的物质劳动的基础地位是不变的。首先，无论哪一个时代，物质生产始终是人类社会存在和发展的基础，只有解决了人们的衣食住行，才能谈得上其他劳动形式的发展。其次，物质生产劳动是一切经济活动的原始动力，没有现实的生产、分配、交换、消费，都是无源之水、无本之木，创造社会财富的不是分配、流通和消费领域，而只能是生产领域。再次，物质劳动还是整个现实历史的深刻基础，它不仅是人类社会的发源地，更是全部社会关系的物质根源。人的本质在其现实性上是各种社会关系的总和，因此要寻求人的解放，就必须寻求各种社会关系的解放。在马克思劳动价值论的分析中，揭示了雇佣工人在资本主义生产过程中的异化劳动形式，而要消除这样一种异化劳动的形式，消除物对人的奴役关系，只能通过物质劳动。这是因为，物质生产想要揭掉自己的神秘纱幕，只能通过自由联合的人对物质生产过程进行"有意识有计划的控制"①，物质生产寻求的最终结果就是人的解放。工人从异化劳动的解放，不仅需要物质生产本身，还需要"有一定的社会物质基础或一系列物质生产条件"②。从这个意义上，物质劳动是人类解放不可或缺的深刻基础。最后，物质劳动也是人们思想解放的重要途径。马克思向我们展示了，大工业发展到一定水平是如何通过物质生产方式和社会生产关系的变革而使人的头脑发生变革的，这一变革的发生依赖于物质劳动的发展；人们的思想观念随着物质劳动的发展而发生相应的变化，并因发展的物质生产而具有现实的基础。

在社会主义初级阶段强调物质生产的基础地位，有着特别重要的意义。马克思主义认为物质资料生产是人类社会的发源地，而现今社会出现了回避物质生产领域的现象：企业地位不高、企业家地位不高、工人很少有人愿意当。这样的一种观念最终会影响到经济的持续和健康发展。尤其在当前金融行业等虚拟产业成为各国经济发展的风向标和领头羊的形势下，更应该尊重物质劳动的基础地位，大力发展实体经济，防范经济风险。要营造这样一种氛围，就需要彰显物质劳动的基础地位，这恰恰是劳动价值论的理论价值所在。

## 四　劳动价值论为社会主义经济建设提供了指南

马克思劳动价值论提出的时代与当前的社会主义经济建设有着重大

---

① 马克思：《资本论》（第一卷），人民出版社 2004 年版，第 97 页。
② 同上。

的差别，但这并不意味着它对当前的社会主义经济建设毫无意义，相反，它提供了重要的理论指南。具体而言，主要体现在以下几个方面：

一是劳动价值论中关于劳动二重性的分析，启迪我们，当前的社会主义经济建设必须正确对待具体劳动和抽象劳动的作用。在马克思那个年代，劳动价值论更加突出抽象劳动是价值的唯一源泉，并以此来揭示资本主义生产对工人无情的剥削，为工人阶级的解放提供理论指导。对于具体劳动在使用价值创造过程中的作用，马克思提到了它是使用价值形成的重要源泉，但总体上分析较少。这并不意味着具体劳动的分析无关紧要，相反，具体劳动创造使用价值的分析，对于当前的社会主义经济建设也有着重要的借鉴意义。在社会主义经济建设中，我们不仅应该尊重抽象劳动，也应该看到物化劳动或具体劳动的重要作用。尽管它不是价值的源泉，但却是使用价值创造的源泉之一。物化劳动的更新，会使得机器设备、原材料等生产资料转移价值的比重逐渐增大，劳动生产率不断提高，这对于社会主义经济建设中解放生产力、发展生产力有着重要的作用。

二是劳动价值论对价值和剩余价值源泉的揭示，启迪我们，在社会主义经济建设中必须充分尊重工人的抽象劳动。时过境迁，当前的具体劳动形式发生了诸多变化，但是这并不能否定抽象劳动是价值和剩余价值的源泉。当前的社会主义市场经济建设必须与资本主义生产有所不同，凸显其优越性和先进性。马克思对于资本主义生产的批判，正在于它对工人的无情剥削和对工人地位的肆意践踏，这就意味着，在社会主义经济发展过程中，我们应该要消灭资本对工人创造的价值的无偿占有和无情剥削，保障工人的应有权益，尊重工人的主体地位，更好地体现社会主义以人为本的本质属性。

三是劳动价值论对于物质劳动的彰显，启迪我们，在社会主义经济建设中必须处理好不同劳动形式之间的关系。当前物质劳动、科技劳动、管理劳动、服务劳动等百花齐放，彼此在经济发展中的分工不同，所起到的作用也不同。社会主义初级阶段的一项根本任务就是要解放生产力和发展生产力，因此，在经济发展过程中必须立足现实科学对待这些不同劳动形式的分工，既不抹杀它们的重要作用，也不过分夸大其地位。具体表现在，不仅重视科技劳动的创新作用、管理劳动的整合作用和服务劳动的推动作用，也要彰显物质劳动的基础地位。只有充分彰显物质劳动的基础地位，才能为其他劳动形式的发展提供坚实的物质基础，也才能确保社会主义经济的持续平稳快速增长。

## 第三节　对推进劳动价值论的时代化分析的思考

劳动价值论的时代背景思考，启示我们必须要对劳动价值论持正确的态度，既看到其历史局限性，也要看到其穿越时空的真理魅力；劳动价值论的理论价值分析，进一步启发我们这些基本原理在当下的理论价值及其对当前经济建设的借鉴意义。这两者的分析都是为了推进劳动价值论的时代化，为了更好地运用劳动价值论来对现实经济生活中的新问题、新情况作一合理、科学、有效的解释，用理论更好地指导社会主义市场经济实践。因此，需要对推进劳动价值论时代化这一任务本身加以总结和思考。

### 一　重视研究劳动价值论所揭示的一般规律

对于劳动价值论的研究不能拘泥于其个别观点和个别结论，片面地理解其内涵。推进劳动价值论时代化的首要前提就是要重视研究其所揭示的一般规律。这里的一般规律，强调的是劳动价值论所揭示的具有普遍性的、反映经济发展过程和经济现象的某些共同本质的基本原理和观点，这些基本原理和观点是马克思在纷繁复杂的经济生活中发现和揭示的，是在理论和实践的双向动态结合中呈现出来的。马克思的劳动价值论以资本主义经济制度下的生产为研究对象，以商品为研究的出发点，分析商品的两重属性、劳动二重性、价值形式、价值的本质及来源等问题，最终揭示了只有人类生产商品的活劳动才是价值创造的唯一源泉。它所揭示的这一基本原理，是以商品经济为研究对象的，因而，只要商品经济还存在，这一基本规律就适用于任何的社会形态。资本主义社会如此，社会主义社会也不例外，后者并没有逾越商品经济的发展阶段。因此，劳动价值论所揭示的一般规律在当前仍发挥着重要的作用，主要有：其一，它揭示了劳动的本质，揭示了其对社会及人自身发展所起的作用，强调劳动者是历史发展的真正推动者，倡导人的全面解放和发展。这启示我们，在社会主义市场经济中要维护劳动者的正当利益，保障劳动者的切身权利。其二，它揭示了资本主义雇佣劳动的剥削本质，揭示了那个时代劳动者在资本主义生产关系下的异化劳动状态，进而强调劳动者的劳动必须是真正自由的劳动。这启示我们，在社会主义市场经济中，要构建和谐的劳动关系，营造自由的劳动氛围，充分发挥劳动者的主动性、积极性。其三，它揭示了商品经济的基本规律（即价值规律）中蕴含的文明基因——"等价交换、互惠互利、公平竞争、自愿选择"，强调商品的价值量是由生产商品的社会必要劳动时间决定的，商品的交换要按照等价交换的原则进行，并分析了价值规律的具体表现形式。这启示我们，在当前的社会主义市场经济中，要充分发挥价值规律在资源优化配置、劳动生产率提高、市场经济健康发展等方面的积极作用。这些一般规律的研究，对于推动理论创新和实践发展都具有重要的启迪。

### 二　重视劳动价值论的时代拓展和理论创新

推进劳动价值论的时代化除了研究其所揭示的一般规律之外，还必须对其进行相应的时代拓展和理论创新。这既是理论一般性与实践特殊性的矛盾所致，也是理论发展与时代局限的必然要求，更是理论内在规定性与现实外在超越性的有机结合。一方面，作为产生于特定时代的理论产物，劳动价值论由于时代背景和历史任务等局限，不可避免会有所侧重、有所忽略，而随着时代的发展，原来被劳动价值论所忽略的那部分内容凸显了出来，例如劳动的新特点。这就要求结合时代的新情况、新问题，对劳动价值论进行时代的拓展。基于这一原因的拓展更多地表现为在已有的概念、范畴构造的理论框架内，寻求理论与现实之间矛盾的解决之道，分析出现的新问题或是较为突出的问题，这无疑是必要和必须的。但另一方面，任何一种理论本身也有向高级理论形态发展的要求，劳动价值论也不例外。作为一种由特定年代、特定人物提出的理论，其本身有着内在的矛盾或是不可避免的局限性。这就意味着，需要对劳动价值论的具体结论或个别观点等进行反思，寻找理论的突破，进而实现理论创新。应该说，时代的拓展是外部的力量在推动着理论的发展，而理论的创新则是内部的动力在推动着理论的深化。因此，在坚持基本原理即劳动是价值创造的唯一终极源泉的基础上，当前我们还需要对劳动的主体、劳动的形式、劳动的分工等理论命题以及对价值创造与财富创造、价值创造与收入分配等问题，进行新探索、新思考。比如到底什么是生产性劳动？精神产品的价值是不是生产性劳动？推进劳动价值论最基本的原理趋向时代化的同时，也赋予劳动价值论以时代活力和解释现实的理论力量，只有这样才能真正做到深化和发展科学的劳动价值论。

### 三　重视研究中国市场经济运行中劳动的新特点

劳动价值论的理论内核就在于对劳动的分析。当前推进其时代化，无疑需要重视研究我国市场经济运行中劳动的新特点。在劳动价值论提出的历史背景下，马克思对于劳动的研究主要局限在物质生产领域，然而，即便在这一特定的研究领域中，他对于劳动概念可能发生的变化也是有所论述的。他预测到了：一是生产劳动及其承担者生产工人的概念，随着劳动过程本身的协助性质的发展，必然扩大；二是随着商品经济的发展，人们之间的劳动分工会日趋细化，他们不仅直接从事物质财富的生产，也创造剩余价值；三是生产劳动者范畴的内涵不仅仅包含真正的工人，也包含所有参与商品生产的人。当前随着经济的飞速发展，在我国市场经济运行的过程中，劳动形态更是发生了深刻变化，传统意义上的体力劳动范畴已经不够了，科技劳动、管理劳动、服务劳动等在社会生产中比重越来越大，日益成为经济社会发展的重要推动力量；劳动主体已不再是单一的传统意义上的产业工人，而是呈现出多元化的趋势；劳动领域也日益丰富化，不再局限于传统的物质领域，而是延伸到了其他的社会服务领域和精神文化领域。研究当前劳动的新特点，是推进劳动价值论时代化首先要做的工作：不仅要研究劳动领域的新形式，科学理解各种新型劳动的作用；也要研究劳动分工的新特点，正确对待体力劳动和脑力劳动的地位；更要研究劳动范畴的新内涵，明晰不同种类劳动的意义。只有充分研究了劳动的新特点，才能真正做到尊重劳动，让劳动在价值创造和财富创造过程中充分发挥作用。

## 四　重视研究中国市场经济运行中分配的新动态

推进劳动价值论时代化的另一个理论与实践结合的领域，就在于我国的分配领域。在当前的基本经济制度和市场经济条件下，如何实行按劳分配、为何承认生产要素在财富创造中的贡献并按其贡献参与分配等都是劳动价值论面临的新问题。尽管劳动价值论并不是我国分配原则确立的理论依据，但是并不能否定其对分配领域的指导作用，尤其是劳动价值论中对劳动、活劳动及物化劳动的分析、对以人为本的彰显等，都对我国的收入分配有着重要的启示。这就要求我们要重视研究中国市场经济运行中分配的新动态，更好地厘清劳动价值论与收入分配之间的关系，用劳动价值论指导我国的收入分配改革。我国的分配原则既坚持按劳分配的主体地位，也承认按生产要素分配的合理性。然而由于生产力不够发达，为了调动生产要素所有者的积极性，实际分配过程过分倾向按生产要素进行分配，造成劳动收入与非劳动收入严重失调，按劳分配的主体地位遭到动摇，造成收入差距的拉大和贫富分化的加剧。这些问题的分析和解决需要劳动价值论的指导，因为劳动价值论对劳动在生产中主导地位的彰显，反映在实际分配中即为应该充分体现劳动在收入分配中的地位和份额。因此，借助劳动价值论理顺不同收入之间的主次关系、构建不同收入之间的主次格局，对于调动广大劳动者积极性、化解社会矛盾、协调各阶层关系和构建和谐社会都具有重要意义。

## 五　重视对劳动者利益的保护和分配关系的优化

社会中人与人的关系和矛盾的集中体现就是利益问题，因此，利益分配是各个社会最为敏感和最难以解决的问题之一，社会主义社会也不例外。尽管社会主义社会，倡导个人利益对集体利益的服从，但这并不意味着在社会主义社会中就能忽视对个人合法利益的保护或是忽视正当利益在不同成员间的合理分配。它同样需要重视保护个人的利益，优化分配关系，这里的个人主要涉及的就是最广大的劳动者。从理论的阶级立场角度，马克思的经济学理论与其他经济理论最大的不同就在于它是为工人阶级服务的；同理，马克思的劳动价值论与其他价值理论的最大区别也就在于它是为劳动者的利益服务的。就研究对象而言，各种价值理论是一致的，都研究了价值的来源及其分配问题，但正是依据这些研究问题的不同回答，才有了不同价值理论的划分。资本主义的价值理论（不论是要素价值论、效用价值论还是其他的价值理论）在价值"由谁创造、归谁所有"的问题上，都在论证非劳动者们获取价值的合理性，认为价值是由物化劳动创造的，应该归物化劳动的所有者所有；马克思的劳动价值论则不同，它站在劳动者的角度，第一次指出创造价值的唯一源泉只有劳动者的劳动，劳动者才对价值享有所有权。这是科学的劳动价值论所坚持的基本观点。

劳动价值论强调不管是在财富生产还是在价值创造中，劳动都具有决定性作用；劳动者是生产力要素中唯一能动的要素，具有主体地位。现代生产中，劳动者已经发展成为具有较高技能和素质的直接或间接生产者，知识分子、科技工作者、经营管理者等脑力劳动者发挥着越来越重要的作用，他们的利益应该也必须受到国家和社会的保护。在保护劳动者利益的过程中，尤其要重视分配关系的优化。因为，分配关系的合理与否，不仅会直接影响到劳动者的利益分配，也会影响经济活动本身的平稳，还会影响到社会的和谐和社会主义制度的巩固。通过劳动价值论对价值创造的分析和对劳动者主体地位的张扬，必须克服现阶段由于体制不健全等原因所造成的对劳动者不够关注、收入分配不够合理、对劳动者不够尊重等侵害劳动者利益的现象，充分保护劳动者的合法利益，理顺和优化分配关系。社会主义市场经济条件下，分配政策制定与调整的重心应当始终放在维护劳动者的整体利益上。

# 参考文献

## 一 经典原著类

[1]《马克思恩格斯选集》(第1卷),人民出版社1995年版。

[2]《马克思恩格斯选集》(第2卷),人民出版社1995年版。

[3]《马克思恩格斯选集》(第3卷),人民出版社1995年版。

[4]《马克思恩格斯选集》(第4卷),人民出版社1995年版。

[5]《马克思恩格斯全集》(第1卷),人民出版社1956年版。

[6]《马克思恩格斯全集》(第2卷),人民出版社1957年版。

[7]《马克思恩格斯全集》(第3卷),人民出版社1960年版。

[8]《马克思恩格斯全集》(第4卷),人民出版社1958年版。

[9]《马克思恩格斯全集》(第13卷),人民出版社1962年版。

[10]《马克思恩格斯全集》(第19卷),人民出版社1963年版。

[11]《马克思恩格斯全集》(第20卷),人民出版社1971年版。

[12]《马克思恩格斯全集》(第21卷),人民出版社1965年版。

[13]《马克思恩格斯全集》(第23卷),人民出版社1972年版。

[14]《马克思恩格斯全集》(第26卷I),人民出版社1972年版。

[15]《马克思恩格斯全集》(第26卷II),人民出版社1973年版。

[16]《马克思恩格斯全集》(第31卷),人民出版社1972年版。

[17]《马克思恩格斯全集》(第32卷),人民出版社1975年版。

[18]《马克思恩格斯全集》(第42卷),人民出版社1972年版。

[19]《马克思恩格斯全集》(第46卷上册),人民出版社1979年版。

[20]《马克思恩格斯全集》(第46卷下册),人民出版社1980年版。

[21] 马克思:《资本论》(第一卷),人民出版社2004年版。

［22］马克思：《资本论》（第二卷），人民出版社 2004 年版。

［23］马克思：《资本论》（第三卷），人民出版社 2004 年版。

［24］马克思：《剩余价值学说史》（第二卷），郭大力译，人民出版社 1978 年版。

［25］《列宁全集》（第 21 卷），人民出版社 1959 年版。

［26］《列宁全集》（第 23 卷），人民出版社 1990 年版。

## 二　著作文献类

［1］Asimakopuios. *Micro-Economics*［M］. Cambridge University Press，1973.

［2］Daniel Bell and Irving Kristol. *The Crisis in Economic Theory*［M］. Basic Books，Inc，1981.

［3］M. C. Howward and J. E. King. *Thepolitical Economy of Marx*（2*nd Edition*）［M］. Longman Group Limited，1985.

［4］M. Morishima. *Marx's Economics*［M］. Cambridge University Press，1973.

［5］Machlup，F. ，*The Production and Distribution of Knowledge in the United States*［M］. Princeton University Press，1962.

［6］R. Coombs，P. ，Saviotti and V. Walsh. *Economics and Technological Change*［M］. Macmillan Education Ltd. ，1987.

［7］［奥］弗·冯·维塞尔：《自然价值》，陈国庆译，商务印书馆 1982 年版。

［8］［比］埃内斯特·曼德尔：《论马克思主义经济学》（下卷），廉佩直译，商务印书馆 1979 年版。

［9］［德］瓦·图赫舍雷尔：《马克思经济理论的形成与发展》，人民出版社 1981 年版。

［10］［法］蒙让·巴蒂斯特·萨伊：《政治经济学概论》，陈福生、陈振骅译，商务印书馆 1997 年版。

［11］［美］阿尔文·托夫勒：《第三次浪潮》，朱志焱等译，新华出版社 1996 年版。

［12］［美］保罗·萨缪尔森：《经济学》（下册），高鸿业译，商务印

书馆 1982 年版。

[13]［美］伊恩·斯蒂德曼等：《价值问题的论战》，陈东威译，商务印书馆 1990 年版。

[14]［美］约翰·奈斯比特：《大趋势：改变我们生活的十个新方向》，梅艳译，中国社会科学出版社 1984 年版。

[15]［美］约瑟夫·熊彼特：《经济发展理论》，商务印书馆 1990 年版。

[16]［美］约瑟夫·熊彼特：《经济分析史》（第二卷），商务印书馆 1996 年版。

[17]［美］约瑟夫·熊彼特：《资本主义、社会主义与民主主义》，绛枫译，商务印书馆 1979 年版。

[18]［日］森岛通夫：《马克思的经济学：价值和增长的双重理论》，袁镇岳译，上海人民出版社 1990 年版。

[19]［苏］卢森贝：《十九世纪四十年代马克思恩格斯经济学说发展概论》，生活·读书·新知三联书店 1958 年版。

[20]［英］埃里克·罗尔：《经济思想史》，陆元城译，商务印书馆 1981 年版。

[21]［英］彼罗·斯拉法：《李嘉图著作和通信集》（一），商务印书馆 1991 年版。

[22]［英］大卫·李嘉图：《政治经济学及赋税原理》，周洁译，华夏出版社 2005 年版。

[23]［英］威廉·配第：《赋税论献给英明人士货币略论》，陈冬野等译，商务印书馆 1963 年版。

[24]［英］亚当·斯密：《国民财富的性质和原因的研究》（上卷），郭大力、王亚南译，商务印书馆 2007 年版。

[25] 蔡继明、李仁君：《广义价值论》，经济科学出版社 2001 年版。

[26] 曹亚雄：《知识经济与马克思主义劳动价值论》，中国社会科学出版社 2010 年版。

[27] 陈宝琪：《劳动价值论反证》，经济科学出版社 2007 年版。

[28] 陈德华：《社会主义经济理论探索》，北京大学出版社 2006 年版。

[29] 陈永志：《劳动价值论的创新与发展研究》，福建人民出版社

2010 年版。

［30］陈征等：《评介部分国外学者对〈资本论〉的研究》，福建人民
　　　出版社 1986 年版。

［31］程恩富、冯艳：《现代政治经济学新编》（通用版），上海财经大
　　　学出版社有限公司 2008 年版。

［32］丁堡骏：《马克思劳动价值理论与当代现实》，经济科学出版社
　　　2005 年版。

［33］逢锦聚：《马克思劳动价值论的继承与发展》，经济科学出版社
　　　2005 年版。

［34］顾海良、梅荣政：《马克思主义与现时代》，武汉大学出版社
　　　2006 年版。

［35］顾海良、张雷声：《马克思劳动价值论的历史与现实》，人民出版
　　　社 2002 年版。

［36］顾海良：《马克思经济思想的当代视界》，经济科学出版社 2005
　　　年版。

［37］顾海良：《马克思主义发展史》，中国人民大学出版社 2009 年版。

［38］何炼成、何林：《社会主义社会劳动和劳动价值论新探》，社会科
　　　学文献出版社 2010 年版。

［39］何炼成：《深化对劳动和劳动价值论的研究和认识——四十年来
　　　我的研究轨迹》，经济科学出版社 2002 年版。

［40］洪银兴等：《资本论的现代解析》，经济科学出版社 2005 年版。

［41］洪远朋：《经济理论比较研究》，复旦大学出版社 2002 年版。

［42］侯雨夫：《马克思的劳动价值论研究》，社会科学文献出版社
　　　2010 年版。

［43］胡钧、樊建新：《深化认识劳动价值论过程中的一些问题》，经济
　　　科学出版社 2002 年版。

［44］靳毅民：《劳动价值论的新认识》，经济科学出版社 2007 年版。

［45］李善明、周成启：《马克思主义政治经济学的创立》，上海人民出
　　　版社 1979 年版。

［46］刘冠军：《现代科技劳动价值论研究》，中国社会科学出版社
　　　2009 年版。

[47] 刘永佶：《现代劳动价值论》，中国经济出版社 2005 年版。

[48] 罗雄飞：《转形问题与马克思劳动价值论拓展》，中国经济出版社 2008 年版。

[49] 钱津：《劳动价值论：〈劳动论〉续集》，社会科学文献出版社 2005 年版。

[50] 沈志求：《马克思劳动价值论形成过程研究》，河南人民出版社 1983 年版。

[51]《十六大以来重要文献选编》（中），中央文献出版社 2006 年版。

[52]《十七大报告辅导读本》，人民出版社 2007 年版。

[53] 邰丽华：《劳动价值论的历史与现实研究》，经济科学出版社 2001 年版。

[54] 王峰明：《马克思劳动价值论与当代社会发展》，社会科学文献出版社 2008 年版。

[55] 王维平、庄三红等：《马克思主义基本原理当代价值研究》，中国社会科学出版社 2011 年版。

[56] 吴易风等：《外国经济学的新进展——兼论世界经济发展的新趋势和劳动价值论》，中国经济出版社 2002 年版。

[57] 吴易风、程恩富等主编：《当代经济学理论与实践》，中国经济出版社 2007 年版。

[58] 晏智杰：《劳动价值学说新探》，北京大学出版社 2001 年版。

[59] 杨辉：《马克思主义个人收入分配理论中国化研究》，世界图书出版公司 2011 年版。

[60] 杨玉生、杨戈：《价值·资本·增长——兼评西方国家劳动价值论研究》，中国经济出版社 2006 年版。

[61] 俞可平等：《马克思主义研究论丛》，中央编译出版社 2006 年版。

[62] 张道根：《中国收入分配制度变迁》，江苏人民出版社 1999 年版。

[63] 张东生等：《中国居民收入分配年度报告（2006）》，经济科学出版社 2006 年版。

[64] 张东生等：《中国居民收入分配年度报告（2008）》，经济科学出版社 2008 年版。

[65] 张东生等：《中国居民收入分配年度报告（2010）》，经济科学出

版社 2010 年版。

［66］张雷声：《马克思主义政治经济学原理》，中国人民大学出版社 2003 年版。

［67］张一兵：《回到马克思》，江苏人民出版社 1999 年版。

［68］张元元、李金亮：《社会主义市场经济学》，暨南大学出版社 1993 年版。

［69］赵凌云：《劳动价值论新探》，湖北人民出版社 2002 年版。

［70］《中共十三届四中全会以来历次全国代表大会中央全会重要文献选编》，中央文献出版社 2002 年版。

［71］朱炳元、朱晓：《马克思劳动价值论及其现代形态》，中央编译出版社 2007 年版。

## 三　期刊文章类

［1］Dumenil，Gerard. *Beyond the Transformation Riddle：A Labor Theory of Value* ［J］. Science and Society，No. 4. 1983.

［2］Forley，Duncan. *The Value of Money，the Value of Labor Power and the Marxian Transformation Problem* ［J］. Review of Radical Political Economics. Vol. 14，No. 2. 1982.

［3］James Bonar. *The Value of Labor in Relation to Eeonomie Theory* ［J］. Quarterly Journal of Economies. Vol. 5，No. 2. 1995.

［4］Kliman. A. and McGlone. T. A. *Temporal single-system Interpretation of Marx's Value Theory* ［J］. Review of Political Economy. Vol. 11，No. 1. 1999.

［5］Meghnad，Desai. *Marxist Economics Theory* ［M］. Gray-Mill，1974.

［6］Warren J. Samuels. *On the Labor Theory of Value as a Theory of Value：a note* ［J］. Review of Political Eeonomy. Vol. 10，No. 2. 1998.

［7］［英］萨缪尔森：《理解马克思的剥削概念马克思的价值与竞争价格之间所谓转化问题的概观》，《经济学文献杂志》1971 年第 6 期。

［8］卞彬：《劳动和劳动价值理论研究综述》，《探索》2002 年第 2 期。

［9］蔡继明：《广义价值论初探》，《商业经济与管理》1998 年第 2 期。

［10］曹亚雄：《知识经济与马克思主义劳动价值论》，武汉大学博士学位论文，2003 年。

［11］程吉：《浅论未成年人受教育权的法律保护》，《吉林广播电视大学学报》2010 年第 4 期。

［12］程恩富、顾钰民：《新的活劳动价值一元论——劳动价值理论的当代拓展》，《当代经济研究》2001 年第 11 期。

［13］冯春安、韩金华：《西方学者对马克思主义劳动价值论的研究综述》，《求是》2001 年第 2 期。

［14］谷书堂、柳欣：《新劳动价值论一元论》，《中国社会科学》1993 年第 6 期。

［15］洪远鹏、马艳：《关于劳动和劳动价值理论的十点认识》，《复旦学报》（社会科学版）2002 年第 2 期。

［16］李翀：《马克思劳动价值论与马歇尔均衡价格论的比较和思考——评近年来发生的对马克思劳动价值论的批判》，《马克思主义研究》2000 年第 3 期。

［17］李灵燕、何炼成：《劳动价值论与知识价值论辨析》，《山东社会科学》2002 年第 1 期。

［18］李其庆：《马克思劳动价值理论与我国现阶段分配制度》，《理论视野》2001 年第 4 期。

［19］刘德庚：《“马克思主义劳动价值论与收入分配问题”学术研讨会观点综述》，《理论视野》2001 年第 3 期。

［20］罗长远、张军：《劳动收入占比下降的经济学解释——基于中国省级面板数据的分析》，《管理世界》2009 年第 5 期。

［21］牛田盛：《新中国 50 年劳动和劳动价值论研究综述》，《南阳师范学院学报》（社会科学版）2003 年第 2 期。

［22］祁毓：《我国劳动收入份额持续下降原因的研究述评》，《财经政法资讯》2010 年第 2 期。

［23］钱伯海、工莉霞：《仚定物化劳动创造价值就等于否定马克思的劳动价值论》，《经济评论》1999 年第 2 期。

［24］苏星：《再谈劳动价值论一元论——答谷书堂、柳欣同志》，《经济纵横》1995 年第 7 期。

[25] 孙冶方:《关于生产劳动和非生产劳动;国民收入和国民生产总值的讨论——兼论第三次产业这个资产阶级经济学范畴以及社会经济统计学的性质问题》,《经济研究》1981 年第 8 期。

[26] 谭泓:《构建和谐劳动关系中劳动者主体地位的提高与综合素质的提升》,《当代世界与社会主义》2010 年第 4 期。

[27] 王璐:《西方学者关于马克思劳动价值论百年论争研究综述》,《财经科学》2004 年第 4 期。

[28] 王维平:《商品经济文明基因与对市场机制的积极扬弃》,《科学经济社会》2008 年第 1 期。

[29] 王兴华:《论提高我国劳动收入占比的原因与困难》,《华东经济管理》2010 年第 10 期。

[30] 卫兴华:《"一切合法的劳动收入和合法的非劳动收入"浅说》,《山西大学学报》(哲学社会科学版)2003 年第 2 期。

[31] 卫兴华:《论深化对劳动和劳动价值论的一些问题》,《宏观经济研究》2001 年第 3 期。

[32] 吴朝霞:《〈资本论〉的辩证法与联合劳动价值论》,《当代经济研究》2001 年第 6 期。

[33] 徐正祐:《试论马克思的个别价值转化为社会价值的理论》,《南京师范大学学报》(社会科学版)1984 年第 4 期。

[34] 颜鹏飞:《关于一个多世纪以来劳动价值论大论战的回顾与反思》,《经济学动态》2001 年第 11 期。

[35] 晏智杰:《价格决定与劳动价值论——对一种传统观念的质疑》,《学术月刊》1995 年第 8 期。

[36] 晏智杰:《应当承认价值源泉与财富源泉的一致性》,《北京大学学报》2003 年第 3 期。

[37] 杨巨:《论我国劳动收入占比的现状及其效应》,《湖南财经高等专科学校学报》2010 年第 4 期。

[38] 杨国宝:《社会主义劳动和劳动价值理论研究综述》,《南京政治学院学报》2002 年第 5 期。

[39] 杨国宝:《再议社会主义条件下的要素分配》,《经济学动态》2006 年第 6 期。

［40］杨建平：《从异化到对象化：抽象劳动概念的语境转换》，《南京大学学报》（哲学・人文科学・社会科学版）1998 年第 1 期。

［41］杨玉生：《评西方经济学界关于劳动价值论的争论》，《广播电视大学学报》（哲学社会科学版）2002 年第 1 期。

［42］于新：《劳动价值论与效用价值论发展历程的比较研究》，《经济纵横》2012 年第 3 期。

［43］于光远：《社会主义制度下的生产劳动与非生产劳动》，《中国经济问题》1981 年第 1 期。

［44］曾绪宜：《创造性劳动价值论》，《求索》1994 年第 1 期。

［45］张鹏侠：《劳动价值论研究》，东北师范大学博士学位论文，2007 年。

［46］张一兵：《青年马克思〈巴黎笔记〉的文本结构与写作语境》，《宁夏社会科学》1998 年第 6 期。

［47］赵振华：《国外学者关于劳动价值理论讨论综述》，《青海社会科学》2003 年第 3 期。

［48］《中共中央关于制定国民经济和社会发展第十二个五年规划的建议》，《求是》2010 年第 21 期。

［49］中国社科院经济研究所课题组：《关于深入研究社会主义劳动和劳动价值论的几个问题》，《经济研究》2001 年第 12 期。

［50］周肇光：《"如何深化劳动和劳动价值论研讨会"综述》，《经济学动态》2001 年第 7 期。